TSCHECHOSLOWAKEI
Waidhofen/Thaya 30
21 Geras
15 Pernegg
32 Pulkau
18 Eggenburg
Altenburg 28
39 Maria Dreieichen
31 Zwettl
46 Schlägl
60 Engelszell
Wilhering West-Orgel 56 Chor-Orgel 57
LINZ
Karmelitenkirche 55
Alter Dom 61
Kefermarkt 62
Wald hausen 50
Baum garten berg 48
St. Florian Chor-Orgel 51 Bruckner-Orgel 52
Kremsmünster 45
Steyr 53
58 Schlierbach
Mondsee
20 Dürnstein
Maria Langegg 35
29 Göttweig
25 Herzogenburg
Maria Taferl 26
22 Melk
16 St. Pölten
13 Ardagger
14 Klosterneuburg
1, 2, 3, 4, 5, 6, 7, WIEN 8, 9, 10, 11, 12
Kalksburg 40
37 Lilienfeld
36 Heiligenkreuz
38 Mödling
19 Bruck/Leitha
33 Sonntagberg
17 Scheibbs
27 Hafnerberg
43 Loretto
34 Mariahilferberg
EISENSTADT
41 Dom
42 Bergkirche
24 Maria Kirchbüchl
Mariazell 96
88 Neuberg a. d. Mürz
23 Maria Schutz
93 Frauenberg bei Admont
87 Maria Rehkogel
99 Birkfeld
Göß 91
95 St. Erhart/Breitenau
90 Pöllauberg
Seckau 97
100 Pöllau
98 Hartberg
UNGARN
Güssing 44
94 Murau
92 Maria Trost
GRAZ
Straßburg 85
Gurk 83
St. Veit/Vogau 89
82 Maria Saal
KLAGENFURT
86 Viktring
JUGOSLAWIEN
WIEN
1 Franziskanerkirche
2 Michaelerkirche
3 Mariabrunn
4 Kirche Am Hof
5 Annakirche
6 Taborkirche
7 Karlskirche
8 Mariahilferkirche
9 Piaristenkirche
10 Musikverein
11 Lambacher Regal
12 Buckow-Orgel

Forer · Orgeln in Österreich

Alois Forer

ORGELN IN ÖSTERREICH

Verlag Anton Schroll & Co · Wien und München

Mit 100 Farbtafeln
Sämtliche Bilder wurden vom Studio Herbert Fasching, Wilhelmsburg, aufgenommen

2., neubearbeitete Auflage 1983

Gefördert durch das Bundesministerium für Wissenschaft und Forschung

Gesamtherstellung: Agens-Werk Geyer + Reisser, Wien
ISBN 3-7031-0583-6

Vorwort zur ersten Auflage

Vorliegende Orgeltopographie enthält hundert der wertvollsten und bedeutendsten Denkmalorgeln Österreichs in Wort und Bild. Erschließt sich durch die Abbildung dem Betrachter die ganze Schönheit des historischen Prospektes, so gibt die Disposition dem Fachmann Aufschluß über die klangliche Komponente des Instruments. Als klingende Ergänzung zu vorliegendem Buch, das gleichzeitig Nachschlagewerk für den Fachmann sein wie auch das Verständnis des interessierten Laien für die Orgel vertiefen soll, wird eine Schallplattenreihe folgen.

So wie die Auswahl von 100 Denkmalorgeln Österreichs einen repräsentativen Querschnitt aus österreichischen Klangdenkmälern darstellt, so wurde auch in der folgenden Einleitung versucht, in einer großzügigen, historischen Überschau die Entwicklung österreichischen Orgelbaus zu umreißen, ohne sich in Spezialproblemen zu verlieren. Die Monographien basieren auf dem Stand heutiger Forschung – gerade auf diesem Gebiet sind noch viele Probleme ungelöst, und dankbare Aufgaben harren der wissenschaftlichen Bearbeitung. Da in einem Buch mit einem umfassenden Bildanteil naturgemäß ein Schwerpunkt auf dem Optischen liegt, wurde in der Einleitung neben dem Wesen der Orgel vor allem ihr äußerlich sichtbarer Werkaufbau eingehend behandelt – differenzierte Erörterungen orgelbautechnischer Fragen wären hier fehl am Platz.

Durch die Einteilung des Bundes nach Bundesländern wurde erreicht, daß an typischen Beispielen die ausgeprägte Eigenart österreichischer Orgellandschaften sichtbar wird.

Meinen beiden Assistenten im Institut für organologische Forschung und Dokumentation an der Hochschule für Musik und darstellende Kunst in Wien, Dr. Rudolf Scholz und Dr. Karl Schütz, sei an dieser Stelle für ihre Forschungstätigkeit gedankt. Und es wäre mein Wunsch, daß durch dieses Buch die österreichische Orgel eine Renaissance erleben und ihre jahrhundertelange Tradition im Bewußtsein aller Freunde der Orgel durch die Vertiefung des Verständnisses für dieses einzigartige Instrument lebendig bleiben möge.

Vorwort zur zweiten Auflage

In dem Buch „Orgeln in Österreich“ (1973) wurde erstmals eine Vielzahl der architektonisch schönen und klanglich hervorragenden Denkmalorgeln Österreichs in Bild und Wort dargestellt. Der weltweite Erfolg dieser für Österreichs Kunst- und Musikgeschichte bisher einmaligen Publikation veranlaßte Verfasser und Verlag, das Werk in einer zweiten, reicher ausgestatteten Auflage herauszubringen. Fünf in letzter Zeit restaurierte Denkmalorgeln sind in diese zweite Auflage zusätzlich aufgenommen worden, durch fünfzig neue Farbaufnahmen wurde die Bebilderung des Bandes vereinheitlicht und damit vervollkommnet.

Mögen kunst- und baugeschichtliche Darstellung sowie Erfassung des Klangbildes von hundert „Orgeln in Österreich“ die kulturhistorische Bedeutung der österreichischen Orgellandschaft überzeugend unterstreichen und ihr internationales Ansehen vertiefen.

Einleitung

Österreich gehört zu jenen Ländern, die eine große Anzahl wertvoller Orgeln besitzen. Kostbare Instrumente aller Stilepochen beweisen die ungebrochene Tradition österreichischen Orgelbaues: So etwa spannt sich der Bogen von den beiden Innsbrucker Renaissance-Orgeln, dem Werk der Silbernen Kapelle und der Ebert-Orgel in der Hofkirche, über frühbarocke Instrumente wie die Freundt-Orgel in Klosterneuburg und die Wöckherl-Orgel der Wiener Franziskanerkirche, hochbarocke Werke wie die Hencke-Orgel in Herzogenburg oder die Orgel der Wiener Michaelerkirche zu spätbarocken Orgeln Pflieglers in Altenburg und Maria-Dreieichen und schließlich zum klassizistischen Werk eines Christoph in der Wallfahrtskirche auf dem Sonntagberg.

Solche Werke zu erhalten, ist die vornehmste Aufgabe der österreichischen Denkmalpflege. Aufgabe vorliegenden Buches soll es nun sein, die Öffentlichkeit auf diese Klangdenkmäler aufmerksam zu machen, sie über den Wert dieser historischen Orgeln zu informieren und Verständnis und Achtung für sie zu wecken.

Ein Orgel ist mehr als ein Musikinstrument mit Pfeifen und Klaviaturen; sie zählt in ihrer künstlerischen Bedeutung und ihrer kultischen Funktion mit zum kostbarsten Kulturgut eines Landes. Die Orgel ist ihrem Wesen nach ein kompliziertes Einzelprodukt, zustande gekommen aus einer Vielzahl von Komponenten. Sie ist gebunden an einen Raum mit spezifischer Atmosphäre und Akustik und somit das einzige Musikinstrument, das für einen Raum „maßgearbeitet" wird. Orgelklang und Raumerlebnis sind untrennbar miteinander verbunden. Auch die Klangschönheit einer Orgel hängt davon ab, wie die einzelnen Register ihre spezifische Klangfarbe im Raum entwickeln, wie sie sich zu Klanggruppen ordnen und sich vermischen. Es gibt aber auch kein Musikinstrument, das nur in ähnlicher Weise solchen Veränderungen in seinem Aufgabenbereich, in seinem musikalischen Konzept und in seiner technischen Zusammensetzung ausgeliefert ist wie die Orgel.

Zum Wesen einer guten Orgel gehört vor allem das Werkprinzip; darunter vesteht man die Gesetzmäßigkeit, in der die einzelnen Werke einer Orgel zueinander und miteinander stehen und aufgebaut werden und trotzdem eine in sich geschlossene Einheit bilden. Das Instrument besteht aus einer Vielzahl von Einzelteilen, deren jeder eine bestimmte Aufgabe zu erfüllen hat. Gelingt es dem Orgelbauer, diese Teile zu einem technisch einwandfreien und künstlerisch hervorragenden Ganzen zusammenzufügen, entsteht aus dieser einheitlichen Konzeption ein Kunstwerk.

Die alten Meister bauten ihre Orgeln nach einem wohlüberlegten, klangarchitektonischen Gesetz und stellten die einzelnen Werke als selbständige, vollkommene Instrumente einander gegenüber. Jedes einzelne Werk ist auch in seinem Registerbestand ein geschlossenes Klanggut mit einem besonderen Klangcharakter.

Während die mittelalterliche Orgel meist nur aus einem Werk bestand, zu dem sich im 14. Jahrhundert das Pedalwerk gesellte, setzte sich die Orgel in der bedeutendsten Epoche des Orgelbaues, nämlich im Barock, aus drei bis vier Werken zusammen. Dem Hauptwerk und dem Pedalwerk wurde das Rückpositiv, das Brustwerk oder das Oberwerk mit einer selbständigen Klangsubstanz gegenübergestellt. Dadurch ergaben sich vielerlei Möglichkeiten der Orgelgestaltung.

Alle diese Werke standen in einem Holzgehäuse, das eine umschließende, schützende und auch tragende Funktion zu erfüllen hatte. Auch die Bälge standen meist in einem eigenen Gehäuse (dem Balghaus) oder in einem Nebenraum der Kirche. Bis zum Beginn des 17. Jahrhunderts wurden die Werkgehäuse oft vorne mit bemalten Flügeltüren versehen, um die Orgel vollständig abschließen zu können. Die wichtigste Funktion des Gehäuses aber liegt in seiner akustischen Bedeutung: in ihm sammelt sich der Pfeifenklang, um dann geschlossen in den Raum abgestrahlt zu werden. Darüber

hinaus veredelt ein gutes Rahmen-Gehäuse den Ton und bewirkt eine Ausweitung des Klangvolumens. Die Vorderseite des Gehäuses ist offen und bildet den Prospekt. In bestimmter technischer, architektonischer, raumakustischer und musikalisch zweckmäßiger Aufstellung werden die Prospektpfeifen eingesetzt. Die offenen Stellen, vor allem bei den Pfeifenenden, werden stets mit sogenannten Schleierbrettern, Schnitzwerk im Zeitstil, Ornamenten und Engeln ausgefüllt.
Das Hauptwerk, das eigentliche ,,Große Werk" der alten Orgel, steht meist im Zentrum und kann mitunter ab der zweiten Hälfte des 15. Jahrhunderts von den symmetrischen Pedaltürmen (in C-Lade und Cis-Lade aufgeteilt) an beiden Seiten flankiert werden. Während das Haupwerk meist auf dem Prinzipal 8' (8-Fuß) basiert, geht der Registerbestand im Pedal, das tiefe Klangfundament der Orgel, vom Prinzipal 16' aus. In der Barockzeit spielt im österreichischen Raum das große Mittelfenster der West-Empore der Kirche bei der Aufstellung von Hauptwerk und Pedalwerk eine wesentliche Rolle. Meist steht dann das Hauptwerk geschlossen auf der Epistelseite und das Pedalwerk auf der Evangelienseite. Bei Fehlen eines Westfensters wird meist ein ungeteiltes Gehäuse gemeinsam für Hauptwerk und Pedalwerk erstellt (S. 10, Fig. I).
Verhältnismäßig früh, bereits um 1400, baute man vor das eigentliche ,,Große Werk" auch ein ,,Kleines Werk" mit einem eigenen Gehäuse, dessen Äußeres als verkleinerte Nachbildung des großen Werkes gestaltet wurde. Es handelt sich hier um den Zusammenbau zweier selbständiger Werke. Zur großen Hauptorgel gesellte sich die kleine Chororgel; so wurde das Positiv zum ,,Brüstungspositiv". Befindet sich dieses im Rücken des an der Hauptorgel spielenden Organisten, wird es ,,Rückpositiv" genannt. Es steht oder hängt an der Emporenbrüstung und klingt dadurch ungehindert in den Kirchenraum. Der Klang dieses Positivs wirkt durch seine Stellung im Raum intensiver als der Ton der anderen Werke (Fig. III).
Die Gehäusedreiteilung kommt häufig in der in sich differenzierten Orgellandschaft Österreichs vor: Hauptwerk und Pedalwerk werden je in einem selbständigen Gehäuseflügel zu beiden Seiten des Westfensters an die Emporenrückwand oder auch an die Emporenseitenwand gestellt, während das Positiv mit der Chorbrüstung zu einer architektonischen Einheit verbunden wird (Fig. II).
Eine Zweiteilung von Hauptwerk und Pedalwerk, getrennt in C- und Cis-Seite in beiden Gehäuseflügeln, kommt ganz selten vor. Während die norddeutsche Orgel einen vertikalen Prospekt anstrebt, in welchem man das Große Werk, das Brustwerk und das Oberwerk in mehreren Etagen unterbringt und seitlich die großen Pedalpfeifen ansetzt, besitzt die österreichische Orgel meistens eine horizontale Prospektanlage (Abb. 58). Auch werden drei Manualwerke manchmal so verteilt, daß die zwei kleiner disponierten Werke als Brüstungspositive geplant sind (Fig. VII). Ein Kuriosum in dieser Hinsicht ist die Zwettler Stiftsorgel, wo alle drei Manualwerke in einem Brüstungsgehäuse untergebracht sind, während das Pedalwerk, geteilt in C- und Cis-Lade, allein in den großen flachen Gehäuseflügeln an der Rückwand aufgestellt ist (Abb. 31).
Ist ein Rückpositiv nicht opportun, so wird das Positiv einfach zwischen die beiden großen Gehäuseflügel eingeschoben. Nicht unerwähnt sei eine steirische Variante obiger Positivplacierung: Das Positivwerk kommt als Brücke zwischen beiden Hauptflügeln zur Aufstellung; der Spielschrank wird seitlich darunter eingebaut (Abb. 100).
Das Rückpositiv war in allen europäischen Orgellandschaften ein wesentlicher Bestandteil der barocken Werkorgel. Aber allmählich wurde diese Werkaufstellung als Belastung angesehen und von ihr abgegangen. Nur der süddeutsch-österreichisch-böhmische Raum blieb dieser Werkplacierung bis in das 19. Jahrhundert hinein treu. Architektonische und ästhetische Gründe mögen hier

ausschlaggebend gewesen sein. Das Rückpositiv sollte in erster Linie eine Verbindung der geteilten Hauptgehäusekasten herstellen; zusätzlich wurde oberhalb des Mittelfensters ein reich geschmückter Ornamentbogen angebracht, um den Werkaufbau zu einer architektonischen Einheit zusammenzufassen (Abb. 39).
Die ursprünglich kleinen und zierlichen Rückpositive wurden gerade in unserem Landschaftsgebiet zu einem ornamentalen Gegenstück zu den Altären und Kanzeln ausgebaut, wobei orgelbautechnische Grundsätze völlig außer acht gelassen wurden. In den Bauperioden des Spätbarock und Rokoko spielen Putten, musizierende Engel, umgeben von einer Fülle von Rankenwerk, eine weit größere Rolle als die Pfeifenfelder selbst. Klanglich basiert das Rückpositiv auf dem Prinzipal 4', es gibt jedoch auch Positive in der Prinzipal 2'-Lage. Als eine besondere Eigenart der österreichischen Orgel kann angeführt werden, daß im 17. und 18. Jahrhundert noch relativ viele Orgeln einmanualig angelegt und erst wesentlich später durch den Zubau eines Rückpositivs erweitert wurden. In einem solchen Falle steht das Rückpositiv auf Prinzipal 2'-Basis. Eine Besonderheit bildet das Brüstungspositiv der einmanualigen Egedacher-Orgel in der Kajetanerkirche in Salzburg, das zugleich als Hauptwerk in Erscheinung tritt (Abb. 67).
Besitzt eine Orgel kein Rückpositiv, wird ein Brustwerk ausgebaut, dessen Lade unmittelbar über dem Spielschrank bzw. unter dem Hauptwerk steht. Sein Registerbestand basiert auf dem Prinzipal 2' (Fig. IV); durch ein Regal 8' zum Schnarrwerk umbenannt, war das Brustwerk in der Zeit der Renaissance zur klanglichen Darstellung der vorhandenen Literatur fast unentbehrlich. Das Brustwerk der Freundt-Orgel in Klosterneuburg bietet hiefür ein klassisches Beispiel (Abb. 14).
Im 18. Jahrhundert wird an Stelle eines Rückpositivs auch gerne ein Oberwerk geplant, das zugleich dessen Registerfundus und Aufgaben übernimmt (Fig. V). Mit reduziertem Registerbestand kann es zum Kronpositiv werden. Das Kronpositiv, somit Abart des Oberwerkes, ist wesentlich leichter und graziöser gestaltet. Jedes dieser Werke wird von einer eigenen Klaviatur aus gespielt; über alle diese Einzel-Werke verfügen daher nur große, mehrmanualige Instrumente (Fig. VI und VIII).

Aus der Vielfalt und Profilierung der Werkorgelaufstellung in der österreichischen Orgellandschaft erklärt sich auch die Vielgestaltigkeit der Spieltischanlage.
Der Spielschrank war, solange es sich um ein ungeteiltes Hauptgehäuse handelte, bis ins 18. Jahrhundert gang und gäbe. Vom instrumentenbaulichen Standpunkt aus gesehen, ist dies die beste und kürzeste Lösung, die Taste mit dem Spielventil zu verbinden. Der Spieler sitzt vor dem Hauptgehäuse, daher in Blickrichtung zur Orgel.
Ist dagegen das Hauptgehäuse geteilt, ergibt sich von selbst der freistehende Spieltisch auf der Emporenmitte. Der Spieltisch kommt zwischen beiden Hauptkasten und dem Brüstungspositiv mit Blickrichtung zum Altar zur Aufstellung (Maria-Dreieichen, Herzogenburg, Sonntagberg). Aus Platzgründen wird der Spieltisch auch an das Brüstungspositiv an- bzw. eingebaut (Maria Saal, Dürnstein, Zwettl). Um einen intensiveren Kontakt des Organisten mit seinem Ensemble zu erreichen, wird der Spieltisch so an das einteilige Hauptgehäuse zurückgezogen, daß die Blickrichtung des Organisten zum Altar gesichert bleibt. Ein Sonderfall ist es, ein Positiv als Continuowerkchen mit dem freistehenden Spieltisch zu verbinden. In den Spieltisch ist ein kleines, vierstimmiges Werklein eingebaut, das von einem eigenen Manual aus gespielt werden kann. Der sogenannte ,,Klingende Spieltisch" ist eine typische Erscheinungsform der altösterreichischen Orgellandschaft (Wiener Michaelerkirche).

HAUPTWERK–PEDALWERK

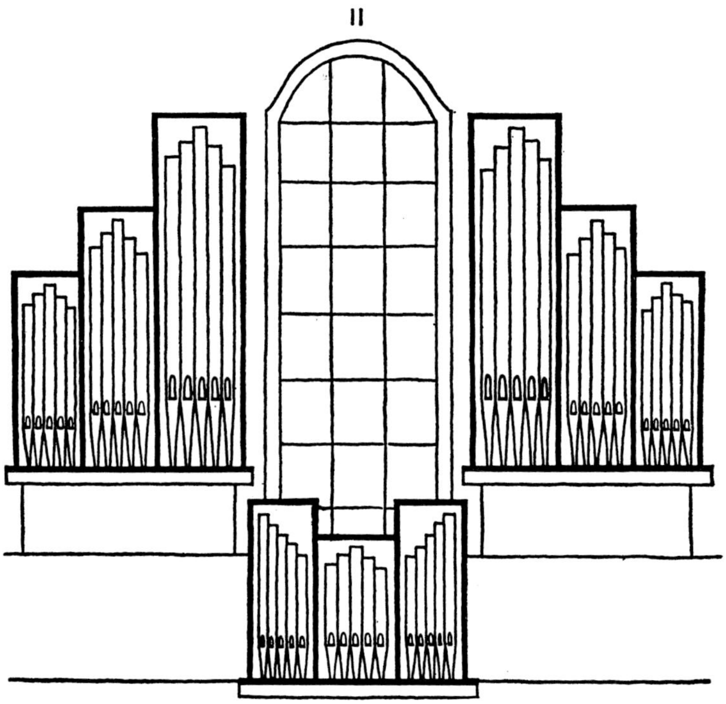

HAUPTWERK + PEDALWERK
BRÜSTUNGSPOSITIV

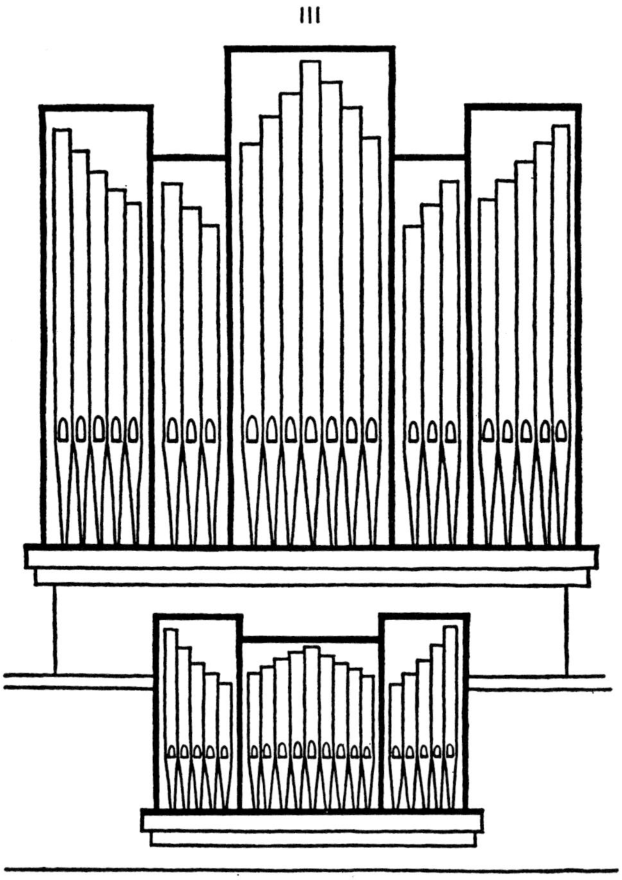

HAUPTWERK–PEDALWERK
RÜCKPOSITIV

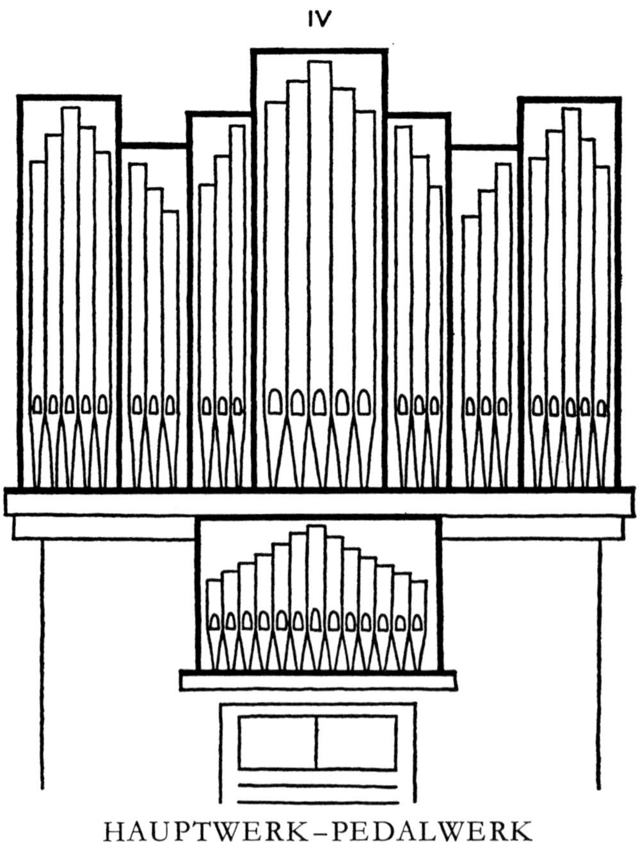

HAUPTWERK–PEDALWERK
BRUSTWERK

V

OBERWERK
HAUPTWERK + PEDALWERK

VI

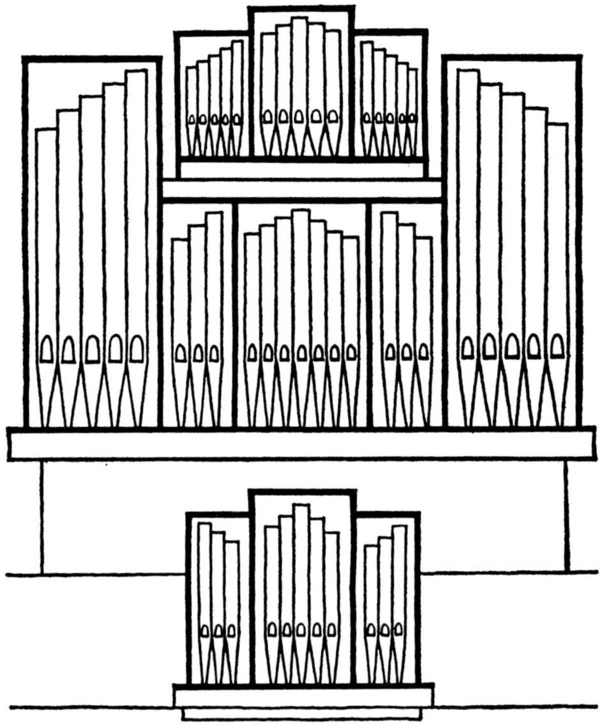

OBERWERK
HAUPTWERK + PEDALWERK
RÜCKPOSITIV

VII

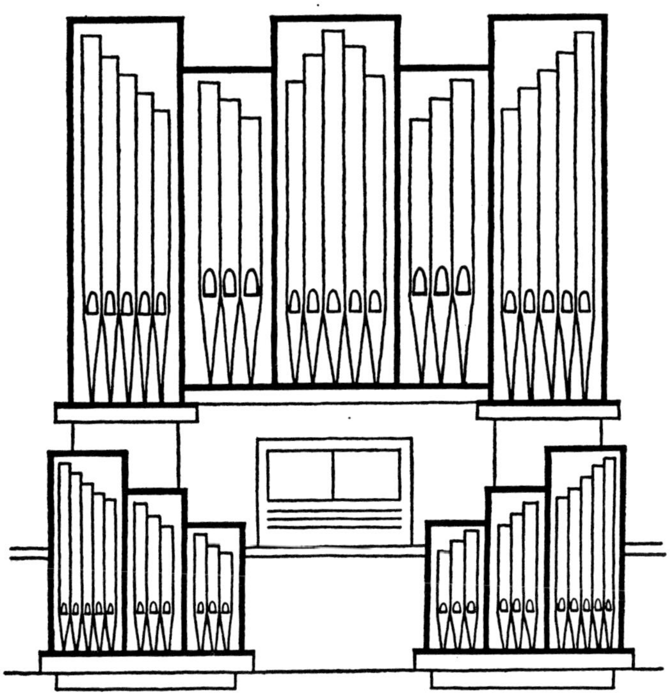

HAUPTWERK + PEDALWERK
POSITIV POSITIV

VIII

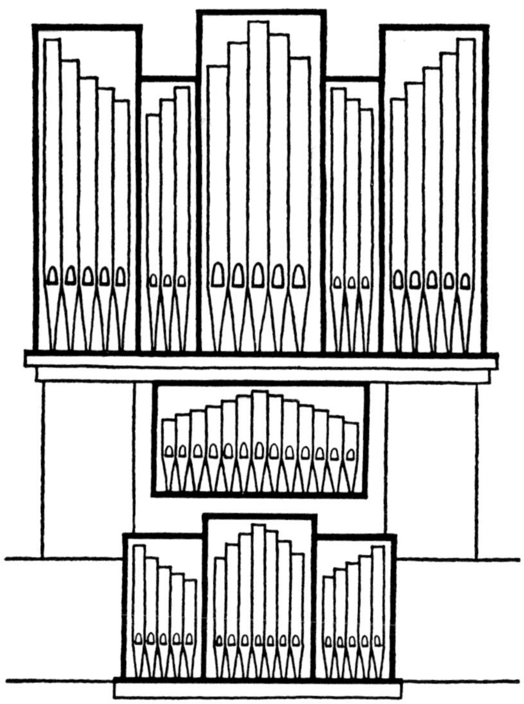

HAUPTWERK–PEDALWERK
BRUSTWERK
RÜCKPOSITIV

Die Schönheit der Prospekte unserer alten, kunsthandwerklich hochwertigen Orgeln beruht in ihrem Aufbau auf dem Werkprinzip, das heißt, alle derartigen Prospekte lassen meistens auch nach außen die Zahl der Werke erkennen. Das sogenannte „Gesicht“ der Orgel ist niemals Kulisse oder Scheinfassade, sondern Projektion innerer Struktur. Wenn auch die einzelnen Pfeifentürme und Pfeifenfelder nach architektonischen und oftmals auch nach rein künstlerischen Gesichtspunkten angeordnet wurden und sich dadurch ein abwechslungsreiches Spiel der optischen Schwerpunkte ergibt, so kommt doch im Prospekt immer der innere Aufbau der Orgel zum Ausdruck. Die Zeichnungen auf Seite 10 und 11 geben eine Zusammenstellung der häufig wiederkehrenden Bautypen in Österreich. Die Meister beachteten trotz aller künstlerischen Freiheit der Anordnung und Gestaltung der Pfeifenfelder die Eigengesetzlichkeit des Orgelwerkes und mit ihm auch die des Prospektes. Während in der Gegend um Wien eine wesentlich stärkere Profilierung der Prospektgestaltung festzustellen ist, tritt diese in den Alpenländern durch eine eher konservative Haltung in Erscheinung.

Der klassische Prospekt besitzt wohlabgewogene Proportionen innerhalb eines kunstvoll gearbeiteten Holzgehäuses. Die „Schleierbretter“ mit zusätzlichen klangakustischen Aufgaben füllen die leeren Räume über den Pfeifenenden aus. Die Aufteilung der Pfeifen innerhalb der einzelnen Felder und Türme kann nach klanglichen und architektonischen Gesichtspunkten erfolgen. Werke, die Register sehr weiter Mensur enthalten, verlangen eine Ganzton-Aufstellung ihrer Pfeifen und werden daher in C- und Cis-Seite geteilt. Pfeifen, die mit überweiter Mensur im Halbton-Abstand nebeneinander zu stehen kämen, würden sich klanglich gegenseitig beeinflussen; die tiefe Oktave verlangt durch die kurze Oktave (ohne Cis, Dis, Fis, Gis) Terzenaufstellung, was eine steile Ablauflinie der oberen Pfeifenenden zur Folge hat. Aber auch eine Ganztonreihung und, vor allem in kleineren Feldern, ein chromatischer Ablauf der Pfeifen ergeben verschiedene Lösungsmöglichkeiten.
Ein österreichisches Charakteristikum bilden die begrenzten Tonumfänge bei den Manualen und dem Pedal. Sie verursachen oft die größten Probleme für viele Organisten, die es nicht verstehen, sich in die Eigenheiten der alten Orgel einzuleben und sie so zu gebrauchen, daß sie voll und ganz zur künstlerischen, stilgerechten Wirkung kommen kann. Auch aus diesen Gründen werden alte Werke oft umgebaut oder erweitert.

Im Manual wurde die große Oktav durchwegs „kurz“ gebaut, das heißt, ohne Cis, Dis, Fis, Gis
D E B
in folgender Form: C F G A H c, cis usw.; doch kommt auch hie und da eine „gebrochene“ vor, ohne Cis und Dis, aber mit Fis und Gis, die mit D und E dieselbe – aber unterteilte – Obertaste besitzen. Nach oben hin wird der Umfang mit c’’’ als Grenzton bis zirka 1800 nicht überschritten, danach aber wird der Tonumfang bis d’’’ erweitert und im Orgelbau allgemein durchgeführt. Ab der ersten Hälfte des 19. Jahrhunderts wird der Manual-Klaviaturumfang bis f’’’ ausgebaut und chromatisch von C bis f’’’ ausgeführt.

In den österreichischen Orgellandschaften gab es einzelne Meister, deren Werke gemeinsame Grundzüge aufweisen. Obwohl sie an der Tradition festhielten, gingen sie in Details über allgemeine Bauprinzipien hinaus, beschritten eigene Wege und bewahrten sich so eine gewisse Selbständigkeit. Man findet bei Freundt, Egedacher, Sonnholz, Hencke, Pfliegler, Christoph und anderen Eigenheiten, die sich auch im Pedalumfang besonders auswirken.

Bis 1700 wurde die Pedalklaviatur in folgender Form gebaut:

D E B cis dis fis gis
C F G A H c d e f g a

das waren 18 Töne mit 18 Tasten; die tiefe Oktav war kurz.

Johann Georg Freundt baut 1642 für die Festorgel der Stiftskirche Klosterneuburg ein Pedal mit 19 Tönen und ebenso vielen Tasten bei folgender Anordnung:

D E B cis dis fis gis b
C F G A H c d e f g a

In allen musikhistorischen Epochen beeinflussen Kompositionsideal und Instrumentenbau einander. So paßte sich im süddeutsch-österreichischen Raum die Orgel den Kompositionen eines Muffat, Froberger, Kerll, Fux etwa an, die das Pedal überhaupt nicht oder nur sehr sparsam einsetzten. Auch die weitgehende Verwendung der Orgel als Continuo-Instrument mag neben vielen anderen Gründen das ihre dazu beigetragen haben, daß sich die Zahl der Pedaltöne auf 12 verringerte, die 18 Tasten jedoch blieben. Die Töne C D E F G A repetierten, die große Oktav war in diesen 18 Tasten chromatisch vorhanden:

D E B CIS DIS FIS GIS
C F G A H C D E F G A

Pedale dieser Art finden sich in der Wiener Michaelerkirche (1714), in Pulkau (1762) und in vielen anderen Orten. Individuelle Besonderheiten weisen zum Beispiel Instrumente folgender Meister auf:

Johann Ignaz Egedacher baute 1731 für das Stift Zwettl folgendes Pedal:

FIS GIS
D E B cis dis fis
C F G A H c d e f g

auf die 18 Tasten entfallen 18 Töne, aber ohne Repetitionstöne.

Anton Pfliegler baut 1780 in Maria Dreieichen die Pedalklaviatur wie folgt:

FIS GIS
D E B cis dis FIS GIS
C F G A H c d e f g a

das sind 18 Töne, jedoch 20 Tasten; die tiefe Oktav ist wie in den Manualen kurz und gebrochen. FIS und GIS kehren in der kleinen Oktav statt fis und gis als Repetition wieder.

Stephan Helmich läßt sogar in seinem 1782 erbauten Werk in Maria Langegg fünf Töne der großen Oktav repetieren:

FIS GIS
D E B cis dis FIS GIS
C F G A H c d e F G A

So ließen sich noch einige Beispiele von Pedalvarianten an vorhandenen Instrumenten anführen; schriftliche Zeugnisse hingegen sind so gut wie keine erhalten.

Die Orgelprospekte der alten Meister bilden eine unlösbare Einheit mit der innenarchitektonischen Gesamtkonzeption des Kirchenraumes. Die kunstvollen Gehäuse werden äußerst feinfühlig in das Gesamtbild des Raumes hineinkomponiert.

Österreich besitzt heute noch eine stattliche Zahl schöner, erhaltenswerter Orgelprospekte. Neben den im vorliegenden Band abgebildeten 100 auserlesenen Orgelprospekten sei auf die vielen reizenden Orgelgehäuse in Landkirchen abseits der großen Zentren hingewiesen. Gerade in Gebirgsgegenden ist noch manche wertvolle Orgel zu finden. Bei der Auswahl der Orgelprospekte war es das Bestreben, charakteristische und noch gut erhaltene Beispiele aus allen Bundesländern aufzunehmen und zu beschreiben. Es braucht wohl nicht betont zu werden, daß nur die wichtigsten Werke gebracht werden können, die stellvertretend für alle übrigen stehen.

Der vorliegende Bildband vermag nicht den Klang, sondern lediglich das Gesicht der Orgel wiederzugeben. Da aber Klang und Gestalt einer guten und zugleich schönen Orgel in unmittelbarem Zusammenhang stehen, ist es auch dem Laien möglich, sich an Hand der beigefügten Monographien von der klanglichen Schönheit und Bedeutung dieser Instrumente annähernd eine Vorstellung zu machen. Zusätzliche Schallplattenaufnahmen, die diesem Werk folgen werden, sollen auch die klangliche Komponente miteinbeziehen.

Leider sind viele dieser Gehäuse ihres ursprünglichen Pfeifenmaterials beraubt worden, die Ausdruckskraft der Prospekte aber läßt uns noch erahnen, mit welcher Klangschönheit diese Werke den Raum einstmals erfüllten. Wenngleich die Orgelbaumeister von einst den Platz für die Orgel nicht nach rein mathematisch-akustischen Gesichtspunkten ermittelten, sondern mehr vom musikalisch-ästhetischen Standpunkt aus den Raum erforschten, trafen sie immer den charakteristisch ausgeprägten Formtypus des österreichischen Orgelprospektes der Zeit. Sie wußten um das Mitschwingen und um die Echowirkungen des Raumes, um den Schallspiegel im Chorgewölbe, und hängten deshalb in der Gotik in Kathedralen und Münstern ihre kleinen, einmanualigen Werke als Schwalbennestorgeln seitlich an die Wand. Typische Beispiele hiefür hatten wir in Österreich auf dem spätgotischen Pilgramschen Orgelfuß des St. Stephansdomes in Wien und auf einer schwalbennestartigen Konsolenempore an der Nordwand der ehemaligen Zisterzienserkirche von Neuberg an der Mürz, Steiermark. Daneben finden wir auch Lösungen, bei denen die Orgel mit dem Chorgestühl im Presbyterium eine architektonische Einheit bildet (Abb. 77) oder als Gegenstück zur Kanzel in Erscheinung tritt (Abb. 57). Durch die mechanische Traktur, bei der die Tasten mit den Spielventilen durch Abstrakten verbunden bleiben müssen, wurde jede ungesunde Freiheit der Gestaltung im „Organismus" von selbst ausgeschaltet.

Oft treffen verschiedene Stilelemente aufeinander. Man kann dabei beobachten, daß trotz ihrer andersartigen Formensprache stilreine Elemente sich im Raum vertragen: barocke Orgelgehäuse in gotischen Kirchenräumen (Abb. 2) oder ein moderner Orgelprospekt in einem romanischen Raum (Abb. 97). Glücklicherweise kehrt man heute trotz möglicher pneumatischer und elektrischer Übermittlungswege zur mechanischen Traktur zurück und damit zugleich auch zu den klassischen Gesetzen der Prospektgestaltung.

Prospekt, Werkanordnung, Klangbild und Raum müssen eine Einheit bilden. Die klassische Orgel steht frei im Raum, und die Abstimmung des Werkcharakters auf die Gehäuse- und Prospektform wurde von den alten Meistern ebensowenig übersehen wie die Zusammenhänge von Orgel und Kirchenraum. Die Prospektgestaltung ist deshalb nicht nur indvidueller Ausdruck des Instruments, sondern auch der Persönlichkeit seines Erbauers.

Im Laufe der Jahrhunderte erstand durch das Zusammenwirken von Orgelbauern, Bildhauern, Holzschnitzern und Vergoldern auch in Österreich ein Schatz von wertvollen Prospekten, die ein künstlerisches Gegengewicht zur klanglichen Schönheit und Reichhaltigkeit des klingenden Pfeifenwerkes ergaben. Gerade in letzter Zeit erfreuen sich diese Klangdenkmäler besonderer Beachtung durch Kunstexperten, Kunsthistoriker und die Musikwelt. Diese verborgenen Schönheiten bildlich zu erfassen, die klangliche Struktur der Orgelwerke und ihren Einbau in Gehäuse in Verbindung mit dem Raum ins Bild zu bringen, war eine schwierige, aber dankbare Aufgabe.

Obwohl die Orgel jederzeit zum allgemeinen Instrumentarium gehörte, wie uns erhaltene Zeugnisse aus der Gotik, der Renaissance und besonders aus dem Barock bestätigen, war und blieb sie doch immer ein Blasinstrument und nahm im Musikgeschehen eine Vorrangstellung ein. Im Barock, der Blütezeit der polyphonen Musik, besaß die Orgel eine Vorrangstellung, weil ihre Klangsprache der musikalischen Einstellung der Zeit entsprach.

Der norddeutsche Orgeltypus verwirklichte eine scharfe Gegenüberstellung der gegensätzlichen Klanggruppen auf allen Manualen, eine steile Anlage der Prinzipalpyramide und einen reichen Obertonaufbau. Charakteristische Klangfarbe, eine Synthese aus Grundstimmen und Aliquoten, ist jene Eigenschaft, die mittel- und süddeutsche Klangauffassung verlangt. Den Klang der österreichischen Orgeln zeichnen Weichheit und Wärme aus; daneben besitzt er Leuchtkraft und Geschlossenheit, die auf folgenden technischen Voraussetzungen beruhen: edelstes Material, mäßiger Winddruck, vor allem aber die Schleiflade, die mit ihrer mechanischen Spiel- und Registertraktur die Grundlage für eine charakteristische Intonation schafft.

Das Kriterium der Schleiflade ist die Besetzung der zu einer Taste gehörenden Pfeifen auf einen gemeinsamen Windraum, der sogenannten Tonkanzelle. Diese Windlade besitzt je Taste nur ein einziges Ventil; alle Pfeifen aller Register, die von einer bestimmten Taste aus gespielt werden können, werden somit gleichzeitig mit gemeinsamem Atem angeblasen. Es ist leicht einzusehen, daß alle diese Pfeifen absolut gleichzeitig ansprechen müssen und ihr Klang in idealer Weise verschmilzt, ein vom klangästhetischen Standpunkt aus nicht hoch genug einzuschätzender Vorteil. Die Tonkanzelle ermöglicht einen normalen Ablauf des Luftstromes in den Pfeifenfuß, von dort aus zur Kernspalte der Pfeife hin, zum Labium. Es wurde bisher noch kein anderes Ladensystem erfunden, das so viele günstige Eigenschaften aufweist wie die Schleiflade. Diese sind: ruhiger und edler Tonansatz, plastische Ansprache und korrekte Absprache, durch niedrigen Winddruck erzielte Wärme und Weichheit, Klarheit und Tragfähigkeit des Pfeifentones, vorzügliche Verschmelzungsfähigkeit und Durchsichtigkeit des Orgelklanges. Und nicht zuletzt sei auch auf das glückliche Raumverhältnis von Schleiflade und Pfeifenwerk hingewiesen.

Unter mechanischer Traktur versteht man zweierlei: erstens die Verbindung zwischen Taste und dem

den Wind für die einzelnen Pfeifen steuernden Ventil, die sogenannte Spieltraktur, und zweitens die Verbindung von der Registerbetätigung im Spieltisch zum Spielventil in der Orgel, die Registertraktur.
Die mechanische Spieltraktur stellt eine ununterbrochene Verbindung von Taste zu Pfeife her, die es ermöglicht, den Tonansatz durch den Anschlag zu beeinflussen. Sie ist eine feinnervige Verlängerung des menschlichen Fingers und gibt dem Organisten das sichere Gefühl, den Ton tatsächlich selbst zu erzeugen. Wird von der mechanischen Traktur abgegangen und die Verbindung zwischen Taste und Pfeife durch Zwischenschaltung einer Maschinerie hergestellt, die das Öffnen des Ventils beim Niederdrücken der Taste entweder pneumatisch oder elektrisch bewirkt, so hat der Organist keinen Einfluß auf die Tonbildung, er wird zum Maschinisten. Orgeln dieser Art haben deshalb keinen Anschlag im strengen Sinne des Wortes und geben dem Organisten nicht das Gefühl, den Ton auch wirklich zu erzeugen. Er löst nur eine Kettenreaktion aus, die schließlich die Pfeife erklingen läßt, so daß er nur eine Maschine zu bedienen glaubt, statt kunstvoll Orgel zu spielen. Es erfordert allerdings viel Wissen und Können, viel Erfahrung und Geduld, eine leichte und sichere Mechanik zu konzipieren und zu bauen.
Die Orgel hatte bei allen Wandlungen, denen besonders ihr Klangbild im Laufe ihrer Geschichte ausgesetzt war, immer dann ihre glanzvollsten Höhepunkte, wenn sie als Instrument in sich vollkommen war. Die Orgel im römischen Imperium des dritten Jahrhunderts nach Christus war damals bereits ein vollkommenes Instrument, und so schuf jede Zeit jene Werke, die sie für die Wiedergabe ihrer spezifischen Musik benötigte.
Durch die musikalisch und architektonisch kontinuierliche Entwicklung der Orgelwerke von Jahrhundert zu Jahrhundert treten Stilepochen charakteristisch in Erscheinung, und Orgelbaugeschichte wird dadurch zugleich Geistesgeschichte, die nicht nur mit der Musik- und Kunstgeschichte aufs engste verbunden ist, sondern Kulturgeschichte im wahrsten Sinne des Wortes darstellt.
Die Vielgestaltigkeit in der Bauweise der Orgelwerke zeigt uns, daß Österreich als Orgelland nicht isoliert betrachtet werden kann, vielmehr müßten neben dem gesamten deutschen Sprach- und Kulturraum auch die Länder Altösterreichs in den Gesamtraum miteinbezogen werden. Faßt man aber den Begriff der Orgellandschaft wesentlich enger und wird er stammlich begrenzt und in selbständig entwickelte Kulturlandschaften eingeteilt, kristallisiert sich der österreichische Raum zu einem besonderen landschaftlichen Gefüge mit der Orgel als einem der kostbarsten Schätze musikalischer Kultur heraus.
Die sachliche Gliederung dieser Publikation nach neun österreichischen Bundesländern liegt in der historischen Entwicklung Östereichs begründet, die eine eigenständige Ausbildung spezieller Kulturlandschaften, übereinstimmend mit den jeweiligen politischen Gegebenheiten, bedingte. Die Vielgestaltigkeit dieses kulturellen Lebensraumes, die sich Österreich aus den Jahrhunderten territorialer Größe und politischer Macht bis in die Gegenwart bewahrt hat, ist daher für alle kunst- und kulturhistorischen, im speziellen auch orgelhistorischen Aspekte naturgegebenes, gliederndes Element.

WIEN

Aus dem Mittelalter sind fast keine Orgeln erhalten. Die ersten Nachrichten aber über Orgeln im Landschaftsbereich Österreichs stammen schon aus dem 14. Jahrhundert. Im Wiener St. Stephansdom wurde bereits 1334 eine Orgel urkundlich erwähnt, sicherlich war es nur ein einmanualiges Instrument. ohne Pedal, ein Positiv aus dem 13. Jahrhundert. Meister Jörg Behaim baute um 1400 ein weiteres Werk, so daß die Domkirche seit Anfang des 15. Jahrhunderts bereits über zwei Orgeln verfügte. Nach Vollendung des ,,Pilgramschen Orgelfußes" wurde um 1513 auf dieser akustisch hervorragend angebrachten Schwalbennest-Empore ein Werk errichtet, das bis 1797 voll und ganz einsatzfähig war, aber dann leider abgetragen wurde. Sicherlich handelte es sich dabei um ein Instrument aus dem 14. Jahrhundert. Meister Burkhard Tischlinger stellte 1507 auf der Orgelempore ,,bey der großen Sakristey" ein neues Instrument, die dritte Orgel, auf. Jakob Kunigschwerdt, ein Laienbruder aus Zwettl, erweiterte 1544 das Werk, so daß es lange Zeit hindurch als ,,das größte Orgelwerk" von St. Stephan bezeichnet wurde. Johann und Ferdinand Römer reparierten 1681 das Werk, ab 1730 wurde es von Gottfried Sonnholz betreut. 1797 erfolgte dann der vollständige Abbruch dieser Orgel. Der Orgelmacher Ferdinand Josef Römer schließlich hatte 1701 auf dem im selben Jahre errichteten hölzernen Musikanten-Chor im Presbyterium ein neues Werk aufgestellt, das von den Chronisten gerühmt wurde.

Ferdinand Josef Römer erhielt 1720 den ehrenvollen Auftrag, ein Orgelwerk mit 32 Registern auf die Westempore zu stellen. Diese Orgel mit ihrem herrlichen Prospekt war die erste auf dem Westchor. Im 18. Jahrhundert waren in der Domkirche zu St. Stephan also ständig vier Orgeln in Gebrauch, die Zeugnis gaben von der Kunstfreudigkeit der damaligen Zeit. Der Hauptwerksprospekt war mit dem Pedal 16'- und Manual 8'-Prinzipal in neun Felder und Türme gegliedert. Das auf einer Konsole der Chorbrüstung stehende Rückpositiv enthielt im Prospekt den Prinzipal 4', das mit goldverziertem Rankenschmuck und zahlreichen Figuren versehene Barockgehäuse stellte ein Musterbeispiel für eine Eingliederung in einen gotischen Raum dar.

Selbstverständlich fehlten am Turm von St. Stephan nicht die so beliebten typisch österreichischen Hornwerke. Auf dem Südturm soll bereits 1416 ein Hornwerk gestanden sein. Kaiser Friedrich III. (1439–1493), den Hornwerken besonders zugetan, gab an Meister Erhard 1450 den Auftrag, das verbrannte Hornwerk durch ein neues zu ersetzen.

Die Hornwerke stammen aus dem späten Mittelalter, ihre eigentliche Entstehungszeit ist noch nicht erforscht und liegt im dunkeln. Der Typus der Orgel um 1250, der den Orgelklangkörper zu einem Blockwerk vereinte, bildete die Grundlage für den Hornwerkbau.

Zu allen Zeiten war es Brauch, den Zeitenruf durch akustische Zeichen von Türmen und Toren einer Stadt der Mitwelt kundzutun; auch in Gefahrenmomenten dienten sie als Nachrichtenübermittlung. Diese akustischen Alarmwerke sind bis in germanische Zeit zurückzuverfolgen. In der Gotik liebte man das Hornwerk, die Renaissance baute den Hornklang aus und ergänzte ihn durch Walzenorgeln, die Barockzeit entschied sich für die klangreiche Glockenmusik.

Hauptaufgabe der Hornwerke war wohl das Verkünden kirchlicher und weltlicher Feierlichkeiten. In den Alpenländern scheinen sich die Hornwerke großer Beliebtheit erfreut zu haben: Berichte über das Vorhandensein solcher Werke haben wir aus den Zisterzienserstiften Heiligenkreuz, Rein und Zwettl, aus den Benediktinerstiften Melk, Kremsmünster, Lambach, Admont, Göß und St. Lambrecht und den Augustinerchorherrenstiften St. Florian, Rottenmann und Seckau. Aber auch im Südturm von

St. Stephan in Wien, im Turm der Wiener Neustädter Liebfrauenkirche und auf dem Grazer Stadtschloß standen einstmals Hornwerke. Besondere Bedeutung aber erreichte das Hornwerk auf der Feste Hohensalzburg, das sich als einziges Denkmal unter dem Namen „Salzburger Stier" bis auf unsere Tage erhalten hat (Abb. 69).

Nachdem Wien vom 12. Jahrhundert an Residenz der österreichischen Landesfürsten geworden war, begann mit der wachsenden Bedeutung der Stadt auch für den Orgelbau eine sehr fruchtbare Zeit. Stets war von da an in Wien der feste Sitz eines Orgelmachers, der die Kirchen mit kleineren und größeren Werken zu versehen hatte. Im Wiener Schottenstift wird 1517 ein Werk mit „manch Stymwerk" erwähnt, und für St. Michael wurde ein Orgelneubau in Auftrag gegeben. Auch Paul Hofhaimer, der berühmte Salzburger „Organistenmacher", war unter Maximilian I. in Wien, um hier anläßlich der historisch so bedeutenden Wiener Doppelhochzeit 1515 sowohl die Orgel „bey der großen Sakristey" als auch das Positiv zu spielen.

Kleinstorgeln, eine Bauform des Mittelalters und vor allem der Renaissance, sind als Portative, Tragpositive und Regale auf mittelalterlichen Tafelmalereien, in Glasfenstern, Fresken, Wandteppichen oder als Skulpturen, als früheste Zeugen von Instrumenten mit Pfeifen, Tasten und Blasbälglein überliefert.

Die meisten Abbildungen des Portativs, der kleinsten Art einer „Tragorgel" (portare = tragen), haben in Psalmbüchern und Bibelhandschriften symbolischen Charakter: die Orgel war das Symbol für den Heiligen Geist.

Als weltliches Instrument war das Portativ bei verschiedensten Anlässen in Verwendung; als Prozessionsorgel diente es kirchlichen Zwecken. Das Instrument konnte von einer Person allein bedient und gespielt werden. Das Werklein wurde auf dem linken Arm getragen, dessen Hand die Bälge bediente, mit der rechten wurden die Tasten gespielt. Wurde das Portativ größer gebaut und auf Tisch oder Boden gestellt, so daß eine eigene Bedienung für die Bälge nötig wurde, nannte man dieses Instrument Positiv. Das als Instrument mittlerer Größe nicht eingebaute, sondern hingestellte (positus = gestellt) Positiv mit wenigen Registern war ein Orgelwerklein, das, zunächst an Fürstenhöfen heimisch, im 17. Jahrhundert auch Instrument des Bürgertums wurde (Abb. 81). Ein solches Positiv gehörte einst zu Beginn des 18. Jahrhunderts zum unentbehrlichen Gut eines wohlhabenden österreichischen Bürgers. Auch diese oft wahren Meisterstücke standen während des ganzen Jahres hindurch in gottesdienstlicher Verwendung (Abb. 68). Außerhalb des Kirchenraumes waren sie bei Fronleichnams- und Bittprozessionen unentbehrlich (Abb. 44). In der Barockzeit standen in Wien solche Instrumente noch stark in Gebrauch.

Das Regal, eine weitere Kleinform der Orgel mit kurzbechrigen Zungenstimmen, existiert bereits gegen Ende des Mittelalters (Abb. 11). Es war das bevorzugte Instrument beim Tanz, da es einen obertonreichen und schnarrenden Ton von sich gab.

Neben bodenständigen Wiener Orgelmachern wurden auch aus den verschiedensten Ländern Meister nach Wien berufen. Dies war für die Zeit der Renaissance ebenso wie für die Ära des Barock gang und gäbe. Der Oberpfälzer Friedrich Pfannmüller aus Hirsau, der Erbauer der Prager Domorgel, des berühmtesten Renaissancewerkes im mitteldeutschen Raum, mußte die Domorgel zu St. Stephan stimmen. Der Augsburger Eusebius Ammerbach, der aus Zwickau stammende Hermann Rottenstein-Pock und Stefan Koch wurden in die Kaiserstadt berufen, um neue Werke zu erstellen. Der Einfluß der Renaissance-Orgeln strahlte über ganz Österreich aus. Obwohl der süddeutsch-österreichische Orgeltypus seine Eigenständigkeit bewahrte, wurde die deutsche „Bläserorgel" in ihn integriert.

Aus der Vielzahl der Orgeln Wiens, deren Gesamtbestand heute an die 500 Werke umfaßt, seien die klanglich und prospektmäßig repräsentativsten historischen Instrumente angeführt:
In der Franziskanerkirche steht die älteste Kirchenorgel Wiens, 1642 von Johann Wöckherl erbaut und im Chorraum aufgestellt (Abb. 1).
Das wohl größte Orgelwerk Wiens ist die dreimanualige, 40stimmige Orgel in der Michaelerkirche aus dem Jahre 1714. Nach dem Umbau durch Gottfried Sonnholz 1742 erfuhr sie die heutige Aufstellung (Abb. 2).
Alle weiteren bedeutenden Orgelwerke Wiens stammen ebenfalls ausnahmslos aus dem 18. Jahrhundert. Die Orgel der Karlskirche ist in ihrer heutigen Gestalt das Ergebnis mehrerer Um- und Zubauten (Abb. 7). Die 19stimmige Orgel der ehemaligen Karmelitenkirche St. Josef in der Taborstraße (1744) ist unter den Barockwerken Wiens im höchsten Maße original geblieben (Abb. 6). Ein sehr charakteristisches Werk aus der Barockzeit steht in der Kirche St. Anna (Abb. 5). Die Kirche „Am Hof" erhielt nach Aufstellung einer neuen Empore 1763 auch eine neue Orgel (Abb. 4). Die Orgel der Mariahilfer Pfarrkirche wurde 1763 von Johann Hencke erbaut. Original ist heute ebenfalls nur das Rokokogehäuse, eines der schönsten Gehäuse Wiens (Abb. 8). In der Piaristenkirche steht das bedeutendste und beste romantische Werk des 19. Jahrhunderts von dem aus Schlesien kommenden Orgelbauer Carl Friedrich Ferdinand Buckow, der damit den repräsentativsten Auftrag, den Wien in diesem Jahrhundert überhaupt zu vergeben hatte, erhielt (Abb. 9). Im 19. Jahrhundert wurde in Wien noch ein zweites bedeutendes Werk gebaut, die Ladegast-Orgel für den „Großen Musikvereinssaal" im Jahre 1872. Der Original-Prospekt blieb bis auf den heutigen Tag erhalten (Abb. 10).
Der wirtschaftliche Aufschwung im 19. Jahrhundert führte in Wien auch zu einem Aufschwung der Orgelbautätigkeit. Unter der Leitung ihrer Pfarrherren wurden in vielen Pfarrgemeinden neue Orgeln errichtet, zumindest aber ein Umbau in Form einer technischen Erweiterung vorgenommen. Auf Restaurierungen der vorhandenen alten und wertvollen Werke wurde wenig Wert gelegt. So kam es, daß gerade in Wien, im Bestreben, das technisch Neueste und klanglich Lauteste zu besitzen, so manches wertvolle Barockwerk abgebrochen und geopfert wurde. Dort, wo das Barockgehäuse erhalten blieb, wurde das neue pneumatische oder elektrische Werk mit zumeist mehr Registern hineingezwängt (Abb. 74).

NIEDERÖSTERREICH

Bis zum Jahre 1921 war Wien die Hauptstadt des Landes Niederösterreich. Es ist daher wohl verständlich, daß dieses Kernland (einstmals „Ostarrichi") von Wiener Orgelmachern mit Instrumenten versorgt wurde. Kein Bundesland war so reich an Stiften und Klöstern, die alle größten Wert auf ein klanglich hervorragendes und künstlerisch wertvolles Orgelwerk legten. Vor allem im 17. und 18. Jahrhundert wurden aufwendige Klosterbauten durchgeführt, die sich auch für den Orgelbau fruchtbar auswirkten.
In den Benediktinerklöstern hatte die Orgel bereits um die Mitte des 15. Jahrhunderts einen festen Platz. Die ersten archivalischen Nachrichten über das Vorhandensein einer Orgel stammen aus dem Jahre 1427. Zu dieser Zeit wurde das Waldviertler Benediktinerkloster Altenburg von den Hussiten, die als „Orgelstürmer" bekannt waren, überfallen, vollständig ausgeplündert und dabei auch die Orgel gänzlich vernichtet. Zehn Jahre später besaß die Kirche bereits wieder eine neue Orgel.

Im Chorherrenstift Klosterneuburg wird um 1437 eine ,,Große Orgel" aufgestellt. Meister Berchthold Mörly baute das Werk und das goldverzierte Gehäuse. In Niederösterreich gab es aber auch bereits im 15. Jahrhundert Orgelbauer, deren Ruf weit über die Grenzen des Landes reichte. So wird der Klosterneuburger Meister Jonas Scherer nach Prag berufen, der St. Pöltner Orgelmacher Peter Gereis 1431 nach Straßburg geholt, um die Münsterorgel zu erneuern. Sicherlich bekamen im Verlauf des 15. Jahrhunderts fast sämtliche Klöster ihr Orgelwerk, und da in den vorhandenen Angaben immer nur von ,,Großen Orgeln" berichtet wird, ist anzunehmen, daß bereits kleinere Werke, Positive oder Regale, aus früherer Zeit vorhanden waren. Auch besaßen viele Klöster auf ihren Tortürmen ein Hornwerk, das bei festlichen Anlässen seinen Ruf in Form eines einzigen Akkordes erschallen ließ.

Wolfgang Ruedorff baute 1455 für den Pfarrturm in Wiener Neustadt ein Hornwerk. Die Stadt besaß bereits mehrere Orgelwerke, und die Erneuerung der Domorgel durch den Meister Hans Eisenhofer 1579, der aus dem alten Werk im Stile der Renaissance eine neue Orgel baute, läßt vermuten, daß der Dom bereits im 15. Jahrhundert ein bedeutendes Werk besessen hat. Urkundlich sind außerdem noch eine Reihe von Kirchen-, Burg- und Stadtorganisten überliefert.

Der aus Prag stammende Zwettler Laienbruder Jacob Kunigschwerdt baute im Jahre 1513 in die Zwettler Stiftskirche eine ,,neue große Orgel", die bis 1728 ihren Dienst versah. Der kunstsinnige Frater führte auch Arbeiten an der damaligen großen Wiener Domorgel zur vollsten Zufriedenheit des Rates der Stadt Wien durch. In ihm haben wir den bedeutendsten und tüchtigsten Orgelmacher des 16. Jahrhunderts im Bereich von Wien und Niederösterreich vor uns.

Das Stift Herzogenburg blickt auf eine frühe Orgeltradition zurück. Ein Brand im Kloster hatte 1512 die große Orgel vernichtet, die aber bald wieder ersetzt wurde.

Der Orgelbau dieses Landschaftsbereiches machte sich bereits bis gegen Ende des 16. Jahrhunderts die Mehrmanualigkeit der Renaissance-Bläserorgel mit der Regalbasis im Nebenmanual zunutze. Die Aufspaltung des nichtregistrierbaren Blockwerkes in Einzelregister war mit dem 15. Jahrhundert abgeschlossen. Zu diesen neuen Errungenschaften kommt noch der Beginn des Pedalspiels, ein Abrücken von den starren Pfeifenmensuren, die künstlerische Ausgestaltung des Propektes und vor allem der Zug zur Prinzipalorgel. Die Regalbasis wird verlassen, labiale Grundstimmen werden bevorzugt. Bis zum 17. Jahrhundert kristallisiert sich der ungleich disponierte, labial besetzte zweimanualige Orgeltypus heraus, der in krassem Gegensatz zur norddeutschen mehrmanualigen Werkorgel mit ihrem großzügigen Werkaufbau, Hauptwerk, Brustwerk, Oberwerk, Rückpositiv und Pedalwerk stand. So bildete sich der Typus der süddeutsch-österreichischen Barockorgel allmählich heraus.

Ein besonders interessantes und charakteristisches Orgelregister dieser Zeit in Österreich stellt der ,,Portun" dar. Diese Stimme, ein offenes, prismatisch gebautes Holzregister in der 8'-Lage, selten in der 16'-Lage, kommt bereits von 1450 an im österreichischen Raum vor. Meistens steht diese Stimme neben einem Prinzipal 8' oder einem Gedackt 8' im Hauptwerk; aber auch als ,,Portun-Pahs" steht es neben einem Sub-Pahs 16' im Pedal. Dieser flötenartige Prinzipalklang, der sich mit den anderen Stimmen gut vermischt, wird von den österreichischen Meistern bis in die zweite Hälfte des 19. Jahrhunderts gebaut. Auch Orgelmacher, die nach Österreich zuwandern, wie Hencke und Pfliegler, verwenden dieses Orgelregister. In zahlreichen Dispositionen kommt diese spezifisch österreichische Stimme vor, zum Beispiel in Maria-Dreieichen in Hauptwerk und Pedal, in Maria Saal, Altenburg und St. Veit a. d. Glan.

Bis zur Mitte des 16. Jahrhunderts blieben auch noch in der Prospektgestaltung die flachen Orgelkasten

mit den geraden Linien in der Pfeifenaufstellung die Norm. Gotische Details mit Gestaltungselementen der Renaissance waren für die Gehäuseausschmückung bestimmend. Eine besondere Eigenart stellen die beidseitig bemalten Flügeltüren dar, die eine mehrfache Funktion zu erfüllen hatten.
Im Laufe des 17. Jahrhunderts war Niederösterreich beiderseits der Donau zu einem bedeutenden Orgelbauzentrum geworden. Im regionalen Rahmen Niederösterreichs fanden neben eigenen Orgelbauern auch Wiener Meister und Meister aus der Kirchenmetropole Passau ein reiches Betätigungsfeld. Leider sind aus dieser Zeit nur wenige Instrumente erhalten geblieben.
Mit dem beginnenden 18. Jahrhundert vollzogen sich tiefgreifende Umwälzungen auf geistigem und kulturellem Gebiet. Das anbrechende Barockzeitalter brachte eine rege Tätigkeit auf dem Gebiet des Kirchenbaus und vor allem eine umfassende Umgestaltung der Inneneinrichtungen mit sich. Neben optischen waren es klangliche Gründe, die neue Orgelbauten notwendig werden ließen. Bei der barocken Gehäusegestaltung spielte die Farbgebung eine wesentliche Rolle: grün-gold, braun-gold, schwarz-gold und weiß-gold sind die Farbenzusammenstellungen dieser Zeit. Die gerade Linie wird von der Kurve verdrängt, die Labienanordnung der Prospektpfeifen verläuft in Konkav- und Schweifbogen, und die reichverzierten Schleierbretter bereichern den Prospekt. Ein besonderes Merkmal der niederösterreichischen Orgellandschaft ist die Zweiteilung des Hauptgehäuses; zum Teil wurde dieser Orgeltypus durch die baulichen Gegebenheiten der Barockkirchen, mit dem großen Fenster auf der Westempore bedingt. Durch einen reichverzierten Verbindungsbogen, oft mit einer Uhr ausgestattet, wurden beide Orgelkasten miteinander verbunden. Das Brüstungspositiv bildete mit der Emporenvorderwand eine Einheit (Abb. 39).
Aus der Vielzahl der bedeutendsten, zum Teil noch erhaltenen Werke in Niederösterreich sind hier 29 Orgeln herausgegriffen und bildmäßig festgehalten. Die beigefügten Monographien geben genügend Aufschluß über Entstehung, Gestaltung und klanglichen Zustand, so daß hier nur kurz der Meister gedacht werden soll, die eine orgelbauliche Besonderheit und Ausnahmestellung aufzuweisen haben.
Johann Georg Freundt (1590–1667) kommt aus der Passauer Orgelbaumetropole, die schulebildend die Donau entlang nach Osten ausstrahlt. In den Jahren 1636–1642 baute er als sein großartigstes erhaltenes Meisterwerk die Festorgel der Stifskirche Klosterneuburg. Diese frühbarocke Kostbarkeit unter den europäischen Orgeln gehört zu den bedeutendsten und repräsentativsten österreichischen Klangdenkmälern.
In Johann Ignaz Egedacher (1675–1744) haben wir den zweiten großen und einflußreichen Orgelmacher aus der Dreiflüssestadt vor uns, der die eminente Tradition der Passauer Schule bis weit ins 18. Jahrhundert fortführte. Für Niederösterreich baute dieser Meister mehrere bedeutende Instrumente. Das in seiner Klangsubstanz noch erhaltene Werk für das Stift Zwettl gehört zu den wertvollsten Barockorgeln der gesamtösterreichischen Orgellandschaft, deren Eigenart für Europa einmalig geblieben ist. Johann Ignaz Egedachers Orgeln gaben den Anstoß zur Weiterführung und Entfaltung der großartigen Orgelbaukunst im niederösterreichischen Donauraum bis in die Zeit des Spätbarock.
Orgelbauer wie Gottfried Sonnholz und Johann Hencke zählten zu den besten niederösterreichischen Meistern des Hochbarock. Unter den zahlreichen eingesessenen Orgelbauern mit ihren selbständigen schöpferischen Leistungen ragen aus dieser Orgellandschaft noch einige Meister mit ihren Werken bedeutungsvoll hervor: Matthäus Jesswagner (Pulkau), Anton Pfliegler (Altenburg und Maria-Dreieichen), Franz Xaver Christoph (Sonntagberg), Stephan Helwig (Maria Langegg).

Aus der glanzvollen Epoche der Orgelbaukunst des ausklingenden Barock und Rokoko sei noch ein theoretisches Werk über den Orgelbau angeführt, eine Gedenkschrift des Altenburger Regens chori. Pater Maximilian Markl, der in 38 Punkten die Baugrundsätze der süddeutsch-österreichischen Orgel darlegt.

BURGENLAND

In engster Verbindung mit Wien auch auf dem Gebiet des Orgelbaus steht das östlichste Bundesland Österreichs, das Burgenland, das erst 1921 Österreich einverleibt wurde. Jahrhundertelang war dieses deutschsprachige Randgebiet Ungarns ein Bollwerk gegen Einbrüche aus dem Osten; das wirkte sich vor allem auf kulturellem Gebiet nachteilig aus.
Ödenburg, das auch zeitweise ein vorübergehendes Orgelbauzentrum aufzuweisen hatte, verblieb wie seine deutsche Umgebung bei Ungarn, bildete aber eine Brücke zum westungarischen Raum. Orgelhistorische Forschungsergebnisse aus den deutsch besiedelten westungarischen Komitaten liegen bis heute nicht vor.
Der wechselseitige Einfluß des Wiener und des Preßburger Orgelbaus machte sich in bescheidenem Ausmaß bemerkbar. So baute 1582 etwa der Wiener Orgelmacher Leopold Sunderspitz ein Werk für den Preßburger Dom. Die historisch wertvollen Orgelwerke sind außer auf Meister dieser beiden Werkstättenzentren vornehmlich auf steirische Meister zurückzuführen.
Wenn auch nur wenige orgelbautechnisch hervorragende Werke im Burgenland zu verzeichnen sind, so gab doch der große Meister Joseph Haydn manchem der Instrumente konstruktives, außergewöhnliches Gepräge. Die musikalischen Verbindungen zwischen Wien und dem Donautieflande trugen so auch wesentlich zu einer gegenseitigen Befruchtung im Orgelbau bei. Alle heute noch bestehenden Werke entstanden unter reger Anteilnahme Haydns, der sich um die Orgeln kümmerte, bei Planungen und Disponierungen seinen Einfluß geltend machte und sie in Beziehung zu seinen Kompositionsgrundsätzen stellte. Man kann sogar heute noch von „Haydn-Orgeln" sprechen, da gerade in Eisenstadt noch historische Werke in ihrer klanglichen Substanz erhalten geblieben sind.
Schon im 15. Jahrhundert, vornehmlich aber im 16. und 17. Jahrhundert, kamen aus dem österreichischen Westen Musiker und Orgelbauer in ungarische Lande. Hans Pruner, ein Seckauer Orgelbauer, ist in Ungarn mit Werken nachweisbar. Als der berühmte Paul Hofhaimer am Hofe Sigmunds in Innsbruck weilte, wurde er auch an den Ofener Hof berufen, um den italienischen „gran organista" Daniele zu ersetzen. Meister Hofhaimer kam aber diesem ehrenvollen Ruf nicht nach. Die Orgelbegeisterung am ungarischen Hofe war vielseitig; nicht nur Organisten aus den verschiedensten Ländern wurden geholt, auch Instrumente wurden eingeführt, um bei weltlichen und kirchlichen Feiern Orgelmusik zur Verfügung zu haben.
Im 17. Jahrhundert hatte fast jede größere Kirche ihre Orgel. Wien und Graz waren hier richtungweisend. Der Orgelbau der österreichischen, ungarischen und italienischen Lande beeinflußte sich wechselseitig. Der burgenländische Orgelbau wurde von zwei Seiten gefördert: in den nördlichen Gebieten vom Orgelbauzentrum Wien; seine belebenden Impulse für einen bodenständigen Orgelbau erhält er hingegen aus den steirischen Landschaftsgebieten, vornehmlich aus Graz. Beziehungen zu Böhmen und Mähren treten nicht so stark in Erscheinung. Neben mehreren kleineren Werken sind vor

allem zwei große Werke aus der ,,Haydn-Zeit" erhalten geblieben: die 18stimmige Orgel aus dem Jahre 1778 in der Domkirche St. Martin und die ursprünglich gleich große Orgel aus dem Jahre 1797 in der Bergkirche, der Grabstätte Joseph Haydns, zu Eisenstadt. Beide Werke stammen aus der Wiener Orgelbauwerkstätte Johann Gottfried Malleks.

Von Gottfried Mallek d. J., einem Sohn des J. G. Mallek, dürfte die Orgel der Esterházyschen Schloßkapelle mit ihrem frühklassizistischen Gepräge stammen. Archivalische Forschungen und orgelbautechnische Untersuchungen über den Erbauer und das Erbauungsjahr waren bis heute ergebnislos.

Das sechsstimmige Brüstungspositiv in der zierlichen Rokokokapelle der Barmherzigen Brüder in Eisenstadt kann als typische ,,Haydn-Orgel" bezeichnet werden, da nach mündlicher Überlieferung der Meister die Interpretation seiner kleinen Orgelsolomesse gerade auf diesem Instrument besonders liebte.

Joseph Haydn hielt neben Bevorzugung des Flötenklanges an der prinzipalischen Klangpyramide fest. Zur Zeit der Wiener Klassik – als die Orgelmusik in den Hintergrund trat, während die Orchestermusik immer mehr Bedeutung errang – wurde die Orgel vornehmlich als Continuoinstrument benötigt. Neben den wenigen Soloparts in Joseph Haydns Messen hatte die Orgel also vorwiegend als Generalbaßinstrument ihre Existenzberechtigung. Es ist deshalb verwunderlich, daß diese Begleitinstrumente ihre Selbständigkeit in klanglicher Hinsicht bewahrten und imstande waren, anspruchsvolle Orgelmusik in befriedigender Weise wiederzugeben.

Zu den ältesten frühbarocken Werken des Burgenlandes gehört das fünfstimmige Schrankpositiv in der Fischerkirche zu Rust am Neusiedler See, das in seinem Klangaufbau eine prinzipalbedingte Obertönigkeit von besonderer Qualität aufzuweisen hat: Copula 8', Gedacktflöte 4', Prinzipal 2', Quinte $1^1/_3$' und Oktav 1'.

In der Schloßkirche zu Güssing, im südlichen Burgenland, steht ein sogen. Truhenpositiv, ein Kleinwerk von seltener und einmaliger Beschaffenheit aus der Blütezeit des Orgelbaues (Abb. 44).

Nicht unerwähnt soll hier der wertvolle Fund einer römischen Orgel von Aquincum, der Hauptstadt Ostpannoniens bleiben, der bei Ausgrabungen im Jahre 1931 gemacht wurde. Die Orgel von Aquincum war höchstwahrscheinlich bereits eine höher entwickelte Hydraulis, ein ,,Organum pneumaticum". Neben Windlade, einigen Tasten, vier Pfeifenreihen und dem vollständigen Metallbestand, darunter einer beschrifteten Bronzetafel, kam keine Metallglocke für das Wasserdruckwerk zum Vorschein. Man fand lediglich zwei Bronzeplatten, die als Deckplatten für einen Blasebalg gedient haben könnten. Metallbestandteile zur Aufnahme von Wasser fehlten dagegen vollständig. Das Geschenk des ,,Gaius Julius Viatorius" stammt aus dem Jahre 228 nach Christus. Der erhaltene Pfeifenstock weist viermal 13 Bohrlöcher auf. Die ,,Hydra" von Aquincum – man nannte sie so, obwohl sie eine ,,Pneumatica" war – umfaßte daher vier Pfeifenreihen mit je 13 Stimmen bzw. Pfeifen.

OBERÖSTERREICH

Oberösterreich ist von Ottokar II. von Böhmen zu einem eigenen Verwaltungsgebiet gemacht worden. Er gründete 1260 in Linz als Regierung die ,,Hauptmannschaft ob der Enns". Kaiser Joseph II. hat diese 1783 in die ,,Oberösterreichische Landesregierung" umgewandelt. Durch kirchliche Bindung an

das Erzbistum Passau war das kulturelle Leben des Landes jedoch dorthin orientiert, was sich auch in mehrfacher Hinsicht auf den Orgelbau auswirkte.
Die bisher bekanntgewordenen Quellen für den Orgelbau in Oberösterreich reichen bis in das 15. Jahrhundert zurück. Im Stift Lambach wurde bereits 1469 von Johannes Pacher aus Salzburg eine Orgel erbaut. Im Stiftsarchiv gibt es mehrere Berichte über Orgelbauten aus dem 15. Jahrhundert. So wurde unter Abt Philipp vom Passauer Orgelmacher Andreas Putz 1638 am Torturm ein Hornwerk aufgestellt.
Aus dem Stift St. Florian wird berichtet, daß Propst Caspar Vorster um 1468 eine große und eine kleine Orgel aufstellen ließ; er schickte unter anderem auch zwei Brüder zum Musikunterricht in das Stift Gleink.
Um 1484 wird im Stift Kremsmünster Florian Mersinger als Organist erwähnt; 1515 wurde dort eine neue große Orgel aufgestellt, überdies erhielt Kremsmünster 1518 vom Passauer Orgelmacher Michael Rytzinger ein Hornwerk. Ein 1589 gebautes Regal ist bis heute in Kremsmünster erhalten.
In der Stadt Steyr wurde 1478 vom Meister Hannes Lauss ein großes Orgelwerk für die gotische Kirche gebaut. Auch die Mondseer Abtei beschäftigte schon im 15. Jahrhundert Organisten und Choralisten. Für die inkorporierte Pfarre St. Wolfgang schloß Abt Benedikt mit dem Budweiser Orgelbauer Michael Khall 1497 einen Vertrag über die Errichtung einer Orgel ab, der interessante orgeltechnische Kenntnisse aus dieser Zeit vermittelt.
Aus diesen eher lückenhaften Nachrichten ist zu entnehmen, daß in Oberösterreich schon sehr früh eine lebhafte Orgelbautätigkeit herrschte und daß damals östlich von Passau die Donau entlang Orgelbauer wirkten und Werkstätten bestanden, die nicht unbedeutend gewesen sind. Bis zum 18. Jahrhundert gingen fast sämtliche Aufträge der Abteien für Orgelbauten in ihren Stiftskirchen und vielen inkorporierten Pfarrkirchen nach Passau. Oberösterreich war allein schon durch seine geographische Lage das natürliche Hinterland für jeden Passauer Orgelmacher. Vor allem sind die drei großen Passauer Orgelbauerfamilien Putz, Freundt und Egedacher zu nennen, die von überregionaler Bedeutung sind und durch ihren persönlichen Orgelstil Hauptträger und Former eines großartigen Orgelschaffens waren und Passau durch mehr als zwei Jahrhunderte zu einem Orgelbauzentrum machten.
Unter den Passauer Meistern sei an erster Stelle Andreas Putz genannt, der neben Arbeiten in Süd- und Osttirol mehrere Werke für Oberösterreich baute. Die Orgel der Stiftskirche zu Schlägl (1634) ist im Kern bis heute erhalten geblieben. Sie offenbart anschaulich den persönlichen Orgelstil der Passauer Werkstätten (Abb. 46). Die aus dem Jahre 1662 stammende Orgel der Stiftskirche zu Baumgartenberg könnte ihrem Gehäuse nach ebenfalls aus der Werkstätte der Putz kommen(Abb. 48).
Von Werken der Orgelbauerfamilie Freundt sind in Oberösterreich nur vereinzelte Reste zu finden, so zum Beispiel die Orgel in der Pfarrkirche Brunnenthal bei Schärding von Leopold Freundt aus dem Jahre 1715 (Abb. 54).
Egedacher-Werke sind in Oberösterreich in kleineren Dimensionen zu finden, sie stammen vor allem von Johann Ignaz Egedacher, dem Erbauer der Zwettler Orgel.
Aus der Werkstatt der Passauer Orgelbauerdynastie dürften noch eine Reihe von prächtigen Orgelsprospekten stammen, so die Gehäuse von Mondsee und Waldhausen, die eine architektonische Verwandtschaft mit dem Egedacher-Werk von Lambach aufweisen: diese zeigen den mächtigen Gehäusekomplex unter Ausschluß des Brustwerkes durchwegs als Ober- oder Kronwerk; als Bekrönung des meist einteiligen Hauptgehäuses wurde das Positiv disponiert.

Die 23stimmige Orgel der Stiftskirche zu Reichersberg am Inn von Johann Michael Herberger, 1779 erbaut, zeigt eine ebensolche Norm in der Werkgliederung. Eine Anlehnung an bayrische Vorbilder ist unverkennbar (Abb. 59).
Auch für den Oberösterreicher Valentin Hochleithner waren die Passauer Vorbild beim Bau seines Werkes für die Stiftskirche zu Schlierbach (Abb. 58).
Der Freistädter Lorenz Franz Richter, als der nordöstlichste unter den oberösterreichischen Meistern in seiner werkmäßigen Auffassung mehr nach Niederösterreich und Böhmen orientiert, behandelt das räumlich selbständige Positivwerk als Brüstungspositiv gesondert. Seine Orgel in der Pfarrkirche zu Kefermarkt (1778) zeigt den unverfälschten Zustand der Bauweise des heimischen Meisters (Abb. 62). Mehrere Werke mittlerer Größe, die im Mühlviertel noch erhalten sind, sind aus seiner Werkstatt hervorgegangen.
Von den auswärtigen Orgelbauern, die in Oberösterreich wertvolle Werke schufen, seien zwei Meister angeführt: Nikolaus Rumel aus Rothenburg ob der Tauber und Franz Xaver Chrismann aus Reifenberg im Görzer Küstenland.
Als ein Klangwunder ist die von Nikolaus Rumel 1746 erbaute Chororgel im Stift Wilhering zu bezeichnen. Schon das Gehäuse ist von höchster künstlerischer Qualität. Das kleine, wunderbar klingende und noch gänzlich erhaltene Instrument (Abb. 57) zählte zu den Lieblingsorgeln Anton Bruckners.
Die ,,Bruckner-Orgel" im Stift St. Florian von Franz Xaver Chrismann gehört wohl zu den prägnantesten und in ihrer Art richtungsweisendsten Schöpfungen des 18. Jahrhunderts. Franz Xaver Chrismann, eine der bedeutendsten Persönlichkeiten auf dem Gebiet der Orgelbaukunst, erhielt 1770 den größten Orgelauftrag, den Oberösterreich damals zu vergeben hatte. Die Florianer Orgel mit ihren 74 Stimmen (59 Registerzügen), auf drei Manuale und Pedal verteilt, war die bisher größte Orgel auf österreichischem Boden. Mit dem 32füßigen Prospekt stand sie in Europa einzig da (Abb. 52).
Neben anderen Werken Chrismanns, für die Stadtpfarrkirche in Steyr (1775), für die Stiftskirche in Admont (1782) und für die Wiener Schottenfelder St. Laurentiuskirche (1790), für Garsten, Waidhofen a. d. Ybbs, Enns und Rottenmann, die aber leider nicht mehr erhalten sind, sei noch die Orgel für das Zisterzienserstift Engelszell aus dem Jahre 1760 erwähnt. Diese Orgel wurde 1789 von Chrismann selbst aus Stift Engelszell in den Alten Dom nach Linz übertragen.

SALZBURG

Das Land und seine Hauptstadt Salzburg wurden erst nach dem Wiener Kongreß Österreich einverleibt. Der Salzburger Fürsterzbischof, als ,,Primas Germaniae" mit besonderen kirchlichen wie reichsrechtlichen Privilegien ausgestattet, nahm als geistlicher Landesfürst eine hervorragende Stellung ein, die sich auf kulturellem Gebiet und damit auch für den Orgelbau besonders fruchtbringend auswirkte.
Von bedeutenden Orgelbauten wird bereits im 13. Jahrhundert berichtet, außerordentlich eingehend von der Orgelkultur im Salzburger Dom. Beim siebenten Dombrand, 1383, wurde auch die Orgel vernichtet, aber bald darauf, 1399, durch ein größeres und schöneres Werk ersetzt. Dieses als ,,magnum Organum" bezeichnete Instrument stand, für die damalige Zeit eine einmalige Seltenheit, schon über

dem Haupteingang des romanischen Domes. Die große Anzahl von 2024 Pfeifen und die hiezu notwendigen 22 Blasbälge lassen erkennen, daß es sich um ein größeres Werk gehandelt haben muß. Dieses Instrument wurde mehrmals erneuert und verbessert.
Auf eine besondere Orgelkultur blickt das Stift St. Peter in Salzburg zurück. Im 13. Jahrhundert besaß diese Abtei schon mehrere Orgelwerke. Künstler und Kunsthandwerker wurden von auswärts nach Salzburg berufen. So baute der damals berühmte Mainzer Orgelmacher Heinrich Trassdorfer 1444 für die Stifskirche eine Orgel mit einem Rückpositiv. Einen weiteren größeren Bau führte 1505 Christian Faber (Taler) aus Wasserburg am Inn durch. Paul Hofhaimer spielte und prüfte dieses Werk und lobte es als in Salzburg einzigartig. Christoph Schreiber aus Erfurt unterzog dann dieses Werk einer eingehenden Reparatur.
Auch die Benediktinerinnen am Nonnberg ließen 1485 ein Orgelwerk bauen und beriefen dazu Wolfgang Ruedorff aus Passau. Ein Regal aus dem 16. Jahrhundert, einstmals im Kloster Nonnberg in Gebrauch, steht heute im Salzburger Museum Carolino Augusteum. Auch beherbergt die Instrumentensammlung des Museums vier Positive des 17. und 18. Jahrhunderts, alles Erzeugnisse heimischer Meister.

Im gleichen Maße wie das Fürsterzbistum Salzburg auswärtige Künstler beschäftigte und so vorerst immer nur bedeutendes Durchzugsland blieb, sind auch Wirken und Ausstrahlung bodenständiger Werkstätten festzustellen. So scheint zunächst 1350 „Nikolaus" aus Saalfelden im Pinzgau als Meister auf. Aber erst der fürsterzbischöfliche Hoforgelbauer Leopold Rottenburger begründete um 1600 eine kontinuierliche Werkstättentradition, die von seinen Söhnen und Georg Schmid weitergeführt wurde. Nicht unbedeutend waren die Salzburger Meister, die für die einstige Salzburger Pfarrkirche, die jetzige Franziskanerkirche, Orgeln bauten. In Radstadt, der Heimat Paul Hofhaimers, ist 1418 ebenfalls ein Werk aus der Salzburger Werkstatt nachweisbar. Am Ende des 15. Jahrhunderts ist als berühmtester Organist und „Organistenmacher" Paul Hofhaimer zu nennen, der sich auch als Orgelbauer betätigte und großen Einfluß auf seine Zeitgenossen nahm.
In Hans Geißler haben wir einen weiteren Salzburger Meister vor uns, der als „Orgelmacher am Münichperg" 1629 ein Orgelwerk für das Stift St. Peter erstellte; durch die 48stimmige Orgel für die Hofkirche in Luzern mit dem prächtigen 32'-Prospekt erlangte er überregionale Bedeutung.
Dominierend tritt nun in Salzburg die Orgelbauerdynastie der Egedacher in Erscheinung, die fünf Generationen hindurch wirkte und deren Ruf als Meister der Orgelbaukunst sich weit über den Salzburger Bereich hinaus erstreckt. Salzburg wurde durch die Ansiedlung der aus Bayern zugewanderten Familie Egedacher zu einem Orgelbauzentrum, wie es keine andere Stadt in Österreich je war. Schon im 16. Jahrhundert wurden die Egedacher als Orgelmacher in bayrischen Stiften und Pfarreien genannt.
Joseph Christoph Egedacher (1646–1706) war der erste Salzburger Vertreter der Familie. Er arbeitete bereits in jungen Jahren im oberösterreichichen Stift Lambach und ließ sich dann endgültig in Salzburg als Hoforgelbauer nieder. Neben zahlreichen Werken, die er in und um Salzburg baute, war sein bedeutendster Auftrag der Bau der Salzburger Domorgel, 1703. Das Instrument, das 24 Stimmen auf zwei Manualen aufwies, wurde später mehrmals erweitert und ausgebaut. Von weiteren Werken dieses Orgelbauers ist uns aus dem Jahre 1696 ein besonderes Kleinod fast unverändert in der Salzburger Kajetaner-Kirche erhalten geblieben.
Zweifellos der bedeutendste Salzburger Meister war sein Sohn Johann Christoph Egedacher

(1664–1747). Zu den vielen Orgeln, die aus seiner Werkstatt hervorgingen, gehört auch der Erweiterungsbau der Domorgel.
Sein jüngerer Bruder, Johann Ignaz Egedacher (1675–1744), arbeitete vorerst in der Werkstatt des „Salzburger Egedacher", kehrte aber dann nach Passau zurück und schuf als „Passauer Egedacher" neben zahlreichen anderen Werken auch fünf bedeutende Orgeln in Österreich: 1722 im Dom von St. Pölten, 1723 für die Dreifaltigkeitskirche in Stadl-Paura bei Lambach drei einmanualige Werke, 1727 und 1733 Orgeln für die Stadtpfarrkirchen in Krems und Schärding und 1732 für das Zisterzienserstift Zwettl.
Als letzter fürsterzbischöflicher Hoforgelmacher dieser Familie ist Rochus Egedacher (1714–1785), ein Sohn des Johann Ignaz Egedacher, zu nennen. Auch er erweiterte die Salzburger Domorgel um einige Stimmen, und so blieb dann das Instrument bis zum großen Umbau 1841–1843 durch Ludwig Moser. Mit dem letzten Sproß der Egedacher erlosch die berühmte Orgelbauerdynastie. Wenn dem Rochus Egedacher zwar über dreißig Werke zugeschrieben werden können, so war es ihm doch nicht möglich, vom Orgelbau allein zu leben. Er betätigte sich daher als Hornist in der fürsterzbischöflichen Kapelle und war als Orgelspieler ebenfalls sehr gesucht. Nach der durch die Egedacher bestimmten Blütezeit des Orgelmachergewerbes in Salzburg trat diese Stadt dann für längere Zeit in den Hintergrund.
Ein besonderes Kleinod besitzt die Stadt Salzburg noch aus frühester Zeit. Seit dem Jahre 1502 ertönt der Ruf des Hornwerkes von der Feste Hohensalzburg. Ursprünglich allein als „Salzburger Stier", später in Verbindung mit einer Walze (Abb. 69).

TIROL

Zu den ältesten und traditionsreichsten Orgellandschaften muß das Bundesland Tirol gezählt werden. Der Orgelbau in diesem Gebiet wird von zwei Seiten beeinflußt: von Norden durch Bayern und Schwaben, von Süden durch Italien. Innsbruck wird dadurch zum Kreuzungspunkt zweier europäischer Orgellandschaften, zweier Kulturen von eminenter Bedeutung. Sie trugen auch wesentlich zur Entwicklung eines bodenständigen Stils bei, wobei das Niveau der heimischen Orgelbaukunst so gefördert wurde, daß nicht nur Tiroler Meister für die weitere Umgebung Bedeutung gewannen, sondern Tirol auch zu einem Anziehungspunkt hervorragender Orgelbauer wurde.
Kaiser Maximilian I. hat die Innsbrucker Residenz durch Berufungen hervorragender Komponisten und Orgelkünstler und ständige Aufträge zu einem musikalischen Mittelpunkt und daher auch zu einem Orgelbauzentrum gemacht. Vor allem wirkten sich auch lebhafte wirtschaftliche und gesellschaftliche Beziehungen zu den angrenzenden Gebieten vorteilhaft auf dem Gebiet des Orgelbaus aus.
Die älteste Nachricht über eine Orgel für die Innsbrucker Pfarrkirche St. Jakob stammt aus dem Jahre 1468. Kaiser Maximilian I. beauftragte 1491 Paul Hofhaimer, für diese Kirche ein Werk zu erstellen; in Nikolaus Kronstorffer hatte er bereits einen Wegbereiter. Die neue Orgel wurde aber bald darauf (1498) von Wolfgang Reichenauer erweitert und verbessert. Sehr wechselvoll ist dann der weitere Verlauf der Orgelbaugeschichte der St. Jakobskirche in Innsbruck. Balthasar Streng aus Pettneu am Arlberg, 1494 bereits in Brixen tätig und Erbauer der Bozener Pfarrorgel, erhielt 1502 den Auftrag, die Innsbrucker Pfarrkirchenorgel zu reparieren. Dieses reparierte Werk bildete den Grundstock für den

Erweiterungsbau, den Jhan Behaim von Dobrau 1513 durchzuführen hatte. Das zweiklavierige Instrument, die Vereinigung einer vorhandenen Chororgel mit dem Werke Strengs zu einer großen Orgel – ein Orgeltypus im Sinne der neuen Geschmacksrichtung, von Kennern und Liebhabern gleich gelobt und gerühmt –, galt lange Zeit als Vorbild für weitere Aufträge. Das Instrument bildete durch die Vereinigung zweier selbständiger Werke unter Hinzuziehung neuer Charakterstimmen einen Markstein in der Geschichte des Orgelbaus, eine Synthese von Nord und Süd. Dieser neugewonnene Orgelklangstil ist die Basis für die Schaffung und Gestaltung der österreichisch-süddeutschen Bläserorgel. Jhan von Dobrau erzielte mit seinem Werk größtmögliche Vollständigkeit und Geschlossenheit im klanglichen Ausdruck, der Ausgangspunkt für die Weiterentwicklung des Orgelklangstils wird.
Auf Grund nachfolgender Schilderung Antonio de Beatis sei die Disposition der Orgel in der St. Jakobskirche in Innsbruck hier angeführt:

Hauptwerk:	Principal 8', Octav 4', Quint 3', Superoctav 2', Rauschpfeif/Hörnle 2fach, Mixtur, Gedacktflöte 8', Flöte 4', Trompete 8', Schalmay 4', Piffaro, Tremulant, Hölzern Glechter, Vogelsang
Rückpositiv:	Gedeckt 8', Principal 4', Octav 2', Zimbel maius, Zimbel minus
Pedal:	Prinzipal 16', Posaune 8'

Antonio de Beatis, der ständige Begleiter und Sekretär des Kardinals Luigi d'Arragona, schreibt im Jahre 1517 in seinem aufschlußreichen Reisetagebuch über dieses Werk: „Die Innsbrucker Pfarrkirche besitzt eine sehr schöne Orgel, nicht übermäßig groß, aber mit vielen Registern und vorzüglichen Stimmen. Pfeifen ahmen den Klang der Trompeten, Querpfeifen, Flöten, Zinken, Krummhörner, Schalmayen, Trommeln, Drehleier (-Sinfonie) und das Singen verschiedener Vögel mit solcher Naturtreue nach, daß kein Unterschied gegenüber der Natur wahrgenommen werden kann. Es ist in der Tat ein so ergötzliches und sinnreiches Werk, daß wir es als die vollkommenste von allen Orgeln auf unserer Reise befunden haben.“ Dieses Werk war aber häufig tiefgreifenden Reparaturen ausgesetzt, bis es 1717 abgetragen wurde. 1725 baut der Meraner Orgelmacher Johann Kaspar Humpel in der Stadtpfarrkirche von Innsbruck ein neues Werk, dessen Gehäuse uns bis auf den heutigen Tag erhalten geblieben ist (Abb. 74).
In der Hofkirche zu Innsbruck jedoch haben sich bis heute zwei sehr wertvolle Orgeln erhalten, die zum besten Klanggut der Tiroler Orgellandschaft gehören: die Orgel in der „Silbernen Kapelle“ und die „Jörg-Ebert-Orgel“ im Franziskaner-Chorraum. Die Orgel in der Silbernen Kapelle stammt nicht, wie ursprünglich angenommen, aus der zweiten Hälfte des 16. Jahrhunderts, sondern ist ein Werk aus dem 17. Jahrhundert. Seine Entstehungsgeschichte ist nicht bekannt, das genaue Alter des Instruments, der Erbauer und dessen Herkunft konnten noch nicht erforscht werden (Abb. 72).
Die Freizügigkeit der damaligen Orgelbauer, ihre Arbeitsplätze zu verlegen, war gang und gäbe; ohne Schwierigkeiten überquerten sie den Brennerpaß, um nach Süden oder Norden zu reisen und neue Aufträge anzunehmen. So wurde Jörg Ebert, als „geschickter und erfahrener“ Meister seines Faches bereits bekannt, von den Innsbrucker Stadträten aus Ravensburg berufen, um in die Grabeskirche Kaiser Maximilians I. eine Orgel zu bauen. Diese wurde nach fünfjähriger Bauzeit 1561 an der Nordwand aufgestellt. Daniel Herz, ein Orgelmacher aus Bayern, lieferte 1655 für dieses Werk acht neue Bälge. Johann Kaspar Humpel hat die „völlig ruinierte Orgel ausgepessert und gleichsamb von

neyen gemacht". Auch hat er das Werk von sechzehn auf sechsundzwanzig Register erweitert (Abb. 71).
Neben Innsbruck war auch die alte Salinenstadt Hall für den Orgelbau bedeutend. Bereits 1422 ertönte ein Heerhorn vom Turme der St. Niklaskirche. Im „Raitbuch" vom Jahre 1422 wird über die Kosten, die Orgelbaumeister Friedrich erhielt, eingehend berichtet. Nach dem Stadtbrand (1447) wurde gleich wieder ein neues Hornwerk errichtet; Orgelmacher Gännsschädl aus Wilten stellte es 1452 fertig. Zahlreiche Meister wurden im Laufe der Zeit beauftragt, das Haller Horn zu betreuen. Im Jahre 1523 wurde das äußerst kostspielige Heerhorn vom Turme genommen und durch Turmbläser ersetzt. Die neue Geschmacksrichtung der Renaissance setzte der Blütezeit der Hornwerke in Tirol ein Ende. Alle Aufgaben, die bis dahin die Hornwerke erfüllt hatten, so das Anblasen der Tageszeiten, die Begrüßung besonderer Gäste und nicht zuletzt die Ankündigung von Unglück und Not, wurden dem „Stadtturner" übertragen.
Auch in Kirche und Haus wurde ein gutes Orgelwerk sehr geschätzt; so wird bereits 1424 ein Organist Hans erwähnt, an die Stadtkirche wurde der berühmte Orgelmacher Anton Neuknecht berufen, und das Damenstift Hall holte 1588 für eine neue Orgel den bekannten Jonas Beck. Dessen Werk wurde nach der Aufhebung des Hauses in Hall in die Pfarrkirche Fügen im Zillertal übertragen. Die Orgel ist in ihrer Klangsubstanz heute noch erhalten, der Klang ist interessant und imponierend; das alte Gehäuse wurde anläßlich einer Neuausstattung der Kirche entfernt und durch ein neugotisches ersetzt. Ein seltener Fall, daß wohl das Instrument, nicht aber das Gehäuse erhalten ist.
Die damaligen Haller Organisten konnten über einen reichen Instrumentenbestand verfügen: Positive, Regale, zwei Pfarrorgeln und das Werk im Damenstift zeugen von der Einstellung dieser musikfreudigen und musikreichen Stadt.

Eine vielseitige Orgelkultur weist auch das Stift Stams im Oberinntal auf, das schon im Jahre 1484 eine Orgel besaß. Anton Neuknecht aus Hall baute 1578 eine neue Stiftsorgel. Aus dieser Zeit ist jedoch nichts erhalten. Die heute noch erhaltene Chororgel aus dem Jahre 1757, ein anonymes Klangdenkmal, dessen Erbauer ein Meister aus dem benachbarten Bayern- oder Schwabenlande sein könnte, ist in der Gehäusegestaltung von stilistischer Seltenheit und zeigt einen wohlfundierten, geschlossenen Klangaufbau (Abb. 77).
Ein ebenfalls anonymes Orgelwerk, vermutlich aus dem Jahre 1780, steht in der Wallfahrtskirche zu Absam. Das schöne und wohlproportionierte Barockgehäuse beherbergt ein klanglich ebenso ausgezeichnetes und wohlklingendes Werk (Abb. 78).
Auch im benachbarten Schwaz ist eine rege Orgelkultur zu verzeichnen. Die wirtschaftlich äußerst gut gestellte Knappenstadt erhielt für ihre Liebfrauenkirche schon 1504 eine Orgel, die der musikliebende Abt von Stams, Melchior von Hörlingen, erbauen und dazu auch einen Singechor errichten ließ. Jonas Beck, einst Geselle beim Innsbrucker Orgelbauer Servatius Roriff, baute in seinen Tiroler Jahren von 1580 bis 1592 mehrere Werke, darunter auch eines für die Stadtpfarrkirche in Schwaz. Diese Kirche erhielt nach ihrer Barockisierung von dem Franziskanerordensbruder Gaudenz Köck die seinerzeit wohl größte Barockorgel Tirols mit einem interessanten Rückpositiv um die mächtige Rundsäule (Abb. 75).
In der Lienzer Stadtpfarrkirche baute der berühmte Passauer Meister Andreas Putz um 1618 ein Werk mit 22 Stimmen, die sich auf zwei Manuale und Pedal verteilen. Das ansehnliche und in seiner Formensprache der Renaissance verpflichtete Werk wurde leider klanglich stark verändert, so daß

außer dem prachtvollen Prospekt mit den Flügeltüren die Klangsubstanz nur im Rudiment erhalten blieb (Abb. 73).
Neben den vielen Werken, die Andreas Putz allein in Tirol baute, sind an repräsentativen Werken neben dem Lienzer nur noch das Schlägler Werk erhalten geblieben.
Obwohl sich die charakteristische Struktur einer Orgellandschaft im allgemeinen erst in der Renaissance herausbildete, kann gerade in Tirol bereits um die Mitte des 15. Jahrhunderts von einer ausgeprägten Orgeltradition gesprochen werden.

VORARLBERG

Vorarlberg, das westlichste Bundesland Österreichs, erstreckt sich vom Arlberg bis zum Bodensee und bildet die Grenze zwischen Ost- und Westalpen. Durch die Hausmachtbestrebungen der Habsburger wurde Vorarlberg zwar politisch an Österreich gebunden, die natürliche Grenze des Arlbergs jedoch drängte das Land in eine gewisse Westorientierung. Wesentlichen Einfluß auf das religiöse, soziale und künstlerische Leben des Volkes übten vor allem die drei Diözesen Chur-Brixen, Konstanz und Augsburg aus, denen das Land vor dem Arlberg bis in das 19. Jahrhundert hinein angehörte.
Das Vorarlberger Benediktinerkloster Mehrerau stand in engem Kontakt mit den umliegenden Stiften des Bodenseeraumes, wie Reichenau, Weingarten, Einsiedeln, St. Gallen. Die bedeutenden kultur- und geistesgeschichtlichen Leistungen dieser Klöster bestimmten das kulturelle Antlitz des Landes vor dem Arlberg. Ein musikalisches Zentrum bildete auch das Jesuitenkolleg in Feldkirch. Im Zusammenwirken mit der Reichsgrafschaft Hohenems und den Stadtkulturen von Bregenz, Feldkirch, Hohenems und Bludenz entwickelte sich ein Musikleben, das zusätzlich durch die Einflüsse italienischer Kultur seinesgleichen suchen konnte.
Schon früh fanden sich im Bodenseeraum Orgelwerke. Erste urkundliche Nachrichten darüber – sie stammen aus dem 14. Jahrhundert – sind allerdings auf Grund der wechselvollen kirchlichen und politischen Zugehörigkeit des Landes nur spärlich überliefert.
Die Pfarrkirche von Feldkirch besaß bereits um 1300 zwei Orgeln. Von einer Orgel für die Bregenzer Pfarrkirche erfahren wir in einem Schreiben des Orgelbauers Hans Embser aus dem Jahre 1558, und zwar handelt es sich um ein „Orgelwerklein" für das Presbyterium. Ein Positiv für die St. Annakirche zu Brederis aus dem Jahre 1622 ist bis auf den heutigen Tag erhalten geblieben. Das Positiv in der Frauenkirche zu Feldkirch schließlich stammt aus dem 17. Jahrhundert. Es hat folgende Disposition: Quintadena 8', Copel 4', Superoktav 2' und Sesquialtera. Die 45 Tasten (vom C bis c''' mit kurzer großer Oktave) sind aus Buchsbaumholz.
Allmählich werden die Nachrichten über Orgelbauten in dieser Landschaft zahlreicher: 1641 wird von einer Orgel im Kloster Altenstadt berichtet, 1644 von einem für Schwarzenberg im Bregenzerwald erstellten Werk. Fast 100 Jahre nach den ersten Erwähnungen von Orgeln in Bregenz bestellte 1650 der dortige Stadtrat vom Konstanzer Orgelmacher Michael Schneltzer ein neues Werk und schloß einen Vertrag ab, in dem jedes Register genau beschrieben wird und sämtliche Kosten (800 Gulden) genau angeführt werden.
Ein Brand zerstörte im Jahre 1460 die Pfarrkirche von Feldkirch. Die neue Kirche, 1474–1478 in spätgotischem Stil erbaut, wurde mit einer „Schwalbennestorgel" an der Nordseite ausgestattet, die

dann 1659 von dem Appenzeller Orgelmacher Jakob Döring umgebaut und in die Mitte des Chorraumes versetzt wurde. Nach einer Quelle aus dem Rankweiler Pfarrarchiv besaß die Kirche 1678 zwei Orgeln, eine auf der Empore und eine hinter dem Hochaltar. Auch Götzis erhielt 1691 ein Orgelwerk, das der dortige Pfarrherr auf eigene Kosten erbauen ließ. Pfarrkinder aus Tschagguns wiederum stifteten ein Werk für die Kirche, das der Feldkircher Orgelmacher Josef Lochner 1746 erbaute. Nach mehrmaligen Reparaturen und Erweiterungen wurde dann das Werk nach Liechtenstein verkauft und eine neue Orgel angeschafft. 1752 bestellte der Stadtrat von Bregenz vom Feldkircher Orgelmacher Johann Allgäuer eine Chororgel, da das sogenannte „Positiv" nicht mehr brauchbar war. Allgäuer mußte auch die große Orgel aus dem Jahre 1651 reparieren.

Neben einheimischen Meistern treten im 18. Jahrhundert zwei hervorragende Orgelmacher aus den Nachbarländern bedeutungsvoll in Erscheinung: der Schwabe Josef Gabler (1700–1771) und der Elsässer Josef Bergöntzle (1754–1819).
Der aus Ochsenhausen stammende Josef Gabler lernte in Mainz das Orgelhandwerk und wurde dort auch Meister. Sein größtes und schönstes Werk ist die Orgel im berühmten bayrischen Kloster Weingarten, erbaut in den Jahren 1737–1750. Ein Gehäuse von einzigartiger Schönheit birgt 77 klingende Stimmen. Auch die herrliche große Orgel von Ochsenhausen ist Gablers Werk. Neben zahlreichen kleineren Orgeln, die er in Schwaben erbaute, begann Gabler 1769 den Bau der Orgel für die Stadtpfarrkirche St. Gallus in Bregenz; er starb jedoch 1771, ehe er das Werk vollenden konnte. Durch mehrmalige Umbauten wurde das Gabler-Werk so entstellt, daß vom ursprünglichen Instrument heute nichts mehr übrig ist.
Weit besser ist es um den Nachlaß von Josef Bergöntzle bestellt. Dieser Meister, aus der „Französischen Schule" hervorgegangen, flüchtete zur Zeit der Französischen Revolution in die Schweiz und kam so auch nach Vorarlberg. In der Folge entstanden viele neue Orgeln, von denen noch Werke in Bartholomäberg (Abb. 79) und Bludesch (Abb. 80) erhalten sind, während die Originalgestalt der Orgel in Au, ein Werk mit 17 Registern, sehr gelitten hat. Im Gehäuse ist vermerkt: „Gemacht durch mich, Josef Bergöntzle, Orgelmacher, gebürtig aus Elsaß, im Jahre 1800 als die Franzosen zu Brögentz und weiders waren!"
Die beiden Werke von Thüringen (1805) und Thüringerberg (ebenfalls vom Anfang des 19. Jahrhunderts) wurden durch mehrfachen Umbau so entstellt, daß vom ursprünglichen Meisterwerk nichts mehr erhalten ist. Vor seiner Rückreise in seine elsässische Heimat baute Josef Bergöntzle als letztes Werk in Vorarlberg die Orgel in Tschagguns. Zur damaligen Zeit, 1815, war sie mit 38 klingenden Stimmen, auf 3 Manuale und Pedal verteilt und mit einem Rückpositiv versehen, das größte Werk im Lande. Auch hier ging die Originalgestalt des Werkes im Laufe der Zeit vollständig verloren.

Während noch im 13. Jahrhundert das kulturelle Leben von den Klöstern getragen wurde – Zentrum war das Benediktinerkloster Mehrerau –, übernahm im 14. Jahrhundert vor allem der Adel die Pflege der Musik. Eine besondere Rolle spielten der Graf Hugo von Montfort und das Grafengeschlecht der Hohenemser. Im vorderösterreichischen Raum wurde das Territorium der Reichsgrafschaft auf Grund seiner vielfältigen Verbindungen mit ganz Europa zum kulturellen Zentrum, dessen Ausstrahlungskraft bis ins 16. Jahrhundert weit über das Land hinaus wirkte. Aus dieser Zeit stammt auch das Hohenemser Positiv, das sich im Vorarlberger Landesmuseum in Bregenz befindet (Abb. 81).

KÄRNTEN

In Kärnten, dem südlichsten Bundesland Österreichs, befindet man sich auf uraltem Kulturboden. Auf Schritt und Tritt begegnet man in diesem Land Kunstwerken und Baudenkmälern, die neben den Ausgrabungen aus der Antike vor allem der Zeit der Romanik, Gotik und Renaissance angehören. Zu den zahlreichen mittelalterlichen Fresken, Tafelbildern, Skulpturen und Flügelaltären gesellt sich ein beachtlicher Bestand an alten Positiven, Regalen und Kleinorgeln in Schreinform mit bemalten Flügeltüren. Wie auch anderswo findet man hier völlig verfallene Werke, Zeugen einer vergangenen Blütezeit des Orgelbaus. Ungeachtet solcher Fälle existiert aber noch manch wertvolles Werklein in abseits gelegenen Kirchen und Kapellen. Meistens handelt es sich um kleinere Werke, fast durchwegs in der Bauweise der einmanualigen Orgel, die sich durch ihren frischen und hellen Klang auszeichnen, der imstande ist, den Kirchenraum zu füllen. Nachrichten über Orgeln aus diesem Gebiet reichen ins 15. Jahrhundert zurück, und vor allem sind es die Zentren Maria Saal, St. Paul, St. Georgen, Gurk und Ossiach, von denen archivalische Berichte vorliegen.

Obwohl schon sehr früh, bereits 1496, der Minoritenguardian P. Gregor ein großes Werk für den Dom zu Maria Saal erbauen ließ, bildete sich in der Folgezeit in Kärnten kein regionaler Eigenstil heraus. So kamen aus dem Westen Tiroler, aus dem Nordosten steirische Orgelmacher ins Land. Aber auch aus dem entfernten Mähren sind Orgelbauer nachweisbar; Einflüsse aus Italien und dem benachbarten Slowenien machten sich ebenfalls stark bemerkbar.

Das bedeutendste marianische Heiligtum Kärntens, Maria Saal, kann auf eine wechselvolle Orgelbaugeschichte zurückblicken. Orgelmeister Michael Teuffenbacher aus dem steirischen Murau wurde 1552 beauftragt, das große Werk von 1496 zu erneuern; Orgelmacher Uetz aus Klagenfurt arbeitete ebenfalls an dieser Orgel, später wurde der damals berühmte Orgelmacher Hans Beck aus Znaim geholt, um das Werk zu verbessern. Für die Stiftskirche in Griffen mußte dieser Meister aus Mähren um 1599 ein neues Werk erstellen. Zur Zeit des Hochbarock kam ein bayrischer Meister, Martin Jäger aus Füssen am Lech, um in den Dom von Maria Saal eine 18stimmige Orgel zu bauen. Dieses einst vorzügliche Kunstwerk mit dem herrlichen Gehäuse ist heute leider nicht mehr in seinem ursprünglichen Zustand erhalten (Abb. 82).

An der Orgel in der Stiftskirche St. Georgen am Längsee aus dem Jahre 1433 zeigt sich eine beachtliche Orgelbautradition. Mehrere Um- und Neubauten erfolgten im Laufe der Jahrhunderte. Im noch vorhandenen Werk macht sich der italienische Einfluß besonders bemerkbar.

1617 wurde Meister Peter Lilling aus Graz gerufen, um in der Stiftskirche von St. Paul im Lavanttal eine Orgel aufzustellen. Der ebenfalls aus Graz kommende, aber aus Württemberg stammende Hans Schlackwein mußte 1622 das Werk „herrichten und stimmen" und zwei Positive instand setzen. Bereits 1627 arbeitete Jakob Schweller an der Erneuerung des großen Orgelwerkes und reparierte das Regal und die Positive.

Abt Wolfgang Gaißbacher (1510–1523), ein musikliebender Mann, ließ für die Kirche „an den Thorerberg" eine Orgel bauen, die 1564 nach Ossiach übertragen wurde. Die für die ehemalige Stiftskirche zu Ossiach 1680 gebaute neue Orgel gehört zu den wertvollsten Klangdenkmälern Kärntens. Das mit zehn Stimmen groß angelegte einmanualige Werk wurde später umgebaut, zugleich erweitert und erfuhr 1968 durch Orgelbaumeister Arnulf Klebel eine Rückführung auf das Original. Das Werk mit dem rotweiß marmorierten Gehäuse und den bemalten Flügeltüren stand noch vor kurzer Zeit auf der Westempore und mußte dann einer neuen Orgel Platz machen.

Der Dom von Gurk erhielt 1625 eine 8stimmige Chororgel vom Grazer Orgelmacher Hans Schlackwein. Die strenge Linienführung des Gehäuses verbindet sich organisch mit dem Renaissance-Chorgestühl (Abb. 83). Für die Westempore baute der aus Salzburg stammende und in der krainischen Hauptstadt Laibach ansässige Georg Eissl 1780 ein Werk, das in seiner Prospektgestaltung bereits klassizistische Züge aufweist. Das zweimanualige Werk mit 19 Stimmen besitzt Rückpositiv, Kronwerk und Pedalwerk. Seine unvorteilhafte Wirkung wird bedingt durch den nicht mehr originalen und schlechen Erhaltungszustand.

Zahlreich sind die zwar noch erhaltenen, aber oft stark veränderten einmanualigen Werke aus der Barockzeit, die durch ihre Widerstandsfähigkeit Zeugnis ablegen von einer gesunden und ehrlichen Orgelbauertätigkeit in Kärnten. Von einem charakteristischen Kärntner Orgelbau mit besonderen Stilmerkmalen kann man zwar, wie schon gesagt, nicht sprechen, doch zeigen die vielen einmanualigen Werke eine einheitliche Linie: Vom Villacher Meister Elias Protzer stammt die für die ehemalige Karmelitenkirche zu Zedlitzdorf erbaute 9stimmige einmanualige Orgel; von Josef Döller steht in der Stadtpfarrkirche zu Gmünd ein 10stimmiges Werk aus dem Jahre 1713; die Kirche Maria Dorn zu Eisenkappl beherbergt ein klanglich sehr beachtliches, 12stimmiges einmanualiges Instrument aus dem Jahre 1650.

Von den größeren Orgeln sind noch drei Werke hervorzuheben, die sich vor allem im Werkaufbau wesentlich von den übrigen unterscheiden. In Obervellach im Kärntner Mölltal steht in der durch hervorragende Kunstschätze bedeutenden Pfarrkirche eine Orgel aus der ersten Hälfte des 17. Jahrhunderts. In dem schönen, der Renaissance verbundenen Gehäuse befindet sich heute ein 23stimmiges Werk, bestehend aus Hauptwerk, Rückpositiv und Pedalwerk (Abb. 84).

Die für die ehemalige Stiftskirche zu Viktring 1719 erbaute Orgel war einmal ein sehr beachtliches Werk. Das mehrmals umgebaute und erweiterte Instrument war lange Zeit nicht mehr spielbar; es wurde 1975 einer eingehenden Restaurierung unterzogen (Abb. 86).

Zu den in Klang und künstlerischer Prospektgestaltung wertvollsten Orgeln Kärntens gehört die vom Grazer Stadtorgelmacher Johann Cyriacus Werner 1743 für die Kollegiatskirche zu Straßburg erbaute 19stimmige Orgel. Haupwerk, Positiv und Pedalwerk stehen in einem grau-rosa marmorierten, mit Figuren reich geschmückten Gehäuse. Die Positivlade befindet sich in der Mitte des Kastens und stellt so die Verbindung zwischen Hauptwerk und Pedalwerk her (Abb. 85). Dieses Kleinod barocken Kärntner Orgelbaus in der ehemaligen Residenz der Bischöfe von Gurk zeugt von deren Prunkliebe und Reichtum.

STEIERMARK

Nachrichten über Orgelbauer und Organisten gibt es in der Steiermark bereits aus dem 14. Jahrhundert. Ein wesentlicher Anteil am steirischen Orgelbau ist den zahlreichen Stiften und Klöstern der Mark zuzuweisen, und dort finden sich auch die Quellen zur Geschichte des Orgelbaus. Die Klöster und Stifte, die seit dem Mittelalter die geistigen Zentren bildeten, hatten die Aufgabe, das noch nicht völlig erschlossene Land religiös und kulturell zu missionieren. Vor allem sind hier zu nennen die Benediktinerklöster St. Lambrecht und Admont, die Augustiner Chorherrenstifte Seckau (heute Benediktiner) und Vorau, das Zisterzienserstift Rein und das Benediktinerinnenstift Göß.

Hinter den Klöstern blieben die Städte in keiner Weise zurück, so das musikfreudige Leoben, Bruck an der Mur und die Landeshauptstadt Graz, die viele Jahrzehnte hindurch der Sitz einer berühmten Hofkapelle war. Mit der Errichtung einer Habsburger Residenz in Graz unter der Regierung Friedrichs III. erlebte die Steiermark, vor allem im 16. Jahrhundert unter Erzherzog Karl II., eine kulturelle Blütezeit, wie es sie seither nie mehr gegeben hat. Ihr Ende fand sie im Jahre 1619, als Ferdinand II. nach seiner Wahl zum Kaiser diese Residenz nach Wien verlegte. Der Orgelbau blühte, und die Steiermark als Grenzmark des deutschen Sprach- und Kulturraumes wurde Umschlagplatz bedeutender Meister aus den verschiedensten Ländern.

Vorerst handelte es sich um kein eigenständiges Kunsthandwerk, sondern Orgelmacher und Organisten aus den nördlichen und westlichen Nachbarländern hatten wesentlichen Anteil am kulturellen Leben dieser Orgellandschaft. Die ersten Berichte über das Vorhandensein von Orgeln erhalten wir aus dem 1096 gegründeten Stift St. Lambrecht. Bereits 1366 besaß diese Kirche sogar zwei Orgeln. Die durch Brand zerstörten Werke wurden vom hervorragenden Meister Wolfgang Ruedorff wieder ersetzt.

Wolfgang Ruedorff, aus dem bayrischen Raum kommend, wird in einem Urbarium der Stadtpfarrkirche St. Matthae zu Murau aus dem Jahre 1464 namentlich erwähnt. Es wird darin von einer Orgel gesprochen, die bereits durch die Gegenüberstellung von Prinzipalchor und Flötenchor den späteren steirischen Orgeltypus verkörpert. Nicht zuletzt wird uns durch dieses erste Zeugnis einer Orgeldisposition die Anordnung von Hauptwerk und Rückpositiv vorgegeben, wie sie nur in der Steiermark in dieser Konstellation vorzufinden ist. In ihrem äußeren Aufbau weicht die Orgel der St. Matthae-Kirche zu Murau wesentlich von den übrigen steirischen Orgeln jener Zeit ab. Die für Österreich so typische reguläre Aufgliederung der Gehäuseformen in Hauptwerk, Rückpositiv und Pedalwerk mit freistehendem Spieltisch steht vereinzelt da, und es gibt auch späterhin keinen steirischen Meister, der Instrumente dieser Art baute. Im späteren Werk aus dem Jahre 1698, das heute noch erhalten und spielbar ist, wird diese Aufstellung allerdings von einem steirischen Meister aus Bruck an der Mur, Josefus Ignatius Meyenberg, übernommen und beibehalten (Abb. 94).

Das Stift St. Lambrecht beauftragte 1505 den Orgelmacher Christian Taler aus Wasserburg am Inn, ein neues Werk zu bauen, für das er in Anwesenheit Paul Hofhaimers in Salzburg 150 fl. als Abschlagszahlung erhielt. Somit stand Paul Hofhaimer auch mit St. Lambrecht in näherer Verbindung. Ein Oswald Hofhaimer war in der zweiten Hälfte des 16. Jahrhunderts in St. Lambrecht und Mariazell, das dem Stift als Superiorat unterstand, als Organist tätig.

Aus dem von Erzbischof Gebhard von Salzburg 1074 gegründeten Benediktinerstift Admont wird berichtet, daß im 13. Jahrhundert alle Instrumente aus der Kirche verbannt wurden, nur die Orgel konnte ihre Stellung weiterhin behaupten. Um 1550 scheint großer Mangel an guten Orgelbauern im Lande geherrscht zu haben, denn Abt Valentin bat den Zwettler Orgelbauer Frater Jacob Kunigschwerdt, er möge kommen, um die Orgel und das Horn wieder instand zu setzen. Der Salzburger Hoforganist und Orgelbauer Caspar Bockh wurde 1579 ebenfalls nach Admont berufen, um die Orgel und das Positiv zu renovieren. Aus Kapfenberg kam 1596 zum erstenmal ein steirischer Orgelbauer, Georg Jaeger, um im Südturm der Stiftskirche ein neues „plashorn" aufzustellen. Im Jahre 1661 baute ein Wiener Meister eine neue Orgel in die Stiftskirche; dieses Werk wurde aber 1782 von Peter Hötzel aus Steyr nach Gröbming übertragen, um einem Werk von drei Manualen mit 44 klingenden Stimmen von Franz Xaver Chrismann Platz zu machen. Dem furchtbaren Admonter Stiftsbrand am 27. April 1865 fiel auch die kostbare Chrismann-Orgel, das Lieblingswerk des Meisters,

zum Opfer. Auch das gut erhaltene und gepflegte Hornwerk von Admont ging beim großen Stiftsbrand mit dem Südturm der Kirche unter und wurde beim Wiederaufbau nicht mehr erneuert.
Auf eine außerordentlich reiche Orgeltradition kann das um 1140 gegründete Augustiner Chorherrenstift und Domstift Seckau zurückblicken. Unter dem Dompropst Johann Dürnberger (1480–1510) wurde bereits eine Orgel gebaut. 1524 wurde überdies eine kleinere Chororgel zur Unterstützung des Figuralgesanges seitlich vom Lettner auf einem eigenen Chor aufgestellt. Für die Sebastianskapelle baute Georg Jaeger ein fünfstimmiges Positiv. Michael Teispacher aus Murau hatte 1570 das Horn zu erneuern, und 1577 mußte er das kleine Werk verbessern. Eine umfassende Erneuerung aller Orgeln in Seckau führte dann Orgelbauer Matthias Guldner aus Wiener Neustadt im Jahre 1597 durch. Dieses ohne Zweifel klangschöne und reichbestückte Werk – es enthielt 18 klingende Stimmen, wovon 8 auf das Hauptwerk, 5 auf das Rückpositiv und 5 auf das Pedal entfielen – wurde durch einen Turmeinsturz im Jahre 1886 vollständig zerstört. Teile des Gehäuses befinden sich seit 1905 im Grazer Joanneum. Die rein mechanische Schleifladenorgel aus dem Jahre 1952 setzt die bereits mehrere Jahrhunderte bewährte Orgelbautradition fort (Abb. 97).
Aus dem Vorauer Chorherrenstift, das 1163 von Markgraf Ottokar III. von Traungau gegründet wurde, wird berichtet, daß die Kirche im 14. Jahrhundert bereits eine Orgel zur Verfügung hatte und daß im 15. Jahrhundert zwei Orgeln aufgestellt wurden. Nach dem Neubau der Kirche, 1660 bis 1662, wurde ein neues Werk erstellt. Im 18. Jahrhundert baute der Grazer Meister Andreas Schwarz zwei neue Orgeln, die zwischen dem Chorgestühl Aufstellung fanden. 1747 wurden sie auf den Betchor übertragen und 1850 zu einem großen Werk umgebaut.
Auch die beiden Zisterzienserklöster Rein bei Graz und Neuberg an der Mürz können auf eine interessante Orgeltradition zurückblicken: Das Stift Rein, das älteste aller jetzt bestehenden österreichischen Zisterzienserklöster, 1129 von Markgraf Leopold dem Starken gegründet, legte besonderen Wert auf sein Hornwerk, das schon im frühen 16. Jahrhundert vorhanden war. Nachdem das Horn durch Unachtsamkeit „zerprochen, verderbt und verwiestet worden", mußte der Orgelmacher zu „clagenfurt in Kharenten", Georg Oberburger, 1591 das Werk von Grund auf erneuern. Auch die beiden Grazer Orgelbauer Sewalt (1654) und Andreas Schwarz (1729) betreuten das Horn. Im Zuge der barocken Baubestrebungen nahm der im Stifte beschäftigte Grazer Orgelmacher Mitterreiter 1746 die Erneuerung und zugleich eine Übertragung auf die herrliche Giebelseite der Kirche vor. Ständig wurde dieses Werk von den im Stifte arbeitenden Orgelmachern verbessert und erweitert, zuletzt im Jahre 1869 von Michael Haferer. Bis zum Ersten Weltkrieg ertönte das Horn bei Festfeiern des Stiftes. Heute sind von diesem Werk nur noch vier Blasbälge, eine Windlade, Windkanäle und einige Pfeifen vorhanden. Das ehemalige Neuberger Zisterzienserstift, eine Gründung des Sohnes Kaiser Albrechts I., Herzog Ottos des Fröhlichen, aus dem Jahre 1327, beherbergt noch Reste einer Schwalbennestorgel. An der Nordseite dieser größten und schönsten Hallenkirche der Steiermark befindet sich eine weitausschwingende Empore. Auf dieser stand einst eine Orgel, deren Gehäuse heute auf die im Jahre 1754 eingezogene Westempore übertragen wurde. Das barockisierte Orgelgehäuse enthält einen tragenden Kern als Rest einer alten Orgel aus dem 16. Jahrhundert. Der Erbauer dieses Werkes war vermutlich Georg Bredthaimer (1598). Hans Vluch (1727) kommt wohl nur für Instandsetzungsarbeiten in Frage. Leider wurde eine Rückführung des alten Gehäuses auf die noch bestehende Schwalbennestempore beim Neubau 1971 nicht vorgenommen.
Nach zeitbedingtem Niedergang des Klosterlebens im 16. Jahrhundert erfolgte eine neuerliche Blütezeit der Stifte und Klöster im 17. Jahrhundert. In dieser Übergangsperiode wächst in den Städten

Graz, Leoben und Bruck an der Mur eine landschaftsgebundene Orgelbauerzunft heran, die den Boden für einen heimischen, eigenständigen Stil bereitete. Nach meist zugezogenen und später wieder abgewanderten Orgelmachern wurden jetzt in diesen Zentren Familienbetriebe geschaffen, die andere Gebiete im Orgelbau weit überflügelten.

Im Jahre 1564 trat Erzherzog Karl II. die Regierung Innerösterreichs an; dadurch wurde Graz neuerlich Residenzstadt und zugleich Sitz einer berühmten Hofkapelle, deren Gründung in dasselbe Jahr fällt. Der Erzherzog war ein Orgelfreund, der eine besondere Vorliebe für Positive und Regale hatte. Sicherlich ist die große Zahl der noch in der Steiermark vorhandenen Kleinorgeln, die stets gepflegt wurden und in Verwendung standen, auf diese Zeit zurückzuführen. Das Vorhandensein einer eigenen Grazer Orgelbauerzunft beweisen die ansässigen Orgelbauerfamilien der Kheverspichler (aus Brixen), der Lilling, die ihr Handwerk durch drei Generationen ausübten, die Orgelbauer Khrueg und Sebalth, zu denen sich im 18. Jahrhundert die Orgelbauerdynastie Schwarz und die Familie Mitterreiter gesellten. Der aus Brünn stammende Anton Römer ließ sich nach der Heirat mit einer Orgelmeisterswitwe um 1750 in Graz nieder und starb dort 1779. Er baute für die Stadtpfarrkirche zu Fürstenfeld eine 18stimmige Orgel und von 1770 bis 1772 eine 20stimmige Orgel für den Grazer Dom. Anschließend baute er das herrliche Werk des Stiftes Rein. Das heute noch vorhandene und spielbare Instrument für die Wallfahrtskirche Maria Rehkogel in Frauenberg bei Bruck aus dem Jahre 1775 gehört zu den schönsten erhaltenen Werken Römers aus dieser Zeit (Abb. 87). Von den noch vorhandenen Werken der Mitterreiter sei das 13stimmige Werk angeführt, das von Franz Mitterreiter im Jahre 1718 für das Benediktinerinnenstift Göß erbaut wurde und heute noch spielbar ist (Abb. 91). Vom Grazer Ferdinand Schwarz existiert noch das im Jahre 1766 erbaute 24stimmige Werk für die Pfarrkirche Birkfeld (Abb. 99) und die 28stimmige Orgel zu Hartberg von 1762 (Abb. 98).

Leoben war schon im Mittelalter eine musikliebende Stadt; hier weilte und sang bereits 1227 Ulrich von Liechtenstein. In seinem „Frauendienst" heißt es: „In den gazzen dort und hie hört ich hollerfloyten don". In einem Orgelvertrag von Khall (1497) wird ebenfalls von Hollerflöten und Hollerwerk gesprochen. Auch lassen sich in dieser Stadt durch mehrere Generationen hindurch Organisten nachweisen. Ebenso sind aus frühester Zeit in Bruck a. d. Mur Positive und Kleinorgeln nachweisbar; Johann Georg Mitterreiter baute 1730 ein Werk für die Minoritenkirche, das noch erhalten ist.

Die erstaunliche Vielgestaltigkeit des Orgelbaus in der Steiermark wird nicht zuletzt darin begründet sein, daß diese Grenzmark im Schnittpunkt vielfältiger Anregungen liegt. Neben Beeinflussungen durch Orgelmacher aus den wesensverwandten Nachbarländern, auch mit Umwegen über Italien und Slowenien, bildete sich zu Beginn des 17. Jahrhunderts ein regionaler Eigenstil aus. Von da an kann man von einer regelrechten steirischen Orgellandschaft sprechen, und die „steirische Barockorgel" wurde zu einem Begriff. Werke dieser Art weisen in baulicher, spieltechnischer und klanglicher Hinsicht Eigentümlichkeiten auf, wie sie sonst in keiner anderen Orgellandschaft anzutreffen sind.

In ihrem Werkaufbau hebt sich die steirische Barockorgel durch ihre Zweimanualigkeit ohne Aufgliederung in der Aufstellung der einzelnen Werke schon rein äußerlich von den Werken mit Hauptwerk, Rückpositiv und Pedalwerk wesentlich ab. Das zweite Werk wird als Positiv im Hauptwerksgehäuse untergebracht und findet im Untergehäuse meist ohne Prospekt seine Aufstellung. Auch die übliche Teilung von Hauptwerk und Pedalwerk in zwei Flügel entfällt, und der Prospekt präsentiert sich als geschlossenes einteiliges Gehäuse, das alle drei Werke gemeinsam umschließt.

Zu dieser Zentralisierung der Gesamtanlage kommt die charakteristische Aufstellung der Spielnische. Da durch die Anordnung des Unterwerkes eine Unterbringung des Spielschrankes vorne in der Mitte des Gehäuses nicht möglich ist, wird er seitlich, entweder meist epistelseitig, selten aber evangelienseitig eingebaut. Die Registerzüge weisen eine konstruktive Besonderheit auf. Die Hauptwerkstimmen werden durch verzierte Eisenhebel, die über der Spielnische in Reichweite herausragen und direkt auf die Schleifen wirken, betätigt, wogegen die Register des Pedals und des Unterwerkes durch hölzerne Zugstangen mit Knöpfen, links vom Manual gruppiert, gezogen werden können.

Neben diesen charakteristischen Bauformen weisen die steirischen Werke auch klangtypische Merkmale auf. Das Hauptwerk ist außerordentlich reich an Stimmen, es hat bis zu neun Register, davon drei 8'-Stimmen; einen offenen Prinzipal 8', im Prospekt stehend und auch klingend, ein Holzgedackt 8' und eine offene 8'-Holzstimme, als Portun bezeichnet. Die 4'-Lage ist meist mit drei Stimmen vertreten. Da die Prinzipalpyramide bis zu $1^1/_3$' und 1' ausgebaut ist, sind die Werke durch verhältnismäßig hochliegende Mixturen gekennzeichnet.

Das Unterwerk, das keinen Prospekt aufweist, ist mit oft sechs Stimmen reich besetzt und klanglich auf Prinzipalbasis 4' aufgebaut, die Klangkrone wird in Einzelaliquote aufgelöst. Neben der Prinzipalgruppe stehen offene und gedeckte Flöten, Zungenstimmen fehlen.

Das Pedal ist bis zur 4'-Lage besetzt und durch den $5^1/_3$' besonders charakteristisch gekennzeichnet. Durch diesen ausgesprochen regionalen Eigenstil wurden liturgisch brauchbare Werke geschaffen, die technisch und klanglich den damaligen Anforderungen vollauf entsprachen. Leider mußten zahlreiche Instrumente aus dieser Zeit den Produkten der Verfallszeit des Orgelbaus weichen, und auch die restlichen Klangdenkmäler blieben von modischen Einflüssen des 20. Jahrhunderts nicht verschont.

Österreich als Orgelland – ein neuer Aspekt in der Betrachtung des europäischen Orgelbaus. Keineswegs können, wie oben gezeigt wurde, Einflüsse vor allem aus dem süddeutschen und teilweise aus dem italienischen Raum geleugnet werden. Wie auf anderen Gebieten auch, so zeigt sich gerade im Orgelbau die typisch österreichische Fähigkeit, Wertvolles von außen aufzunehmen, zu verarbeiten und zu einem neuen, eigenständigen österreichischen Stil umzuformen. Der Laie schätzte bisher nur das wertvolle alte Gehäuse, und für den Kunsthistoriker war der Prospekt mit seinem Rahmen das Erhaltenswerteste. Erst viel später begeisterte auch die klangliche Komponente die orgelinteressierten Musiker. Sie erkannten die klanglichen Eigenwerte alter Orgeln und erfaßten deren unteilbares Ganzes und die inneren Zusammenhänge von Raum, Ton und Material.

Mangel an historischer Einsicht und Stilgefühl, der Wandel der technischen Spielmöglichkeiten, die Unkenntnis von Wesen und Wert einer alten historischen Orgel und nicht zuletzt das Unverständnis für architektonische und klangästhetische Bereiche waren die Ursache für die Vernichtung wertvoller historischer Orgeln.

Mit der Aufhebung von über 700 Klöstern unter Joseph II. wurden Orgelwerke aus Stiften an Pfarreien übertragen, ohne auf orgelkundliche Dokumentation Wert zu legen. Vor allem aber auch durch die Bevölkerungsverluste durch die Pestepidemie von 1678 und durch die Türkenbelagerungen bis 1683 wurden zahlreiche Kirchen und Kapellen geschlossen oder zerstört, das gesamte Inventar samt Orgel verschleudert. Überdies wurden keinerlei Aufzeichnungen über Neuanschaffungen gemacht, um in die finanzielle Leistungsfähigkeit der Pfarreien in dieser Zeit nicht Einblick zu geben. Und nicht zuletzt wirkten sich die napoleonischen Kriege sehr nachteilig für Österreich aus, wertvolles Kulturgut wurde vernichtet, Archivalien verbrannten.

Bedeutende Komponisten übten jedoch wesentlichen Einfluß auf den Orgelbau sowohl in technischer wie auch in klanglicher Hinsicht aus. So kann Joseph Haydn mit Gottfried Mallek in Eisenstadt in Zusammenhang gebracht werden, W. A. Mozart stand mit dem Bau der Chrismann-Orgel in der Schottenfeldkirche in Wien in Verbindung, Anton Bruckner mit den Orgeln von Wilhering und St. Florian, und nicht zuletzt war es Franz Schmidt, der auf die Unzulänglichkeit elektropneumatischer Werke aus der Verfallszeit des Orgelbaus aufmerksam machte.

Es gibt nur wenige alte Orgeln in Österreich, die im Originalzustand erhalten geblieben sind. Ihnen ist mein Buch gewidmet. In Bild und Wort sind jene Instrumente erfaßt, die in ihrer Originalgestalt entweder völlig oder zu einem wesentlichen Teil oder bloß in ihrer Prospektausführung die Jahrhunderte überdauerten. So wird hiermit erstmals eine topographische Dokumentation österreichischer Denkmalorgeln vorgelegt, die das Gesamtkunstwerk Orgel als wesentlichen Bestandteil österreichischer Kulturgeschichte zum Gegenstand hat.

VERZEICHNIS DER BILDER UND MONOGRAPHIEN

1 Die Orgel der Franziskanerkirche in Wien

Ein besonderes Kleinod frühbarocker Orgelbaukunst stellt Wiens älteste Orgel in der Franziskanerkirche dar.
Nach Fertigstellung des Kirchenbaus im Jahre 1611 durch die P. P. Franziskaner, die das Büßerinnenkloster 1598 übernommen hatten, behalf man sich zunächst mit einem kleinen Positiv. Aber bereits am 21. Juli 1641 wurde zwischen dem kaiserlichen Oberhofpostamtsverwalter, dem ,,geistlichen Vater" (Prokurator) des Konvents Maximilian Püehl (Pichler), dem Domkapellmeister von St. Stephan Johannes Winsawer (Wünsauer) und dem Wiener bürgerlichen Orgelmacher Hanßen Wökherl (Weckerl) ein Vertrag über den Neubau einer Orgel abgeschlossen. Das Werk sollte bis 14. Juli 1642 fertiggestellt sein und bei einer Haftungszeit von einem Jahr 1300 rheinische Gulden sowie 100 Gulden ,,Leutkauf" kosten.
Das bis heute erhaltene Werk hinter dem Hochaltar der Kirche gleicht einem monumentalen gotischen Flügelaltar. Die Flügeltüren zeigen innen links die Stigmatisation des hl. Franziskus, rechts den hl. Antonius (signiert 1643), die geschlossenen Türen tragen das Bild der hl. Cäcilia vor der Orgel. An den Türen des Brustwerks, an den Schleierbrettern und dem übrigen Orgelkasten befinden sich bemerkenswerte Renaissanceverzierungen mit breit ausladendem Rankenwerk. Das Gehäuse schließt nach oben ab durch die Holzskulptur des harfenspielenden Königs David, flankiert von zwei musizierenden Engeln. Im Vertrag von 1641 wird die Disposition des Werkes mitgeteilt (siehe nebenstehend).
Der Spielschrank an der Vorderseite des Orgelkastens zeigt an beiden Seiten der Manualklaviaturen die als eiserne Hebel zum Einhaken ausgebildeten Registerzüge. Das Werk ist gestimmt in der ,,Corhöh" zu 458 Hz, der sogenannten ,,hohen Kirchenstimmung", und war mitteltönig temperiert. Ursprünglich hatte die Orgel der Wiener Franziskanerkirche zwei Tasten, zwei Ventile und zwei Pfeifen für as und gis und es und dis. Dies war ausdrücklich im Orgelvertrag verlangt worden.
Das Gehäuse der Orgel dürfte ursprünglich den 1611 errichteten Hochaltar überragt haben. Erst 1707, als Andrea Pozzo den mächtigen, hochbarocken Baldachin-Altar mit gemalten Kulissen errichtete, wurde das Werk verdeckt. Für die barocke Kirchenmusik stand auf der Westempore ein Continuoinstrument zur Verfügung.
Im Zusammenhang mit dem Interesse der Frühromantik für das Zeitalter der Renaissance wurde Jakob Deutschmann mit der ,,Wiedererwekkung" der vergessenen Orgel beauftragt. Er erneuerte die Klaviatur, ergänzte die kurze Oktav mit Hilfe einer Oberoktavkopplung, ersetzte die originalen Registerschilder (benannte die Sedecim 1' in eine Quint 1¹/₃' um) und sperrte die Posaune wegen ihrer oxydierten Zungen ab. Ein Namenszettel mit der Jahreszahl 1832 auf einer der wegen Wurmfraßes neu angefertigten Pfeifen legt über diese Erneuerung Zeugnis ab.

Oberwerk (Obermanual)
C–c³ mit kurzer Unteroktav

Principal	8'
Copln = heute Waldflöit	8'
Quintadena	8'
Principaloctav	4'
Copl Flötten in Octav	4'
Quint	2²/₃'
Superoctav	2'
Mixtur 6fach	1¹/₃'
Dremolant (soll nicht gebaut worden sein)	

Prust Positiv (Untermanual)
C–c³ mit kurzer Unteroktav

Copln	8'
Principaloctav	4'
Spüzflöten von octav	4'
Superoctav	2'
Zymbel 3fach	²/₃'
Khrumphörner	8'
an deren Stelle wurde eine Sedecim gebaut	1'

Pedal
C–b, 13 Töne
mit kurzer Unteroktav

Portun	16'
Octav	8'
Plohflötten (an deren Stelle wurde Superoctav 4' gebaut)	
Quint	2²/₃'
Mixtur 4fach	2'
Pußauner	8'

2 Die Orgel der Michaelerkirche in Wien

Derzeitige Disposition:

Hauptwerk
C–c^3 mit kurzer Unteroktav

Bordun	16'
Principal	8'
Quintadena	8'
Biflötten	8'
Piffera	8'
Gemshorn	8'
Salicional	8'
Octav	4'
Fugara	4'
Nachthorn	4'
Quint	3'
Octav	2'
Feldflöte	2'
Quint	1 1/2'
Sedecima	1'
Sesquialtera 2fach	
Mixtur 6fach	
Zimbl 3fach	

Brustpositiv (im Spieltisch)
C–c^3 mit kurzer Unteroktav

Coppel	8'
Flötten	4'
Octav	2'
Mixtur 3fach	1'

Rückpositiv (heute Oberwerk)
C–c^3 mit kurzer Unteroktav

Coppel	8'
Principal	4'
Coppel (ehemals Quint 3')	4'
Flauten (= Traversflöte, ehemals Coppel 4')	4'
Octav	2'
Quint	1 1/2'
Octav	1'
Mixtur 5fach	
Flauten (ehem. Fagott/Oboe 8')	8'

Pedal
C–a mit kurzer Unteroktav
12 Töne

Principalbaß	16'
Bordunbaß	16'
Subbaß	16'
Octav (Metall)	8'
Octav (Holz offen)	8'
Octav	4'
Cornett 3fach	
Bombarde	16'
Trompete	8'

Die Westempore der Wiener Michaelerkirche birgt Wiens größtes, fast vollständig erhaltenes Barockorgelwerk. Es gehört zu den bedeutendsten musik- und kunsthistorischen Schätzen Wiens. Mit ihren 3 Manualen und 40 Stimmen galt die Orgel durch Jahrhunderte als eines der besten und wohltönendsten Werke der Stadt. Da es von Neuerungen und Umbauten im ausgehenden 19. und 20. Jahrhundert glücklicherweise verschont blieb, ist es daher möglich, das Instrument nach denkmalpflegerischen Grundsätzen zu restaurieren und auf den ursprünglichen Zustand von 1714 zurückzuführen.

Urheber und Erbauungsjahr der Orgel waren bisher nicht nachweisbar. Intensive Archivstudien ergaben, daß Johann David Sieber aus Brünn das Werk errichtet hat. Zum erstenmal erklang es am 24. Jänner 1714. Das Instrument bestand aus Pedal- und Hauptwerk, einem Brustpositiv im Spieltisch und einem Rückpositiv an der Chorbrüstung. Eine besondere Lösung der Raumfrage stellt dabei der „Klingende Spieltisch" dar, der das Brustpositiv birgt.

Gottfried Sonnholz baute 1742 die Orgel wesentlich um. Er versetzte die beiden Hauptgehäuse um ein Joch nach vorne an die beiden Seitenwände. Das Brüstungspositiv wurde aus statischen Gründen entfernt und hinten an das Hauptgehäuse angebaut. Hiezu war eine Teilung der Positivlade notwendig. Am Gehäuse kann der Zubau heute noch klar erkannt werden. Bei der Abtragung für die Restaurierung kamen Reste der alten Windkanäle und Trakturführungen für das ehemalige Brüstungspositiv zum Vorschein. Die Lücke in der Chorbrüstung wurde von einem unbekannten Bildhauer kunstvoll durch ein neues Barockgitter geschlossen. In der durch Gottfried Sonnholz geschaffenen Form präsentiert sich das Werk auch heute noch kaum verändert. 1756 wurde die Orgel das erste Mal gefaßt und vergoldet; erst 1877 erhielt das Gehäuse die heutige braune Fassung. Im weiteren Verlauf stand das Werk in ständiger Betreuung durch Wiener Orgelmacher. Bis 1845 wurden jene Veränderungen vorgenommen, die heute noch klar feststellbar sind. Da die Trakturführung äußerst kompliziert und nicht sorgfältig angelegt worden war, erforderte diese eine oftmalige Reparatur. In den letzten Jahrzehnten war die Spiel- und Registertraktur so verbraucht, daß die Orgel unspielbar wurde.

Die archivalischen Forschungen ergaben eine dem Originalzustand entsprechende Disposition aus dem Jahre 1733, die ein Barnabitenpater namens Clemens Fischer überliefert hat. Das Klangbild der 40 Stimmen wurde seither nur wenig verändert.

3 Die Orgel der Pfarr- und Wallfahrtskirche Mariabrunn in Wien

Die Auffindung einer Marienstatue in einem Brunnen soll, der Legende nach, zur Gründung des Wallfahrtsortes Mariabrunn geführt haben. Die erste Kapelle aus dem 11. Jahrhundert mit dem Gnadenbild wurde 1127 von den Tempelherren übernommen. Hierauf wechselte der Aufenthaltsort der Statue, bis sie schließlich 1477 von Soldaten des Matthias Corvinus nochmals in den anfangs erwähnten Brunnen geworfen wurde. Maximilian I. soll sie dort wiedergefunden und auf dem ursprünglichen Platz, in einer neuerrichteten Holzkapelle aufgestellt haben.

In der Zeit der Wiederherstellung des Klosters nach 1683 war kein Geringerer als Abraham a Sancta Clara hier Novize und 1693/94 sogar Prior. In den ersten Dezennien des 18. Jahrhunderts wurde auch das Innere der Kirche neu gestaltet.

1784 wurde die Kirche zu einer selbständigen Pfarre erhoben, das Kloster selbst aber verarmte materiell und personell. 1829 wurde die Aufhebung ausgesprochen, das Kloster in eine Forstlehranstalt und die Kirche in eine Säkularpfarrkirche umgewandelt.

Die erste konkrete Nachricht über eine Orgel stammt aus dem Jahre 1726, als eine Chororgel hinter dem Hochaltar für den Choralgesang aufgestellt wurde.

Um die Zeit der 100-Jahr-Feier, also um 1736, erhielt die Kirche eine neue Orgel auf der Westempore. Der Wiener Orgelbauer Gottfried Sonnholz errichtete in Erfüllung eines Gelübdes das heute noch bestehende Werk mit 19 Registern. Sein Wert wurde damals auf 4000 Gulden geschätzt. Sonnholz ließ aber auch das Brüstungsgehäuse mit allen Schnitzereien auf eigene Kosten anfertigen; die Erweiterung und Ausschmückung der Chorempore wurde durch Spenden anderer Mariabrunner Freunde ermöglicht. Ausdrücklich werden zwei Register genannt, die nachträglich (aber vor 1763) in das Orgelwerk eingebaut wurden, die Gambe und die Traversflöte.

Dieses Werk blieb bis in das 20. Jahrhundert relativ unangetastet. Eine Reparatur von 1924 und der Einbau eines Orgelmotors durch Johann Kauffmann (1927) veränderten nichts an der Substanz. Im Jahre 1935 allerdings erneuerte Ferdinand Molzer im Sinne der neobarocken Orgelbewegung das Instrument, und von da ab kann das Werk nur noch bedingt als Denkmalorgel gelten. Molzer behielt zwar die abgeänderte mechanische Spieltraktur bei, pneumatisierte aber die Registertraktur und versetzte das zweite Manual hinter das Hauptwerk. Die fehlenden Töne der kurzen Oktav in den Manualen wurden pneumatisch hinzugefügt, im Pedal hingegen erfolgte eine vollkommene Erweiterung des Umfangs mit Hilfe einer neuen Windlade und mechanischen Traktur. Leider wurde auch die Intonation nachteilig beeinflußt. Erhalten blieben im wesentlichen das Pfeifenwerk und die Windladen der beiden Manuale, ebenso die Pfeifen des Pedalwerkes und das prachtvolle, in Weiß und Gold gefaßte Gehäuse.

Heutige Disposition:

1. Manual
C–c³ mit kurzer Unteroktav
fehlende Töne pneumatisch ergänzt

Prinzipal	8'
Waldflöte	8'
Viola da Gamba	8'
Oktav	4'
Traversflöte	4'
Quinte	2²/₃'
Oktav	2'
Mixtur 3fach	2²/₃'

2. Manual
C–c³ mit kurzer Unteroktav
fehlende Töne pneumatisch ergänzt

Koppel	8'
Salicional	8'
Prinzipal	4'
Flöte	4'
Dulciana	4'
Oktav	2'
Rauschquinte 2fach	1¹/₃'

Pedal
C–d¹ chromatisch
ursprünglich 12 Töne/18 Tasten

Subbaß	16'
Prinzipal	8'
Gemshorn-quinte	5¹/₃'
Oktav	4'

RENOVIERT IM JAHRE 1931

4 Die Orgel der Kirche Am Hof in Wien

An Stelle einer Kapelle wurde 1386–1403 Am Hof die Kirche „Zu den neun Chören der Engel" errichtet und ging 1553 von der Verwaltung der Karmeliten in die der Jesuiten über. Die barocke Erweiterung des Gotteshauses nach einem Brand vollendete Carlo Antonio Carlone mit der bekannten Fassadengestaltung nach italienischen Vorbildern im Jahre 1662.

1763 wurde im ersten Joch der konvex in den Kirchenraum ragende Musikchor errichtet und im selben Jahr von einem unbekannten Orgelmacher eine neue Orgel aufgestellt. Leider konnten außer Abschriften eines ehemals vorhandenen Gedenkbuches bisher keine Archivalien über diese Orgel ausfindig gemacht werden, die dann im Jahre 1777 durch den an die Kirche anschließenden Bau der Hofkriegskanzlei stark beschädigt wurde. Es muß sich bei diesem Instrument um ein kleineres Werk gehandelt haben, denn es wird ausdrücklich festgestellt, daß „bey künftiger Stellung des Orgelkastens darauf Bedacht genommen werde, dass dem Chor das durch das Hofkriegs-Kanzley-Gebäude entnommene Licht einigermaßen ersetzt werde". Diese Anmerkung aus den heute nur noch durch Sekundärliteratur bekannten Akten weist auf die baulichen Umgestaltungen der Kirche in der zweiten Hälfte des 18. Jahrhunderts hin. Die ursprüngliche Kirchenfassade von Carlone besaß zwei vorspringende, Wohnzwecken dienende, heute wesentlich veränderte Seitentrakte, dazwischen befanden sich die Vorhalle und die darüberliegende eigentliche Kirchenfassade. Durch die Bautätigkeit im Jahre 1777 war an der Orgel ein Schaden entstanden, der auf 1000 Gulden geschätzt wurde.

Zur weiteren Geschichte der Orgel sind fast keine Aufzeichnungen vorhanden. 1849 restaurierte Josef Seifert über Antrag des Kapellmeisters Ludwig Rotter das Werk um 360 Gulden, eine ähnliche, kleinere Reparatur ist aus dem Jahre 1879 bekannt.

Am Gehäuse des Instruments ist die uneinheitliche Gestaltung der Prospektfelder auffallend; ursprünglich war das Gehäuse kleiner und wurde erst später erweitert. Besonders interessant ist die Werkverteilung: In den äußeren dreifeldrigen Flügeln sind drei Pedalregister untergebracht, daran schließt sich nach innen zu das weitgehend originale Pedal mit vier Stimmen. In der Mitte befindet sich das Oberwerk, seitlich davon das Hauptwerk. Insgesamt ergeben sich also fünf Gehäuseteile, die jeder für sich drei Felder umfassen: die äußeren hohen Flügel, der mittlere Oberwerksteil und die beiden dreifeldrigen Verbindungsteile. Der Spieltisch steht unmittelbar vor dem Oberwerksteil, mit Blickrichtung zum Altar und dürfte von Seifert (1849) stammen. Die heutige Disposition siehe nebenstehend.

Hauptwerk
C–d³ mit gebrochener Unteroktav

Principal	8'
Gedackt	8'
Quintatön	8'
Gemshorn	8'
Octav	4'
Flöte	4'
Quint	2²/₃'
Octav	2'
Mixtur 5fach	
Progressio 2fach	

Oberwerk
C–d³ mit gebrochener Unteroktav

Copula	8'
Waldflöte	8'
Salicional	8'
Principal	4'
Holzflöte	4'
Octav	2'
Mixtur 4fach	

Pedal
C–a mit kurzer Unteroktav
(gegenwärtig fis/gis statt D/E)

1. originaler Teil	
Subbaß	16'
Principal	8'
Quint	5¹/₃'
Cornet 5fach	4'
2. Anbau auf Registerkanzellenlade	
Principal	16'
Violon	16'
Violon	8'

5 Die Orgel der Anna-Kirche in Wien

In der Obhut der Oblaten des hl. Franz von Sales befindet sich heute die kleine aber herrlich ausgestattet Kirche von St. Anna in Wien. Das einstige Pilgrimhaus mit kleiner Annenkapelle wurde 1531 den Klarissen, ab 1573 den Jesuiten anvertraut, die hier 1629 ihr Noviziat errichteten.

Die heutige Kirche entstand in den Jahren 1629–1634 durch Umbau der alten Kapelle und erhielt 1715 größtenteils eine neue Einrichtung. 1747 mußten nach einem Brand Turm und Dachstuhl erneuert werden. Die Erbauungszeit der Orgel wurde bisher mit diesem Brand in Zusammenhang gebracht; doch dürfte sie wesentlich früher anzusetzen sein, weil das Kircheninnere bei dem Brand nicht beschädigt wurde. Ursprünglich stand das aus 13 Registern bestehende Werk weiter hinten auf dem ehemals größeren Mönchschor. Bei der im Jahre 1799 notwendig gewordenen Verstärkung der Tragkonstruktion des Chores dürfte auch die noch heute klar erkennbare Erhöhung des Chorbodens und der Chorbrüstung erfolgt sein. Ebenso war wohl eine Neuplacierung der Orgel notwendig. Die Betreuung des Instruments lag in den Händen von Johann Bohack.

An der Anna-Kirche gab es zu Beginn des 19. Jahrhunderts einen rührigen Kirchenmusikverein. Dieser veranlaßte vor dem Jahre 1829 einen Umbau des Werkes, und zwar eine Erweiterung auf insgesamt 16 Register. Wahrscheinlich hat Joseph Seibert, der ab 1832 in der Kirchenrechnung als Betreuer der Orgel namentlich genannt wird, diesen Umbau durchgeführt.

1847 legte Joseph Seibert einen (nicht erhaltenen) Kostenvoranschlag über 207 Gulden für eine Reparatur der Orgel vor. Als 1848 die Bewilligung der Niederösterreichischen Landesregierung erfolgte, führte aber der Wiener Orgelbauer Franz Ullmann die veranschlagten Arbeiten zum gleichen Preis aus. Die Umgestaltung der Orgel beaufsichtigte Ferdinand Schubert. Damals dürfte unter anderem der Tonumfang durch Herabkoppelung der Töne cis und dis in die tiefe Oktav erweitert worden sein. 1858 erfolgte eine Überholung der Orgel und der Einbau eines neuen Registers (= Salicional).

Das Instrument war ursprünglich auf Prinzipal 4'-Basis aufgebaut. Die originale Manualschiebekoppel wurde durch Ullmann auf einen Registerzug umgelegt und anläßlich einer Reinigung wieder zurückgeführt. 1979/80 wurde das Werk von Helmut Allgäuer restauriert.

Heutige Disposition:

Hauptwerk
C–c^3 (49 Töne, urspr. 47)

Prinzipal	8'
Gedeckt	8'
Salicional	8'
Octav	4'
Flöte	4'
Quint	3'
Superoctav	2'
Mixtur 2fach	1 1/3'

Positiv
C–c^3 (49 Töne, urspr. 47)

Copula	8'
Flöte	4'
Dulciana	4'
Octav	2'

Pedal
C–a mit kurzer Unteroktav

Subbaß	16'
Violonbaß	8'
Octavbaß	4'

6 Die Orgel von St. Josef, ehem. Karmeliterkirche, in Wien

In der Mitte des 18. Jahrhunderts erhielt die Karmeliterkirche im zweiten Wiener Gemeindebezirk die heute noch vorhandene Orgel. Der Erbauer ist nicht bekannt, ebenso ist auch die Erbauungszeit nicht gesichert. In der Provinzialchronik des Karmeliterordens besagt eine Notiz lediglich, daß am 15. August 1744 beschlossen wurde, eine Orgel um 600 Gulden zu erwerben. Verschiedene Merkmale, unter anderem der große Tonumfang, deuten aber darauf hin, daß die Aufstellung des Instruments eher etwas später erfolgt ist.
Das Werk besteht aus einem gemeinsamen Gehäuse für Hauptwerk und Pedal und einem Brüstungspositiv. Die Aufstellung im Gehäuse entspricht der Prospektfront: das Hauptwerk ist fünffach gegliedert, das Pedal befindet sich in zwei Teilen hinter dem Hauptwerk. Lediglich im Positiv sind die Stimmen nach der Länge der Pfeifen geordnet. Der Spieltisch befindet sich an der Vorderwand des Hauptgehäuses; für den Spieler ist eine ähnliche Nische an der Vorderwand vorgesehen wie an der Orgel der Kirche Am Hof.
Das Werk ist trotz verschiedener Restaurierungen als weitgehend original anzusehen, besonders die Metallstimmen dürften vor Eingriffen verschont geblieben sein. Interessant sind die Labienformen des Prospekts, die sich nach oben zu verjüngen; die mittlere Prospektpfeife (d^0) weist eine ornamentale Fortsetzung der Labienoberseite auf. Der Tonumfang, wie schon erwähnt, für die Zeit um 1744 sehr groß, beinhaltet bei gebrochener Oktav 49 Töne. Da dem Positiv eine Klangkrone fehlt, kann man auf Veränderungen, möglicherweise schon im ausgehenden 18. Jahrhundert schließen.
Über Reparaturen berichten eingeritzte Bemerkungen auf einzelnen Prospektpfeifen: 1853 durch Ludwig Edenhofer (Bayern), 1859 durch Ferdinand Wagner (Graz) und 1926 durch Franz Ullmann (Wien). Die erneuerten Manualtasten (Untertasten weiß, Obertasten schwarz) sowie die Registerschildchen ohne Fußangaben weisen auf eine Erneuerung im 19. Jahrhundert hin. Die letzte Restaurierung erfolgte 1965 durch Philipp Eppel (Wien), wobei das originale Pedal (12 Töne/18 Tasten) auf 27 Töne erweitert wurde.
Die Pedalkoppel (Hauptwerk/Pedal) ist als Zug ausgeführt, die Manualkoppel als Schiebekoppel mit zwei dünnen Metallstäbchen an den Seiten zwischen den Manualen.

Heutige Disposition:

Hauptwerk (49 Töne)

Principal	8'
Waldflöte	8'
Quintadena	8'
Salicional	8'
Octav	4'
Spitzflöte	4'
Quint	$2^2/_3$'
Octav	2'
Mixtur 4fach	$^2/_3$' (ehem. 2')
Cimpel 2fach	$1^1/_3$'

Positiv (49 Töne)

Copula	8'
Principal	4'
Flöte	4'
Dulciana	4'
Octav	2'

Pedal
original C kurz – a rep
(12 Töne/18 Tasten)
1965 erweitert auf C chrom–d^1,
27 Töne

Subbaß	16'
Octavbaß	8'
Quintbaß	$5^1/_3$'
Cornetbaß 5fach	4'

(4' Holz offen
2', $1^3/_5$', $1^1/_3$', 1' in Metall)

7 Die Orgel der Karlskirche in Wien

Gegenwärtige Disposition:

Hauptwerk
C–c^3 mit gebrochener Unteroktav

Quintatön	16'
Bordun	16'
Prinzipal	8'
Coppel	8'
Hohlflöte	8'
Viola da Gamba	8'
Oktav	4'
Spitzflöte	4'
Flöte	4'
Quint	$2^{2}/_{3}$'
Oktav	2'
Mictur maior 2 bis 3fach	$2^{2}/_{3}$'
Mixtur minor 2 bis 3fach	$1^{1}/_{3}$'

Oberwerk
C–c^3 mit gebrochener Unteroktav

Coppel	8'
Gamba	8'
Flöte	4'
Rohrflöte	4'
Oktav	2'
Mixtur 3fach	2'

Pedal
C–a mit kurzer Unteroktav, 12 Töne

Prinzipalbaß	16'
Subbaß	16'
Gedacktbaß	8'
Oktavbaß	8'
Violonbaß	8'
Cello (Metall, im Prospekt)	
Quintbaß	$5^{1}/_{3}$'
Oktavbaß	4'
Cornettbaß 4fach	4'
Posaune	16'
Posaune	8'

Zu den zahlreichen anonymen Orgelwerken in Wien muß auch die Orgel der Pfarrkirche St. Karl Borromäus gezählt werden; bis heute ist es weder gelungen, den Erbauer noch die Erbauungszeit des Instruments festzustellen. Tatsache ist, daß 1739 der Kirchenneubau nach den Plänen Fischers von Erlach vollendet wurde, im selben Jahr die Glockenweihe stattfand und bald darauf die Feier des ersten öffentlichen Gottesdienstes erfolgte.

Von der ersten Orgel der Karlskirche hat sich der Mittelteil des Gehäuses erhalten. Das Innere dieses Gehäuses birgt das Hauptwerk, das wohl in den Grundzügen auch dem ehemaligen Hauptwerk entspricht (heute 13 Register). Dahinter befindet sich auf einer Oberlade das (wohl auch originale) Pedalwerk mit vier Registern. Ein ehemals vielleicht ausgebautes Positiv ist nicht nachzuweisen. Die Größe der ursprünglichen Orgel läßt sich aus den erhaltenen quadratischen Ausnehmungen für die Registerzüge an der Spielschrankanlage ablesen – rechts und links je neun Züge. Es wäre durchaus denkbar, daß dieses Werk nicht eigens für die Karlskirche gebaut, sondern aus einer anderen Kirche übertragen wurde.

1847 wurde die Orgel mit einem Aufwand von 2006 Gulden 58 Kreuzern total umgebaut. Wer diesen Umbau durchgeführt hat, ist leider unbekannt, lediglich ein Chronogramm auf dem Gehäuse bezeugt das Jahr des Umbaus. Zwei Inschriften im Gehäuse (1822 Jacob Deutschmann, 1847 Josef Demeter) geben auch keine konkreten Aufschlüsse zur Geschichte des Instruments. Bei dem Umbau von 1847 wurden zwei flache Gehäuse an das ursprüngliche willkürlich angefügt; sie beinhalten eine Pedalerweiterung und ein Oberwerk. Eine Lade mit drei Registern wurde an der Gehäuserückwand aufgestellt, insgesamt erweiterte man die Orgel von ursprünglich 18 auf 30 Stimmen. Jahrzehntelang war das Orgelwerk nahezu verfallen und unspielbar, bis es 1972 wieder aktiviert wurde.

8 Die Orgel der Pfarr- und Wallfahrtskirche Maria Himmelfahrt in Wien-Mariahilf

Wo heute die Pfarr- und Wallfahrtskirche Maria Himmelfahrt (Mariahilferkirche) steht, befand sich einst eine Holzkapelle auf dem neuen Barnabitenfriedhof, die 1669 durch eine Steinkapelle ersetzt wurde. Nach deren Zerstörung durch die Türken im Jahre 1683 errichtete 1689 Sebastiano Carlone einen Bau, der 1711 in seiner heutigen Gestalt konzipiert wurde. 1729 baute Gottfried Sonnholz eine offenbar kleine Orgel – ähnlich der zu Trauttmansdorf – für die Kirche, deren Neubau mit der Kirchenweihe 1730 abgeschlossen wurde.

Bereits 1763 wurde die kleine Orgel durch ein neues Werk ersetzt, mit dessen Bau man Johann Hencke um den Preis von 868 fl. beauftragte. Die originale Disposition ist leider nicht erhalten, das Gehäuse zeigt aber noch heute die typischen Grundformen Hencke-Pflieglerscher Werke.

Die beiden Gehäuse für Hauptwerk und Pedal seitlich des Fensters sind durch eine Zieratenbrücke verbunden, die das Uhrwerk enthält. Die Feldanordnung ist identisch mit vielen anderen Werken Henckes (z. B. Maria Schutz). Ganz typisch in der Anordnung ist das Positivgehäuse an der Brüstung. Diese Gestaltungsformen übernimmt Henckes Schwiegersohn Pfliegler: Sein erstes vollendetes Werk in Hafnerberg besitzt einen Prospekt, der fast identisch ist mit dem der Orgel in der Mariahilferkirche.

Die Namen des Bildhauers und des Vergolders, die an dem Gehäuse der Mariahilfer Hencke-Orgel gearbeitet haben, sind überliefert: der Vergolder Schranz erhielt 870 fl., der Bildhauer Leitner 276 fl.

1894 legte der Orgelbauer Johann M. Kauffmann einen Kostenvoranschlag vor (Acta Collegii B. M. V. Auxil), in dem er das Hencke-Werk folgendermaßen charakterisiert: „Dieses Orgelwerk, welches nach den Registerbezeichnungen des vorhandenen Spieltisches 30 Registerzüge besitzt, in der Wirklichkeit aber kaum 20 klingende Register hat, ferner in der ganzen Disposition und im Baue fehlerhaft und sachunkundig angelegt ist, erhält folgende Umgestaltung." Es handelte sich also um eine Angabe, die nichts aussagt und im übrigen Kauffmann die völlige Umgestaltung des an sich wohl verwahrlosten Werkes ermöglichte. Eine Reihe von Registern wurde der Orgel hinzugefügt, die übrigen wurden, um die „vorgeschriebene Normalstimmung" zu erreichen, um einen halben Ton versetzt und deswegen die tiefsten Pfeifen neu angefertigt. Laut Kostenvoranschlag sollte die Reparatur 2202 fl. kosten. Die Pfeifenzahl ist mit 1350 angegeben. 1918 mußten überdies 93 Stück Zinnpfeifen bei einer kriegsbedingten Metallsammlung abgeliefert werden.

Disposition seit dem Umbau von 1894 durch Kauffmann:

Hauptwerk	
Bourdon	16'
Prinzipal	8'
Gedackt	8'
Flauto maior	8'
Viola da Gamba	8'
Octav	4'
Flöte	4'
Quint	2 2/3'
Octav	2'
Mixtur 5fach	2 2/3'
Trompete	8'
Rückpositiv	
Geigenprinzipal	8'
Gedackt	8'
Salicional	8'
Aeoline	8'
Octav	4'
Salicet	4'
Mixtur 2fach	2 2/3'
Pedal	
Prinzipalbaß	16'
Subbaß	16'
Quintbaß	10 1/3'
Octavbaß	8'
Violon	8'
Posaune	16'

9 Die Orgel der Piaristenkirche – Basilika Maria Treu in Wien

Die reiche musikalische Tradition in der von Lukas v. Hildebrandt geplanten Basilika Maria Treu (1716–1777) ist begründet in der intensiven Musikpflege durch den Piaristenorden.
1794 wurde der Auftrag für eine neue Orgel an Joseph Gatto aus Krems vergeben, und bereits im Juni 1795 erklang die Orgel zum erstenmal im Rahmen einer kirchlichen Feierstunde. Schon in den vierziger Jahren des 19. Jahrhunderts aber wird sie als schadhaft und reparaturanfällig beschrieben, und im September 1843 wurde eine vom Orgelbauer Joseph Loyp angefertigte Orgel aufgestellt und am Fest Mariae Namen zum ersten Male gespielt. Zehn Jahre später war man mit dieser Orgel wieder unzufrieden, sie entsprach nicht den Erwartungen der Experten, und so entschloß man sich 1856 zu einem neuerlichen Umbau.
Nach langen Verhandlungen erhielt am 26. Juni 1856 der in Hirschberg (Preußisch-Schlesien) ansässige Carl F. Buckow den Auftrag zum Bau einer 34stimmigen Orgel mit drei Manualen und Pedal. Im Mai 1857 wurde mit der Aufstellung des neuen Werkes begonnen, Buckow arbeitete daran mit fünf Gehilfen. Das brauchbare Material der alten Stimmen war um- und eingearbeitet worden, ebenso wurde ein Teil des Gehäuses in den Neubau einbezogen; das Positiv der Loyp-Orgel hingegen ziert heute die Brüstung der Schmerzenskapelle der Kirche.
Am 4. Juni 1858 konnten Probe und Weihe der neuen Orgel Buckows, seines Opus 50, stattfinden. Die musikalische Fachwelt Wiens war von dem Instrument so begeistert, daß Buckow mit der Reparatur der Orgel zu St. Stephan sowie mit dem Neubau eines Werkes für die kaiserliche Hofburgkapelle betraut wurde.
Einzigartig war und blieb der Ruf des Instruments in der „Piaristenkirche“. Seine Berühmtheit wurde noch gesteigert durch die Tatsache, daß Anton Bruckner hier 1858 und 1862 Prüfungen ablegte.
1895 nahm der Orgelbauer Brauner eine Umgestaltung des Werkes im Sinne der neuen Geschmacksrichtung um die Jahrhundertwende vor. Die relativ geringfügigen Veränderungen könnten im Zuge einer sorgfältigen Restaurierung ohne Schwierigkeiten eliminiert werden. In der Gesamtheit muß Buckows Werk als eines der besten Wiens bezeichnet werden. Die solide und gediegene Arbeit beweist sein hohes Können.
2040 Pfeifen auf neun Windladen, Manualkoppel, Pedalkoppel, Calcantenruf (heute weitere Manualkoppel), Sperrventile für jedes Werk legen beredtes Zeugnis vom technischen Aufwand dieser rein mechanischen Schleifladenorgel ab.
Der Spielschrank ist seitlich in das Hauptwerksgehäuse eingebaut. Die 46 Registerzüge (heute 48) sind zu beiden Seiten der Klaviaturen angeordnet. Über den Manualen ist Buckows in edler Einlegearbeit ausgeführte Signatur zu lesen: „Ad majorem Dei et Beatae Mariae Virginis gloriam opus hoc quinquagesimum adjuvante Deo construxit MDCCCLVIII. Carolus F. F. Buckow.“

Ursprüngliche Disposition:

1. Manual
Hauptwerk (C–f^3)

Principal (Prospekt)	16’
Principal	8’
Gemshorn	8’
Doppelflöte	8’
Nasard (heute Gamba 8’)	$5^{1}/_{3}$’
Octave	4’
Gemshorn	4’
Quinte	$2^{2}/_{3}$’
Superoctav	2’
Progressivharmonica 3 – 5fach	$2^{2}/_{3}$’
Cornetti grandi, von g 3fach (Trompete hinzugefügt)	

2. Manual
Mittelmanual (C–f^3)

Flauto fondamento (heute Quintatön 16’)	16’
Geigenprincipal	8’
Portunalflöte (heute Gedackt 8’)	8’
Doppelrohrflöte (heute Äoline 8’)	8’
Prästant (heute Geigenprincipal 4’)	4’
Spitzflöte	4’
Octave	2’
Mixtur 3 bis 4fach	

3. Manual
Oberwerk (C–f^3)

Flûte d’amour	8’
Viola di gamba	8’
Salicionale	8’
Geigenprästant (heute Violine 4’)	4’
Flauto dolce (heute Gedackt 4’)	4’
Oboa (von C)	8’

Pedal (C–d^1)

Principal (Prospekt)	16’
Subbaß	16’
Violonbaß	16’
Grand Nasard	$10^{2}/_{3}$’
Principal	8’
Baßflöte	8’
Superoctav	4’

Auf eigenen Windladen zu beiden Seiten hinten im Gehäuse:

Basso Contra	32’
Posaune	16’

hinzugefügt Posaune 32’

10 Die Orgel im Großen Musikvereinssaal in Wien

1. Manual (Hauptwerk)
C–f³ = 54 Töne
1. Abteilung

Principal	16'
Principal	8'
Octave	4'
Gemshorn	4'
Flauto minor	4'
Doublette	3' und 2'
Cornet 3 bis 4fach	
Mixtur 3 bis 4fach	
Trompete	8'
2. Abteilung	
Bordun	16'
Gamba	8'
Rohrflöte	8'
Flauto amabile	8'
Piffaro	8'
Nasat	5¹/₃'
Doublette	4' und 2'

2. Manual (Oberwerk)
C–f³ = 54 Töne
1. Abteilung

Fugara	4'
Doppelflöte	4'
Octavflöte	4'
Nasat	2²/₃'
Waldflöte	2'
Progressio harmonica 2 bis 4fach	
Clarinett	8'
2. Abteilung	
Geigenprinzipal	8'
Quintatön	16'
Salicional	8'
Flauto harmonique	8'
Doppelflöte	8'
Gedeckt	8'

3. Manual (Echowerk)
C–f³ = 54 Töne

Lieblich Gedeckt	16'
Viola d'amour	8'
Lieblich Gedeckt	8'
Unda maris	8'
Flauto dolce	8'
Piffaro	4'
Zartflöte	4'
Violine	2'
Harmonia aetherea 2 bis 4fach	
Oboe	8'

Pedal
C–f¹ = 30 Töne
1. Abteilung

Principalbaß	32'
Principalbaß	16'
Octavbaß	8'
Baßquinte	10²/₃'
Baßquinte	5¹/₃'
Octavbaß	4'
Posaune	16'
Trompete	8'
Clarinet	4'
2. Abteilung	
Violon	16'
Subbaß	16'
Cello	8'
Baßflöte	8'

Wien besitzt im Großen Musikvereinssaal einen der schönsten und akustisch besten Konzertsäle der Welt. Schon vor der Fertigstellung des „Goldenen Saales" im Jahre 1870 dachte die Gesellschaft der Musikfreunde an die Anschaffung einer Orgel. Diese sollte nicht nur Konzertzwecken allein dienen, sondern auch für den Orgelunterricht der damals im Hause untergebrachten Musikschule, dem Wiener Konservatorium, zur Verfügung stehen.

Am 19. Jänner 1869 konstituierte sich eine Kommission, der unter dem Vorsitz des Gesellschaftspräses Dr. Egger folgende Herren angehörten: Bruckner, Hellmesberger, Herbeck, Prandauer, Richter, Titz und Zellner. Diese Persönlichkeiten arbeiteten das geplante Projekt aus. Von den fünf in Betracht gezogenen Orgelbaufirmen erhielt schließlich die Firma Friedrich Ladegast in Weißenfels den Auftrag. Diese nahm die Arbeit am 1. Oktober 1871 in Angriff, und schon am 5. November 1872 war das Werk vollendet: dreimanualig mit Pedal umfaßte es 52 klingende Stimmen mit 3113 Pfeifen (Disposition nebenstehend).

Um die Jahrhundertwende entsprach das mit so viel Liebe und Überlegung gebaute Instrument bereits nicht mehr den Anforderungen des damaligen Musiklebens. Schon um 1904 wurde der Plan gefaßt, die Ladegast-Orgel durch eine neue zu ersetzen. Diesmal bestand das Orgelkomitee aus folgenden bedeutenden Persönlichkeiten: Gustav Mahler, Franz Schalk, Bruno Walter, Karl Goldmark, Richard Heuberger, Carl Lafite und Ludwig Bösendorfer. Den Auftrag für den Neubau – unter Verwendung einiger alter Stimmen und Beibehaltung des Gehäuses mit den Prospektpfeifen – erhielt die Firma Gebrüder Rieger in Jägerndorf. Im Herbst des Jahres 1907 war das Werk fertiggestellt. Für die Traktur wurde das damals sensationelle elektropneumatische System gewählt. Die 71 klingenden Stimmen mit den 5130 Pfeifen wurden auf vier Manuale und Pedal verteilt. Das vierte Manual wurde später zu einem Hochdruckwerk – mit 150 Millimeter Wassersäule – umgebaut. Das äußerst komplizierte System der vielen Koppeln, Kombinationen und automatischen Umschaltungen der neuen „Prachtorgel" wurde mit großer Begeisterung aufgenommen. Bei der Einweihung schrieb man: „. . . sie vermag uns mit zarten Engelsstimmen zu Tränen zu rühren, mit ihrem gewaltigen Brausen uns bis ins Innerste zu erschüttern und mit ihrem sieghaften Glanz uns zu Jubel und Begeisterung fortzureißen." Doch die Auffassung von der „Vollendung" und „Unvergänglichkeit" einer elektropneumatischen Kegelladenorgel änderte sich bald. Nach mehreren Umbauten und zahlreichen Reparaturen entschloß sich die Gesellschaft der Musikfreunde, auch dieses Werk durch einen Neubau zu ersetzen.

Der dritte Orgelneubau erfolgte 1968 durch die Firma Werner Walcker-Mayer in Guntramsdorf und Ludwigsburg. Sie stellte in das denkmalgeschützte Gehäuse mit den alten Prospektpfeifen eine Schleifladenorgel mit elektrischer Spiel- und Registertraktur. Die 100 Stimmen wurden auf vier Manuale und Pedal verteilt.

11 Das Lambacher Regal

Das sogenannte „Lambacher Regal", das sich seit dem Jahre 1958 in der Sammlung alter Musikinstrumente des Wiener Kunsthistorischen Museums befindet, stammt aus der Zeit um 1580. Als typischer Vertreter eines besonders im 16. und 17. Jahrhundert für Tanz- und Tafelmusik bevorzugten Instruments ist es mit allem kunsthandwerklichen Reichtum der Zeit ausgestattet. Künstlerisch bedeutende Beinintarsien zieren das mit Ebenholz furnierte Eichengehäuse des Instruments, dessen architektonisch gegliederte Vorderfront mythologische und allegorische Figurengruppen schmücken, Eroten und Damen mit Musikinstrumenten: einer phantastisch gewundenen Trompete, einer Doppeltrompete, Viola da braccio, Harfe, Laute, Gambe, Cister, Posaune, Zink und Rankett. Inmitten dieser zum Teil ihre Instrumente spielenden Figuren befindet sich, von Tieren umgeben, Orpheus mit einer stilisierten Lyra. Die Seitenwände des Gehäuses sind mit Darstellungen von Hirschjagden geschmückt. Zur kostbaren Ausstattung des Instruments gehört auch der abnehmbare, perforierte Schalldeckel über dem Rohrwerk, dessen sechs Felder mit spätgotischem Maßwerk aus vergoldetem Holz und Papier auf rotseidenem Grund geschmückt sind. Die ursprünglich darüber liegende Deckleiste aus Ebenholz, die als Pendant zur Vorderfront des Gehäuses ebenfalls mit in Bein intarsierten Allegorien und vergoldeten Löwenkopf-Ringgriffen geschmückt war, ist nicht mehr vorhanden.

Die beiden Faltbälge mit sieben Faltungen sind mittels Schmiedeeisenscharnieren zusammenlegbar und nehmen das Regal in kassettenförmigen Rahmen auf ihrer Unterseite auf. Rück- und Vorderwand wie auch die Seitendeckel des Überkastens bewegen sich ebenfalls in Schmiedeeisenscharnieren, auf der Innenseite der Deckel befindet sich das Wappen des Abtes Severin Blaß im ovalen, grünen Lorbeerkranz mit der Jahreszahl 1690.

Das Instrument hat einen Umfang von 41 Tasten mit kurzer Oktave, im Diskant ohne gis^2 ($C/E-a^2$). Die Tasten bestehen aus Obstholz, mit Ebenholz furniert (Obertasten) oder Knochenbelag (Untertasten), die originalen Klangkörper sind aus einer Blei-Zinn-Legierung, die Zungen aus Messing. Aus dem Material und der Beschaffenheit der Zungen läßt sich auf 8füßige Stimmung des Instruments schließen. Da es sich um ein Instrument mit einer Zungenstimme handelt, muß die Stimmung mitteltönig gewesen sein, als weiterer Beweis für diese Annahme kann auch das fehlende gis („Wolfston") bezeichnet werden. Die Stimmtonhöhe dürfte original, wie bei Kammerinstrumenten dieser Art, einen Halbton über der normalen Höhe gelegen sein. Die obertonreiche, im Ensemble klangdominierende Wirkung der Regale im allgemeinen macht sie besonders geeignet als Rhythmusträger. Heute besitzt das Instrument Normalstimmung, die Krücken sind erneuert, der Winddruck beträgt 38 mm Wassersäule.

Nicht nur als Zeuge adeliger und bürgerlicher Musizierpraxis der Renaissance, sondern auch in der Tradition kunstgewerblicher Wohnkultur hat so das Lambacher Regal seinen Platz unter den bedeutenden historischen Klangdenkmälern Österreichs.

12 Die Buckow-Orgel im Technischen Museum Wien

Als am 4. Juni 1858 die neue, von Carl Friedrich Buckow erbaute 34stimmige Orgel für die Piaristenkirche (Basilika Maria Treu) in Wien der Öffentlichkeit übergeben wurde, war dem aus Hirschberg in Schlesien stammenden Orgelbauer ein durchschlagender Erfolg beschieden. Die ersten Fachleute des Wiener Musiklebens jener Tage waren von diesem Orgelwerk so begeistert, daß Buckow nicht nur den Auftrag erhielt, die große Domorgel von St. Stephan zu restaurieren, sondern auch für die k. k. Hofburgkapelle eine neue Orgel zu bauen.

Nach einem Jahr Wartezeit wurden vom Oberhofmeisteramt in Wien folgende Orgelbauer aufgefordert, einen Kostenüberschlag samt Dispositon vorzulegen: Peter Titz, Ferdinand Erler, Alois Hörbiger und der aus Hirschberg in Schlesien stammende Carl Friedrich Ferdinand Buckow als einziger auswärtiger Meister. Buckow, der zweifellos zu den talentiertesten und in künstlerischer Hinsicht zu den fortschrittlichsten Meistern seiner Zeit zählte, erhielt nach schweren Konkurrenzkämpfen dann am 28. August 1861 den Vertrag zum Bau der neuen Orgel. Die 16 Register wurden von Buckow in ein neugotisches Gehäuse eingebaut und an der Brüstung der dritten Westempore der Hofburgkapelle aufgestellt, um eine direkte Klangabstrahlung in den Kirchenraum zu erreichen. Anton Bruckner war neben Sechter ab 1868 auf diesem Instrument 25 Jahre hindurch Organist der Hofmusikkapelle.

Um auf der beengten Empore mehr Platz für Chor und Hofopernorchester zu erreichen, wurde später das gesamteWerk nach hinten in den Turmbogen versetzt. Schon aus diesen Gründen war zu Bruckners Zeiten ein Umbau bzw. eine Erweiterung der Orgel vorgesehen. Durch die Kriegswirren des Zweiten Weltkrieges ging viel wertvolles Material verloren. Auf Wunsch des damaligen Direktoriums wurde 1957 in der Hofmusikkapelle eine neue Orgel errichtet. Aus denkmalpflegerischen Gründen sollte aber die Buckow-Orgel unter allen Umständen in ihrer ganzen Anlage und Disponierung original erhalten werden. Neben einer Restaurierung nach denkmalpflegerischen Grundsätzen wurde das Werk auch auf den ursprünglichen Zustand zurückgeführt und 1979 im neuen Musikinstrumenten-Ausstellungssaal im Technischen Museum von Wien aufgestellt. Hier bot sich eine einmalige Gelegenheit, einem Instrument, das in jeder Hinsicht prädestiniert war, als Ausstellungsstück die klassische Bauweise einer Denkmalorgel zu demonstrieren, einen Ehrenplatz zu geben.

Inmitten zahlreicher alter und sehenswerter Tasteninstrumente steht nun die „Königin der Instrumente", eine klassische Orgel, aus guter Tradition hervorgegangen; sie stellt uneingeschränkt – neben der Piaristenkirchen-Orgel – ein einmaliges und zugleich hervorragendes Beispiel eines Klangdenkmals der Romantik, ein Werk des 19. Jahrhunderts dar. Das höchste Ziel Buckows, Schönheit und Verschmelzungsfähigkeit der einzelnen Stimmen zu erlangen, wurde bei der Restaurierung angestrebt und erreicht.

Dem Betrachter der Orgel im Technischen Museum präsentiert sich nun das wiedererstandene Werk in seiner Grundkonzeption aus dem Jahre 1862 und verkörpert zugleich das Klangideal und die stilistischen Vorstellungen dieser Zeit.

Die original wiederhergestellte Orgel mit der Disposition, wie sie Buckow 1861 erstellte, lautet:

Hauptmanual (C–f³)	
Geigenprinzipal	8'
Flauto fondamento	16'
Doppelflöte	8'
Viola di Gamba	8'
Principaloctav	4'
Flauto dolce	4'
Superoctav	2'
Progressio 2 bis 3fach	1¹/₃'
Obermanual	
Salicional	8'
Flute d'amour	8'
Oboe	8'
Viola	4'
Pedal (C–c')	
Violone	16'
Bourdon	16'
Violoncello	8'
Baßflöte	8'
Eine Manual-Koppel	
Eine Pedal-Koppel	

13 Die Orgel der ehemaligen Stiftskirche von Ardagger

Das 1049 gegründete Kollegiatsstift Ardagger erhielt 1063 das erste Gotteshaus. Nach Kriegswirren und Zerstörungen wurde das Stift 1784 aufgehoben und die Kirche, die sich als spätromanische dreischiffige Pfeilerbasilika aus der Mitte des 13. Jahrhunderts erhalten hatte, zur Pfarrkirche umgewandelt. Auch das Südportal und die Krypta stammen noch aus spätromanischer Zeit. Gleichsam als Gegengewicht zur Orgel ziert ein mittelalterliches Fenster mit Glasgemälden den Chorraum hinter dem Altar. Dieses zeigt in 14 Medaillons die Legende der hl. Margareta und des Propstes Heinrich, des Stifters des Klosters. In den Jahren 1230–1240 entstanden, ist dieses Glasgemälde als österreichisches Hauptwerk dieser Zeit anzusprechen.

Dem Fenster gegenüber befindet sich auf dem Musikchor eine bedeutende Orgel. Das Hauptgehäuse, Hauptwerk und Pedal beinhaltend, stammt in seiner Grundgestalt von Johann Georg Freundt aus Passau (auf einem Zettel in der Orgel „Frynd"). 1620 hatte er ein offenbar einmanualiges Werk errichtet, im wesentlichen das heutige Hauptwerk. Der ursprünglich weniger tiefe Hauptkasten zeigt dementsprechend einen frühbarocken Flachprospekt. Im Jahre 1770 erfolgte eine Erweiterung der Orgel, die der orgelbaukundige Schulmeister von Aschbach bei Amstetten, Filipp Dorninger, durchführte. Er vergrößerte die Hauptorgel und errichtete ein Rückpositiv an der Chorbrüstung. Dorninger, ein vielseitiger Mann, betätigte sich außer als Orgelbauer und Schuldirektor auch als Marktrichter. 1804 erneuerte Peter Hötzl (Hölzl) aus Garsten das Werk nach dem Neubau des Turmes. Einige kleinere störende Eingriffe sollten wieder rückgeführt werden, die Orgel selbst wirkt aber trotz der mehrfachen Bauetappen einheitlich und organisch. Die heutige Disposition zeigt deutlich Veränderungen, die offenbar auch in jüngerer Zeit, besonders 1920 durch L. Mayerhofer, vorgenommen worden sind. Eine Restaurierung wurde 1977 durch Johann Pirchner, Steinach, durchgeführt.

Heutige Disposition:

Hauptwerk
C–c^3 mit kurzer Unteroktav

Flöte	8'
Spitzflöte	4'
Principal	4'
Quint	2 2/3'
Octav	2'
Octav	1'
Mixtur 3fach	1 1/3'

Positiv
C–c^3 mit kurzer Unteroktav

Gedeckt	8'
Gedeckt	4'
Principal	2'
Mixtur 2fach	1 1/3'

Pedal
ursprünglich C–a mit kurzer Unteroktav, umgestellt auf E chromatisch–a

Bordunbaß	16'
Octavbaß	8'
Quint und Octav	5 1/3' und 4'

15 Die Orgel des ehemaligen Prämonstratenserstiftes Pernegg

Eines der bedeutendsten Bauwerke in Österreich stellt das als Prämonstratenser-Chorfrauenstift 1153 gegründete Kloster Pernegg dar. Es sollte ein Gegenstück zum Männerkloster in Geras werden. Wie dort mußten auch hier, bedingt durch die geographische Lage, zum Schutz gegen Hussiten-Angriffe umfangreiche Befestigungen vorgenommen werden, von denen Teile bis auf den heutigen Tag erhalten geblieben sind.

Ganz besonders interessant wirkt das mächtige Gotteshaus, das aus der Spätgotik stammt und in den Jahren nach 1586, als das Kloster dem Stift Geras inkorporiert wurde, eine Umgestaltung erfuhr. Die ehemalige Klosterkirche von Pernegg, heute Pfarrkirche, besitzt ein historisch bedeutendes Orgelwerk, dessen Urheber bis vor kurzer Zeit nicht bekannt war. Forschungen ergaben eine lückenlose Baugeschichte.

Die Orgel von Pernegg wurde 1654 von dem Kremser Orgelmacher Michael Prackh errichtet. 1692 erfolgte der Zubau eines Rückpositivs durch Laurentio Linken. Ignaz Florian Casparides, Orgelmacher in Znaim, führte 1736 und 1745 Reparaturen durch; aus der Zeit um 1757, als ein unbekannter Orgelbauer eine Pfeife mit „lobet Gott" beschriftete, stammen der gemalte Scheinprospekt und die Architekturmalerei mit blindem Fenster oberhalb und seitlich des Hauptkastens an der Westwand der Kirche. Johann Georg Fischer führte 1806 und 1812 Reparaturen aus und erweiterte das Rückpositiv, das ursprünglich einen 2'-Prospekt aufwies, auf einen 4'-Prospekt. Zu diesem Zeitpunkt erhielt das Rückpositiv das gegenwärtige Gehäuse. Weitere Instandsetzungsarbeiten ergaben keine allzu starken Veränderungen, wenn man von den Einbauten eines Salicionals und einer Gambe absieht.

1971 konnte die Restaurierung des Haupt- und Pedalwerkes und darüber hinaus eine Rückführung auf das Original durch Orgelbaumeister Arnulf Klebel aus Wien abgeschlossen werden.

Die beiden aus verschiedenen Bauperioden stammenden Gehäuseteile passen stilistisch kaum zueinander. Das Hauptgehäuse mit seinen Flachprospektfeldern bildet für sich allein bereits durch sein Alter eine Kostbarkeit. Es kann angenommen werden, daß das ehemalige Rückpositiv von 1692 nicht wesentlich vom Hauptgehäuse abwich; der 2'-Prospekt entsprach den Dimensionen und Proportionen des Hauptgehäuses. Die Vergrößerung des Rückpositivs durch Johann Georg Fischer durchbrach diese stilistische Einheit.

Heutige Disposition:

Hauptwerk
C–c³ mit kurzer Unteroktav

Prinzipal	8'
Koppel	8'
Oktav	4'
Flöte	4'
Quinte	$2^2/_3$'
Superoctav	2'
Mixtur 4fach	$1^1/_3$'
Zimbel 2fach	$^1/_2$'

Rückpositiv
C–c³ mit kurzer Unteroktav

Hohlflöte	8'
Prinzipal	4'
Flöte	4'
Oktave	2'
Quinte	$1^1/_3$'
Oktave	1'

Pedal
C–c³ mit kurzer Unteroktav

Subbaß	16'
Oktavbaß	8'
Praestant	4'

16 Die Orgel im Dom zu St. Pölten

Disposition der Metzler-Orgel:

Hauptwerk (1. Manual C–f³)

Quintade	16'
Principal	8'
Hohlflöte	8'
Octave	4'
Rohrflöte	4'
Quint	3'
Octave	2'
Gemshorn	2'
Mixtur IV	1 1/3'
Cimbel III	1'
Dulcian	8'

Positiv (2. Manual C–f³)

Holzgedackt	8'
Gedacktflöte	4'
Principal	2'
Larigot	1 1/3'
Sesquialtera II abf°	
Octave	1'

Schwellwerk (3. Manual C–f³)

Bourdon	16'
Viola	8'
Gedackt	8'
Octave	4'
Spitzflöte	4'
Nasard	2 2/3'
Doublette	2'
Terz	1 3/5'
Mixtur IV	2'
Trompete	8'
Vox humana	8'
Tremulant	

Pedal (C–f¹)

Principal	16'
Subbaß	16'
Octave	8'
Octave	4'
Mixtur IV	2'
Posaune	16'
Trompete	8'
Trompete	4'

Koppeln:
HW + Pos, HW + SW
P + HW, P + SW

Im Gegensatz zur Geschichte der Zwettler Orgel ist die der Domorgel zu St. Pölten weniger auf Grund schriftlicher Unterlagen als vielmehr durch sitlkritischen Vergleich zu verfolgen. Danach ist als Erbauer des Instruments ebenso wie in Zwettl Johann Ignaz Egedacher anzusprechen. Typisch für Egedacher ist seine auch für andere berühmte Orgelbauer seiner Zeit (etwa Johann Hencke) richtungweisende Bauart, die Manualwerke in einem einzigen Gehäuse zu vereinigen, welches er an den sonst dem Rückpositiv zugewiesenen Platz in die Emporenbrüstung stellte. An der Rückwand der Empore befand sich bei Egedacher, auf zwei mächtige Flügel aufgeteilt, das Pedalwerk. Die St. Pöltener Domorgel dürfte von etwas geringerem Umfang gewesen sein als die der Stiftskirche Zwettl (20 Stimmen auf zwei Manuale und Pedal verteilt). Aus den Entwürfen für das Gehäuse der Zwettler Orgel geht hervor, daß Egedacher ursprünglich dieses Instrument mit einem Kronwerk versehen wollte, das aber nie ausgeführt wurde. Die Orgel des St. Pöltener Domes hingegen weist in ihrem Gehäuse ein Kronpositiv auf, wobei allerdings nicht sicher ist, ob es jemals als klingendes Kronwerk ausgebaut worden ist; die große Entfernung vom Spielschrank hätte jedenfalls eine sehr komplizierte Traktur erfordert.
Über das ursprüngliche Instrument ist leider nichts mehr zu ermitteln, da im Jahre 1903/04 das alte Werk vollständig entfernt und nicht einmal die Disposition festgehalten wurde. Dem Neubau der Orgel folgte 1938 ein weiterer Um- und Ausbau, der 1949 durch eine neuerliche Renovierung und Erweiterung auf 72 Register fortgesetzt wurde.
Ein stilgerechter Neubau von der Orgelbaufirma Metzler u. Söhne, Dietikon/Schweiz, in das originale, aus dem Jahre 1722 stammende Gehäuse wurde 1973 abgeschlossen. Die einheimischen Künstler, der Bildhauer Peter Widerin und der Kunsttischler Hippolyt Nallenburg, die die Schöpfer des prachtvollen Chorgestühls, der hochbarock bewegten Kanzel, der Kirchenbänke, der Beichtstühle und des kostbaren Orgelgehäuses sind, haben sich mit der einheitlichen plastischen Ausgestaltung des Prandtauer-Domes, der durch bedeutende Fresken Daniel Grans und seiner Werkstatt weitere wertvolle Zeugnisse österreichischer Barockkunst beherbergt, ein ruhmreiches Denkmal gesetzt.

17 Die Orgel der Pfarrkirche in Scheibbs

Die Dispostion des 21 bzw. 23stimmigen, 1874 stark erneuerten Instruments lautet:

Hauptwerk	
Principal	8'
Bourdon	8'
Dolce	8'
Octave	4'
Rohrflöte	4'
Quinte	$2^2/_3$'
Octave	2'
Mixtur	2'
Trompete	8'

Positiv	
Gedeckt	8'
Flöte	8'
Salicional	8'
Principal	4'
Spitzflöte	4'
Nachthorn	2'
Mixtur	$1^1/_3$'
Vox coelestis (1946)	8'
Krummhorn	8'

Pedal	
Principalbaß	16'
Subbaß	16'
Octavbaß	8'
Choralbaß	4'
Posaune	16'

Die Stadtpfarrkirche in Scheibbs ist eine der stattlichsten Kirchen Niederösterreichs. Ihre Grundkonzeption stammt noch aus der Romanik, der mächtige Um- und Ausbau erfolgte im späten 15. Jahrhundert, gleichzeitig mit dem großen wirtschaftlichen Aufschwung des Ortes, der immer in engem Kontakt mit den Kartäusern aus Gaming stand. Die großzügige gotische dreischiffige Säulenhalle der Kirche, die von einem phantasiereichen Netzgewölbe überdacht wird, ist ein Musterbeispiel für feinfühlige Einfügung eines barocken Ausstattungsensembles in einen spätgotischen Raum. Die hohen, schlanken gotischen Säulen erhielten vergoldete Barockkapitelle, seitlich angebaute Kapellen – die heutige Marienkapelle stammt von dem bedeutenden Barockbaumeister Munggenast – waren der Beginn der barocken Ausgestaltung. Der prachtvolle, vielfigurige Hochaltar aus dem Jahre 1704, der in den seitlichen Oratorien seine architektonische Fortsetzung findet, vier Barockaltäre in den Seitenkapellen und die originelle Kanzel sind weitere optische Schwerpunkte des Kircheninnern. Auf der spätgotischen Orgelempore, die ebenfalls barockisiert worden war, erhebt sich als barockes Prunkstück der Prospekt der Orgel.

Bereits im Jahre 1598 wird eine Orgel in der Pfarrkirche Scheibbs urkundlich erwähnt. Sie dürfte zu dieser Zeit schon sehr alt gewesen sein, da die Reparatur von 1598/99 auf Grund von Altersschäden durchgeführt werden mußte.

Die heute in Scheibbs befindliche Orgel stammt aus der Minoritenkirche in Stein. Der k. k. Hoforgelmachersadjunct Johann Moyse hatte das Instrument im Jahre 1724 für Stein geschaffen. Im Zuge der josephinischen Klosteraufhebungen, von denen sowohl die Kartause Gaming als auch das Minoritenkloster in Stein betroffen waren, wurde die Orgel im Jahre 1796 aus Stein in die Pfarrkirche von Scheibbs gebracht. Dort stellte sie der Kremser Orgelmacher Ignaz Gatto auf; der Maler und Bildhauer Karl Stilpp aus Scheibbs führte die Wiederherstellung und Ausschmückung des Orgelgehäuses durch, das die Formendynamik barocker Innenausstattung in idealer Weise verkörpert.

18 Die Orgel der Pfarrkirche St. Stephan in Eggenburg

Eine mächtige gotische Kirche beherrscht das Bild der einstmals stark befestigten Stadt Eggenburg. Die Türme der dreischiffigen Hallenkirche stammen noch vom romanischen Bau, dessen Beginn mit dem Gründungsjahr der Pfarre, 1135, zusammenfällt. Der gotische Bau konnte erst 1537 fertiggestellt werden, weil die Besetzung Eggenburgs durch die Truppen Matthias Corvinus' die Bautätigkeit erschwerte.
Beim Eintritt in das Gotteshaus erkennt man sofort dessen stilistischen Zusammenhang mit der Dombauhütte zu Wien, so frappant ähnelt der Bau in seiner Gesamtanlage und in Details, wie Säulen- und Gewölbekonzeption, dem Wiener Stephansdom.
Aus dem Jahre 1642 ist die erste Nachricht über die Ausbesserung einer Orgel erhalten, weitere Reparaturen erfolgten 1709 durch Matthias Träxler, 1726 durch Johann Kaspar Weigl = Waitzel und 1741 durch Ignaz Gatto (alle aus Krems).
1757 baute Veit Wurzer, bürgerlicher Orgelmacher in Wien, die Orgel um. Bis zu diesem Zeitpunkt befand sich das Instrument in einem Gehäuseblock auf der Chorbrüstung. Wie die Fugstellen heute noch erkennen lassen, trennte Wurzer das Hauptwerk vom Positivteil und versetzte es nach hinten. Außerdem wurden an dem ursprünglichen Hauptwerksgehäuse die barocken Seitenfelder angebaut und mit einem stummen Pfeifenprospekt ausgestattet. Wurzer verkürzte die alte Hauptwerkslade, auf der sich auch das Pedal befunden hatte, und fertigte für drei Pedalregister eine neue Windlade an. 1768 wurde das umgebaute Gehäuse von Carl Wallenberger bemalt und vergoldet. 1878 veränderte Franz Strommer das Werk um 200 Gulden und erneuerte dabei auch den Spielschrank. 1945 wurde das Instrument durch die Kriegswirren derart beschädigt, daß an eine Wiederherstellung nicht mehr gedacht werden konnte. Nach Abtragung der spärlichen Reste des alten Werkes im Jahre 1962 bfindet sich seit 1964 eine Schleifladenorgel mit mechanischer Spiel- und mechanischer Registertraktur der Firma Arnulf Klebel im restaurierten alten Gehäuse. Die bisher stummen Seitenflügel wurden zu einem Werkgehäuse ausgebaut und mit klingenden Prospektpfeifen versehen.

Disposition der neuen Orgel:

Hauptwerk	
Prinzipal	8'
Gemshorn	8'
Oktav	4'
Rohrflöte	4'
Nasat	$2^2/_3$'
Oktav	2'
Mixtur 4fach	
Zimbel 2fach	
Rückpositiv	
Koppel	8'
Gedacktflöte	4'
Prinzipal	2'
Terz	$1^3/_5$'
Quint	$1^1/_3$'
Scharff 3fach	
Pedal	
Subbaß	16'
Oktavbaß	8'
Rohrgedackt	8'
Superoctav	4'
Hintersatz 4fach	
Fagott	16'
Koppeln: II/I, I/P, II/P	

19 Die Orgel der Pfarrkirche zur Hl. Dreifaltigkeit in Bruck an der Leitha

An Stelle einer romanischen Pfarrkirche, die außerhalb der Stadt gelegen war, wurde in den Jahren 1696 bis 1702 das Gotteshaus auf dem jetzigen Hauptplatz von Bruck an der Leitha errichtet. Die prächtige, dem Jesuitenstil verpflichtete Kirche ist das Werk einheimischer Künstler und Handwerker. Der Turm, der in den Kirchenneubau einbezogen wurde, hatte lange Zeit vor seiner Barockisierung als Wachtturm gedient.

Kurz nach Vollendung des Kirchenbaus, am 13. Juni 1710, wurde auch eine Orgel fertiggestellt, die 700 Gulden und fünf Eimer guten alten Weines gekostet hat. Als Erbauer wird im Gedenkbuch Jakob Sippus, Orgelbauer in Wien, genannt. Ob diese Angabe des Chronisten verläßlich ist, kann nicht überprüft werden, da bisher über Meister Sippus und seine Tätigkeit keinerlei Archivalien nachweisbar sind. Die Orgel war einmanualig konzipiert und ist im wesentlichen als das heutige Werk im gleichfalls originalen Hauptgehäuse erhalten. Bald aber erwies sich die Sippus-Orgel als zu klein, und Johann Hencke wurde mit ihrer Vergrößerung betraut. Er erweiterte die bestehende Orgel um ein fünfstimmiges Positiv und erhielt für diese Arbeit 200 Gulden, einen halben Zentner Zinn und einen Eimer Wein. Am 11. März 1741 war der Auftrag ausgeführt.

Ganz deutlich erkennt man am Gehäuseprospekt die beiden Bauetappen der Orgel. Der Sippus-Prospekt zeigt noch die Formensprache des ausgehenden 17. Jahrhunderts, das Positiv an der Chorbrüstung hingegen die typische Flächengestaltung Henckes.

Nachdem Josef Bibl aus Wien das Instrument jahrelang gepflegt hatte, wurde 1858 Alois Hörbiger aus Atzgersdorf bei Wien für eine umfassende Orgelreparatur herangezogen. Er erneuerte den Spieltisch, baute in das Hauptwerk eine Viola 8' ein und versetzte das Hauptgehäuse nach hinten, um mehr Platz für Chor und Instrumentalisten zu schaffen. 1919 erneuerte Josef Ullmann sowohl die Prospektpfeifen als auch die Viola, und in diesem Zustand blieb uns die Orgel erhalten. Noch heute kann man die wuchtigen, derben Registerknöpfe von Hörbigers Spieltisch sehen, in dem der Manualumfang durch Kopplung auf 49 Töne erweitert ist. Besonderen Wert verleiht dem Instrument sein gut erhaltenes Brüstungspositiv von Johann Hencke. 1975 wurde das Instrument von Philipp Eppel einer Renovierung unterzogen. Dabei wurde ein neuer Spieltisch angefertigt und der Manualumfang auf 56 Töne, der Pedalumfang auf 30 Töne erweitert. Nebenstehend ist die heutige Disposition angegeben.

Hauptwerk
(auf 56 Töne erweitert)

Principal (1919)	8'
Waldflöte	8'
Quintatön	8'
Quint	$1\frac{1}{3}$'
Salicional (1892)	8'
Octav	4'
Spitzflöte	4'
Quint	3'
Superoctav	2'
Mixtur 4fach	2'

Positiv

Copula	8'
Principal	4'
Flöte	4'
Octav	2'
Zimbel 2fach	1'

Pedal
(auf 30 Töne erweitert)

Subbaß	16'
Bordunbaß	16'
Violonbaß	8'
Quintbaß	6'

20 Die Orgel des ehemaligen Augustiner Chorherrenstiftes Dürnstein

Am Fuße der Burganlage einer Kuenringer-Burg entstand bereits in der Mitte des 12. Jahrhunderts bei einer Mautstelle der Ort Dürnstein. Bald wurde neben einem Klarissinnenkloster eine weltliche Propstei errichtet, aus der 1410 das Augustiner Chorherrenstift hervorging. Die bedeutendste Periode in der Geschichte dieses Stiftes stellt die Zeit von 1710–1740 dar, in der Kirche und Stift die heutige barocke Gestalt erhielten. Jakob Prandtauer, Josef Munggenast und Matthias Steinl schufen auf dem beengten Raum des linken Donauufers eines der eindrucksvollsten und bekanntesten Bauwerke österreichischer Barockkunst.

Als Propst Hieronymus Übelbacher um 1715 daranging, dem Stiftsbau die heutige Gestalt zu geben, wurde gleichzeitig auch der Neubau einer Orgel in Angriff genommen. Nach Fertigstellung von Unterkirche und Gruft wurde daher 1719 Johann Christoph Pantzner, Orgelmacher in Wien, mit dem Bau einer neuen Orgel und der Reparatur eines Werkes in der Krypta beauftragt. Das neue Werk dürfte nicht allzu groß, wahrscheinlich einmanualig, angelegt gewesen sein, da es 1720, anläßlich einer Erneuerung des Kirchengebäudes, für die provisorische Gestaltung des Gottesdienstes in der Vorsakristei aufgestellt wurde. Dort erfolgte auch 1721 eine Reparatur des Werkes durch den Orgelmacher Johann Caspar Waitzel aus Krems.

Nach Vollendung des Kirchenneubaus übertrug 1723 dieser Kremser Orgelbauer das Pantzner-Werk wieder auf den neuen Musikchor. Da es für den neuen Kirchenraum zu wenig Klangvolumen hatte, nahm man Verbindung mit dem Passauer Orgelmacher Leonhardt Freundt auf. Er sollte ein achtregistriges Werk um etwa 500 Gulden bauen. Zu einem Vertragsabschluß mit Freundt kam es jedoch nicht, dagegen wurde 1724 Johann Christoph Pantzner beauftragt, die bestehende Orgel zu vergrößern. Er erneuerte und erweiterte das Werk an Ort und Stelle unter Mitarbeit der Klostertischler und fertigte ein neues Gehäuse an. Wegen der geringen Höhe der Musikempore mußte er dabei eine sehr gedrungene Bauweise anwenden, um das Orgelwerk unterzubringen. Die Bildhauerarbeiten, unter anderem eine Reihe von Figuren, schuf Johann Schmid.

Das Werk ist fast unverändert erhalten geblieben, noch heute bestehen die Registerzüge aus umlegbaren Metallgriffen. Die Disposition siehe nebenstehend.

Hauptwerk
C–c^3 mit kurzer Unteroktav

Waldflöte	8'
Flöte	8'
Prinzipal	4'
Spitzflöte	4'
Quint	2 2/3'
Oktave	2'
Mixtur	

Positiv
C–c^3 mit kurzer Unteroktav

Gedackt	8'
Flöte	4'
Dulciana	4'
Prinzipal	2'
Mixtur	

Pedal
C–a mit kurzer Unteroktav

Subbaß	16'
Oktavbaß	8'
Quint	5 1/3'
Oktavbaß	4'

21 Die Orgel des Prämonstratenser Chorherrenstiftes Geras

Disposition von 1922

Hauptwerk	
$C–c^3$	
Principal	8'
Copula	8'
Salicional	8'
Octav	4'
Dulcian(a)	4'
Quint	3'
Superoctav	2'
Mixtur 4fach	
Positiv	
$C–c^3$	
Coppel	8'
Principal	4'
Flöte	4'
Fugara	4'
Octav	2'
Mixtur 2fach	
Pedal	
C–a	
Subbaß	16'
Octavbaß	8'
Principalbaß	8'
Octav	4'
Cornett 2fach	

Heutige Disposition:

Hauptwerk	
Prinzipal	8'
Bordun	8'
Flautamabile	8'
Salicional	8'
Oktav	4'
Dulcian	4'
Superoctav	2'
Superoctav	2'
Mixtur 3fach	
Positiv	
Gedeckt	8'
Prinzipal	4'
Dolce	4'
Quint	$2^2/_3$'
Oktav	2'
Mixtur 2fach	
Pedal	
Subbaß	16'
Oktavbaß	8'
Quintbaß	$5^1/_3$'
Sopran	4'
Cornett 2fach	

Im Norden Niederösterreichs, unweit der böhmischen Grenze, errichteten um 1150 Prämonstratenser Chorherren aus Selau in Böhmen ein Stift; zur gleichen Zeit gründeten sie ein Frauenstift in Pernegg. Die einstmals stark befestigte Stifts- und Stadtanlage war durch die Grenznähe immer wieder Schauplatz kriegerischer Auseinandersetzungen. Nach ihrer Zerstörung während des Dreißigjährigen Krieges durch Mansfeldische Truppen wurde die Erneuerung von Kirche und Kloster in Angriff genommen. So entstand in der zweiten Hälfte des 17. Jahrhunderts eine barocke dreischiffige Basilika über den romanischen Grundformen. Das Stiftsgebäude erfuhr durch Josef Munggenast 1736 bis 1740 eine Neugestaltung. 1730 geriet die Kirche in Brand, und die meisten Einrichtungsgegenstände früherer Epochen wurden vernichtet. Im Zuge der darauf folgenden Umgestaltung des Kircheninneren wurde die prächtige Orgel auf der geschwungenen, auf zwei Säulen ruhenden Orgelempore bereits 1731 fertiggestellt. Der Name des Erbauers ist nicht bekannt. Den Neuerungen der Barockzeit waren die Klöster im Wald- und Weinviertel stets aufgeschlossen, und so setzte in der zweiten Hälfte des 18. Jahrhunderts im ganzen Gebiet eine rege Orgelbautätigkeit ein, die bedeutende Ergebnisse zeitigte.

Franz Ullmann aus Wien baute im Jahre 1842 das Instrument um. Dabei blieben im wesentlichen das Pfeifenwerk sowie die Windlade des Positivs erhalten, Gebläse, Spieltisch und Mechanik sowie die Windlade des Hauptwerkes und Pedals wurden neu angefertigt. Durch die Erneuerung der Windladen konnte der Manualumfang auf 49 Töne erweitert werden. In dieser Form verblieb die Orgel, von etlichen Reparaturen abgesehen, bis 1922. Vor dem grundlegenden Umbau, der in diesem Jahre erfolgte, wurde die Disposition des Werkes – offenbar seit 1731 nur wenig verändert – aufgezeichnet.

Beim Umbau des Jahres 1922 veränderten W. Brieger und E. Heinrich, Orgelbauer in Klosterneuburg, das Pfeifenwerk. Einzelne Register wurden umgestellt, alle Pfeifen um zwei Halbtonschritte verschoben, Stimmschlitze und Kernstiche angebracht und somit ein wesentlicher Eingriff vorgenommen.

Durch diese Manipulationen wurde der Klang des Instruments maßgeblich beeinträchtigt. Es entstand damals die noch heute vorhandene Disposition.

22 Die Orgel des Benediktinerstiftes Melk

Seit dem Ende des 10. Jahrhunderts befindet sich auf dem Felsplateau von Melk, das schon ein römischer Wachtturm bekrönt hatte, eine geistliche Stiftung. Bereits 1089 zogen dort Benediktiner aus Lambach ein und machten das Kloster, das im 14. Jahrhundert als Festung ausgebaut worden war, durch die Melker Benediktinerreform zu einem Zentrum geistlicher Erneuerung. Nach den großzügigen Plänen von Jakob Prandtauer entstand 1702–1736 mit der generösen Unterstützung durch Abt Berthold Dietmayer die imposante Anlage des Melker Stiftes und seiner Kirche, wie sie heute noch das Donautal am Eingang zur Wachau beherrscht. Nach dem Tod Prandtauers und einem verheerenden Brand im Jahre 1738 wurde der gesamte Komplex von Joseph Munggenast vollendet.

Die neue Kirche sollte nun auch eine entsprechend repräsentative Orgel bekommen. Dem jungen Abt Dietmayer war aus Wien und durch Kontakte mit Johann Joseph Fux der ebenfalls relativ junge Orgelbaumeister Gottfried Sonnholz bekannt, der für die Hofpfarrkirche St. Augustin ein kleines Werk geschaffen hatte und mit der Erneuerung der Römer-Orgel im Wiener Stephansdom beauftragt worden war. Nach dem Bau eines „Probestückes", der Orgel in der Melker Pfarrkirche, wurde mit Sonnholz 1731, nach dem Muster eines Vertrages von Lothar Franz Walter für das Schottenstift (1712), ein glücklicherweise erhaltener „Contract" geschlossen. Demnach mußte Sonnholz folgendes Werk errichten: „Nemblichen in das große Werckh" (siehe nebenstehend).

6350 Gulden kostete diese 1732 vollendete Orgel. Leider blieb, wie von den meisten Sonnholz-Orgeln, außer dem Gehäuse nichts erhalten. 1834 erweiterte Johann Georg Fischer das Werk auf drei Manuale und 38 Stimmen; dabei wurde das dritte Manual als Unterwerk eingebaut. 1897 erfolgten neuerliche Veränderungen durch Max Jakob aus Ybbs. Der trotz der Umbauten schöne Klang der Orgel, der Silberglanz des vollen Werkes sowie die kraftvollen und trotzdem milden Mixturen wurden vielfach gerühmt.

1929 wurde das mechanische Werk abgetragen und durch Josef Panhuber völlig umgebaut. 43 Stimmen beinhaltete nun die Orgel mit pneumatischer Traktur, an der später noch weitere Veränderungen durch Hradetzky und Blauensteiner vorgenommen wurden.

1970 errichtete Gregor Hradetzky ein neues mechanisches Werk mit 45 Stimmen, verteilt auf drei Manuale und Pedal. So zeugt nur noch das Gehäuse von der Kunst Gottfried Sonnholz'.

„Nemblichen in das große Werckh":

1. Ein Principal 8 fueß von gueten Zin in das Gesicht
2. Ein Octav 4 fueß ebenfahls von gueten Zin
3. Ein Quint 3 fueß von Zin
4. Eine Octava 2 fueß von Zin
5. Eine Mixtur 8fach von Zin
6. Ein Zimbl 3fach von Zin 1/2
7. Ein Salicenal 8 fueß von gueten Zin
8. Eine fugara oder Dulciana 4 fueß von Zin
9. Eine Sesquialtera 3fach, 1 fueß von Zin
10. Ein Nachthorn 4 fueß von Zin, gedeckht
11. Ein starckhe Copel 8 fueß von Zin gedeckht
12. Ein Angelica oder Piffera 8 fueß thon von Zin

In das Positiv

1. Ein Principal 4 fueß von gueten Zin in das Gesicht
2. Ein Octav 2 fueß von Zin
3. Eine Quinta 1 1/2 fueß von Zin
4. Eine Mixtur 6fach von Zin
5. Eine Copel 8 fueß thon von gueten Holz
6. Eine flöten 4 fueß thon ebenfahls von gueten Holz
7. Ein Fagott 8 fueß, Alwo das Corpus von gueten Zin, das Mundstuckh aber von feinen Messing

In das Pedal

1. Ein großer Principal 16 fueß von gueten Zin
2. Ein großer Suppass 16 fueß offen von Holz
3. Ein Suppaß 16 fueß gedeckht von Holz
4. Ein Octava 8 fueß offen von Holz
5. Eine Plockfleten 8 fueß von Zin
6. Eine Quintasexta 6 fueß von Zin
7. Eine Octava 4 fueß von Zin
8. Eine starckhe Mixtur 10fach von Zin
9. Eine Cornet 4fach von Zin

23 Die Orgel der Wallfahrtskirche Maria Schutz

Weithin sichtbar, am Fuße des Sonnwendsteins gelegen, ist die barocke Wallfahrtskirche Maria Schutz mit ihren charakteristischen Fassadentürmen eine besondere Sehenswürdigkeit des Semmeringgebietes. Das 1738 geweihte Gotteshaus umschließt eine wundertätige Quelle.
Reichverzierte, farbenprächtige Altäre schmücken das Innere der Kirche. Der im Jahre 1740 vollendete Hochaltar ist etwas in den Kirchenraum gerückt; die an seiner Rückwand gefaßte heilkräftige Quelle ist vom Kirchenraum aus frei zugänglich.
Ein Gegenstück zur barocken Pracht des Hochaltars stellt das historische Orgelgehäuse dar. Auf den ersten Blick läßt die Gestaltung und Feldverteilung des Gehäuses bereits eine Zuschreibung an Johann Hencke zu: Aufbau und Zusammenstellung der Felder entsprechen der Hencke-Anordnung (vgl. Herzogenburg, Mariahilferkirche-Wien). Bis vor einigen Jahren konnte für die stilistisch begründete Zuschreibung an Hencke jedoch kein archivalischer Beleg gefunden werden. Genauere Untersuchungen des Instruments zeitigten erst vor einigen Jahren einen wichtigen Fund auf der Innenwand des evangelienseitigen Hauptgehäuses, durch den die Urheberschaft Henckes nunmehr eindeutig belegt ist. Eine Inschrift vermerkt folgendes: „Erbaut Johan Hencke / ano 1741 / wohnhaft in Wien / gebürdig aus Westgfallen".
Hencke komponierte das kunstvolle und reichgeschmückte Gehäuse äußerst feinfühlig in das Gesamtbild des Raumes.
Bei einem Brand im Jahre 1826 wurde auch die Orgel schwer beschädigt; nach Reparatur des Rückpositivs 1828 und einer weiteren Instandsetzung des Haupt- und Pedalwerkes im Jahre 1838 konnte die Orgel provisorisch wieder gespielt werden. Beim Neubau des Instruments 1899 wurde dann auch das Gehäuse wesentlich abgeändert, das Brüstungspositiv stillgelegt, ein zweites Manualwerk im Untergehäuse des Pedals aufgestellt und die Balganlage vor das Nordfenster postiert. Die pneumatische Taschenlade des Werkes von Albert Mauracher aus Salzburg-Mülln versagte 1970 vollständig ihren Dienst, und man ging an die Planung einer neuen Orgel. 1972 baute die Firma Walcker-Mayer aus Guntramsdorf eine neue, 24stimmige Schleifladenorgel mit mechanischer Spiel- und Registertraktur in das stilgerecht restaurierte, auf das Original rückgeführte Hencke-Gehäuse ein.

Heutige Disposition:

Hauptwerk	
Pommer	16'
Prinzipal	8'
Gedackt	8'
Oktav	4'
Spitzflöte	4'
Quinte	2²/₃'
Superoktav	2'
Mixtur 5fach	1¹/₃'
Scharff 4fach	²/₃'
Trompete	8'
Brüstungspositiv	
Rohrflöte	8'
Prinzipal	4'
Gedacktflöte	4'
Blockflöte	2'
Sesquialter 2fach	
Quinte	1¹/₃'
Zimbel 3fach	¹/₂'
Krummhorn	8'
Pedal	
Subbaß	16'
Oktavbaß	8'
Rohrgedackt	8'
Gemshorn	4'
Rohrpfeife	2'
Fagott	16'

24 Die Orgel in der Wallfahrtskirche Maria Kirchbüchl bei Rothengrub (Willendorf)

Einer der berühmtesten Orgelbauer Wiens, Johann Hencke, erbaute etwa gleichzeitig mit seiner großen Herzogenburger Orgel das 15registrige Werk in der Wallfahrtskirche Maria Kirchbüchl, das 1750 vollendet wurde.

Die Wallfahrtskirche wird bereits 1443 erwähnt und 1486 von Kaiser Friedrich III. den Georgsrittern von Wiener Neustadt übertragen. Nach einer kurzen Verwaltung durch die Jesuiten kam die Kirche unter die Obhut der Zisterzienser des Neuklosters in Wiener Neustadt und gehört heute noch zum Stift Heiligenkreuz. Seit der Mitte des 17. Jahrhunderts, als die Pest Niederösterreich heimsuchte, erlangte Kirchbüchl seinen Ruf als Wallfahrtsort, und die Kirche wurde als Ausdruck seiner wachsenden Bedeutung in der zweiten Hälfte des 18. Jahrhunderts barockisiert. Überdies wurde das Gotteshaus 1783 zur Pfarrkirche erhoben, nachdem die frühere Pfarrkirche St. Thomas in Rothengrub säkularisiert und zum Pfarrhof von Maria Kirchbüchl umgestaltet worden war.

Die wertvolle Orgel, deren Rokokogehäuse eine wesentliche Bereicherung des hochbarocken Kirchenraumes darstellt, erinnert mit ihrer grüngoldenen Fassung schon rein äußerlich an die Herzogenburger Orgel. Sie ist wahrscheinlich die letzte original erhaltene Orgel von Johann Hencke. Das Gehäuse gliedert sich in fünf Felder, deren beide äußere den Pedalprospekt bilden; der dreifeldrige 2-Fuß-Prospekt des Positivs ist in die Emporenbrüstung eingebaut. Der eichene Spieltisch ist freistehend mit Blickrichtung zum Altar postiert; Spieltisch, Windladen und Pfeifenwerk sind (bis auf äußerst geringfügige Veränderungen anläßlich einer Renovierung von 1880) original erhalten. Die Disposition dieses Instruments, das sich durch einen besonders vornehmen und schönen Klang auszeichnet, siehe nebenstehend.

Hauptwerk
C–c³ mit kurzer Unteroktav

Salicional	8'
Bordon	8'
Quintatön	8'
Octav	4'
Spitzflöte	4'
Quint	2²/₃'
Octav	2'
Mixtur 4fach	1'

Brüstungspositiv
C–c³ mit kurzer Unteroktav

Gedeckt	8'
Flöte	4'
Principal	2'
Octav	1'

Pedal
C–a mit kurzer Unteroktav

Subbaß	16'
Principal	8'
Quint	5¹/₃'

25 Die Orgel des Augustiner Chorherrenstiftes Herzogenburg

Disposition der Hencke-Orgel:

Hauptwerk	
Prestant in Frontispicium	16'
Octav ins gsicht	8'
Octav	4'
Quint	3'
Super Octav	2'
Mixtur Major 8fach	
Mixtur Minor 5fach	
Rausch Quint 3fach	
Nacht Horn	4'
Spitz Fleten	4'
Quinta dena	8'
Waldt Fleten	8'
Principal Fleten	8'
Das Positiv	
Principal ins Gesicht	8'
Salicional	8'
Gamba	8'
Dulciana	4'
Copel	8'
Octav	4'
Quinta	3'
Fleten gedeckt	4'
Octav	2'
Cimbl 2fach	1/2'
Krum Horn	8'
Mixtur 5fach	
Kleines Positiv	
Principal	2'
Quinta	1 1/2'
Fleten von Holz	4'
Copel von Holz	8'
Sedecima	1'
Das Baß Pedal	
Principal ins Gesicht von Zünn	16'
Octav von Zün	8'
Quinta 6: ta von Zün	
Mixtur 10fach	4'
Gross Posaunen von Zünn	16'
Octav Posaun von Zünn	8'
Octav Paß von Holz	8'
Quinta Dena von Holz	16'
Contra Baß von Holz	16'

Die im Jahre 865 errichtete „Herzogsburg" der beiden Herzöge Karlmanns, Wilhelm II. und Engelschalk I., gab dem Ort Herzogenburg seinen Namen und damit auch dem 1244 dort errichteten Stift, das ursprünglich, als Passauer Gründung, seit dem Jahre 1112 im Mündungsgebiet der Traisen gelegen war. Nach vielen Wirren durch Krieg, Brand und Plünderung, Pest, Glaubensverfall sowie nach wirtschaftlichen Schwierigkeiten erlebte das Kloster im 17. Jahrhundert wieder einen geistigen und wirtschaftlichen Aufschwung, der die Position des Stiftes so festigte, daß es 1683 sogar erfolgreich gegen türkische Angreifer verteidigt werden konnte. Mit dem barocken Neubau des Stiftes nach den Plänen Jakob Prandtauers wurde 1714 begonnen, Josef Munggenast leitete nach Prandtauers Tod den weiteren Ausbau der Klosteranlage.

Bei einem Kirchenbrand im Jahre 1512 wurde auch eine Orgel vernichtet; nach weiteren Berichten überholte Jonas Faber aus Waidhofen an der Thaya 1600 das damals bestehende Orgelwerk. 1721 schließlich stellte Lothar Franz Walter aus Wien nach nahezu elfjähriger Arbeit eine 18stimmige Orgel fertig, die 1735 von Johann Hencke ausgebessert wurde.

Für die 1743 von Franz Munggenast errichtete neue Kirche war ein Orgelneubau notwendig, und so schloß das Stift am 11. März 1749 mit Johann Hencke aus Wien einen Kontrakt für eine neue Orgel um 5000 Gulden. Mit 39 Stimmen, verteilt auf drei Manuale und Pedal, sollte diese Orgel eine der größten und bedeutendsten Österreichs aus der ersten Hälfte des 18. Jahrhunderts werden. Die erhaltene Disposition läßt eine Eigenheit Henckes erkennen, nämlich im Brüstungspositiv zwei Werke, ein Groß- und ein Kleinpositiv unterzubringen. (Die gleiche Anordnung wies die nicht erhaltene Hencke-Orgel in Maria Taferl auf.)

1752 war das Werk vollendet, aber erst 1780 wurde das Gehäuse gefaßt, dessen herrliche, dem Gesamtkonzept des Kirchenraumes harmonisch angepaßte Schauseite von besonderer Schönheit ist. Bis 1894 blieb die Orgel unverändert. Leopold Breinbauer erneuerte in diesem Jahr die Traktur und beeinträchtigte durch Austausch und Umbenennung der Register beziehungsweise durch Veränderungen an den Mixturen das solide Werk.

Nach der Erneuerung von Hauptwerk und Pedal durch die Firma Gregor Hradetzky 1964 ist die originale Klangsubstanz in den beiden Werken des Brüstungspositivs noch im Zustand der Breinbauerschen Renovierung von 1894 erhalten geblieben.

26 Die Orgel der Wallfahrtskirche in Maria Taferl

1. Manual
11 (12) Stimmen:

Prinzipal	8'
Waldflöte	8'
Quintadena	8'
Salizional	8'
Oktave	4'
Spitzflöte	4'
Quint maior	$2^{2}/_{3}$'
Oktave	2'
Quint minor	$1^{1}/_{2}$'
Mixtur 5fach	
Zimbel 3fach	
vorgesehene Gambe	8'

2. Manual
6 Stimmen:

Koppel	8'
Prinzipal	4'
Flöte	4'
Oktave	2'
Quint	$1^{1}/_{3}$'
Mixtur 3fach	

3. Manual
4 Stimmen:

Koppel	8'
Flöte	4'
Oktave	2'
Sedez	1'

Pedal
6 Stimmen:

Subbaß	16'
Quintadena	16'
Prinzipal	8'
Oktavbaß	8'
Quint	$5^{1}/_{3}$'
Mixtur 4fach	

Ein einheitliches Bild barocken Kirchenbaus bietet die Wallfahrtskirche Maria Taferl, die sich auf einer Berghöhe am linken Donauufer schräg gegenüber von Melk weithin sichtbar erhebt. Der stattliche barocke Bau wurde innerhalb von 50 Jahren (1660–1710) von verschiedenen Baumeistern geplant und errichtet und durch den Kuppelbau Jakob Prandtauers gekrönt; zwei Türme rahmen die vornehm gegliederte Südfassade. Ebenso harmonisch wie das Äußere ist auch das Innere der Kirche angelegt und ausgestattet. Reiche Deckenmalereien und Stukkaturen, die prächtige Kanzel, nach dem Vorbild im Passauer Dom von Matthias Tempe und Peter Widerin in den zwanziger Jahren des 18. Jahrhunderts in Wien erbaut, und der figurenreiche, in großartiger Architektonik den ganzen Chorraum abschließende Hochaltar von Josef Matthias Götz (1736), Seitenaltäre mit Bildern berühmter barocker Meister, darunter auch des Kremser Schmidt, bilden eine stilistische Einheit, wie sie nicht häufig zu finden ist.

In dieses Interieur fügt sich ideal das Gehäuse der 1760 vollendeten Orgel von Johann Hencke ein. Es gehört zu jenen graziösen Rokokogehäusen, die für das zweite Drittel des 18. Jahrhunderts typisch sind. Leider wurde die originale Grün-Gold-Fassung anläßlich einer Restaurierung im Jahre 1910 in Braun-Gold verändert. Die Bildhauerarbeit am Gehäuse verfertigte Stefan Brechtl, die ursprüngliche Fassung und das vergoldete Gitterwerk an Orgelkasten und Chorbrüstung stammen von Franz Closter. Das Instrument gehört jenem Typus an, bei dem einem Haupt- und Pedalwerk zwei Positive als Brüstungspositive in einem gemeinsamen Gehäuse gegenüberstehen. Heute befindet sich im alten Gehäuse ein pneumatisches 41stimmiges Werk von Franz Capek aus dem Jahre 1910.

Von dem 28stimmigen, dreimanualigen Werk ist leider nur noch die ursprüngliche Disposition durch den Originalvertrag im Pfarrarchiv Maria Taferl erhalten (siehe nebenstehend).

27 Die Orgel der Pfarr- und Wallfahrtskirche Hafnerberg

Der Zentralbau der bekannten und vielbesuchten Wallfahrtskirche Hafnerberg aus den Jahren 1729–1740 ersetzte eine 1716 erbaute kleine Kapelle. Äußerlich wirkt der Bau eher schlicht und einfach, das Innere hingegen entfaltet alle Pracht spätbarocker Kunst und wurde erst zwanzig Jahre nach Fertigstellung des Kirchenbaues vollendet.
Als der Neubau 1729 begonnen wurde, erwarb man laut Gedenkbuch auch eine „wohlanstimmende Kasten-Orgel", sicherlich ein Positiv, das als Interimslösung zur musikalischen Gestaltung des Gottesdienstes diente. 1767 konnte im Auftrage des Superiors Placidus Praxmayr eine neue Orgel aufgestellt werden. Die Kosten beliefen sich auf 900 Gulden ohne Bildhauerarbeit und Transport. Dieses Instrument ist das erste Werk des Wiener Orgelbauers Anton Pfliegler, dürfte aber bereits bei dessen 1766 verstorbenem Schwiegervater Johann Hencke bestellt worden sein. Das Gehäuse in seiner leuchtenden grün-goldenen Fassung trägt die typischen Merkmale der Hencke-Prospekte, die von Anton Pfliegler als Werkstattnachfolger übernommen wurden. Am Feste der hl. Anna (26. Juli) des Jahres 1767 konnte das Werk zum erstenmal gespielt werden. In der keineswegs großen Kirche würde der Prospekt den Blicken der Gläubigen bei einer üblichen Gestaltung der Chorbrüstung völlig entzogen sein. Es ist daher als glänzender Einfall des Erbauers zu werten, daß die Chorbrüstung aus durchbrochener Schmiedeeisenarbeit besteht und damit den Blick auf den prächtigen Orgelprospekt freigibt.
Im Oktober 1839 reparierte Johann Gatto das Instrument und dürfte hiebei einige Änderungen vorgenommen haben. Schließlich arbeitete in den Jahren 1947/48 auch noch der umherziehende „Orgelbauer" Schönhofer an dem Werk. Nach einigen kleineren Reparaturen und dem Einbau eines elektrischen Gebläses wäre es dringend notwendig, das schöne Instrument, das nicht zuletzt unter der Feuchtigkeit des Kirchenbaues zu leiden hat, wieder völlig instandzusetzen.
Die heutige Disposition geht wohl auf den Umbau durch Gatto zurück, die erneuerten Tasten in der heute üblichen Färbung stammen vielleicht von Schönhofer.

Heutige Disposition:

Hauptwerk
C–c^3 mit kurzer Unteroktav

Principal	8'
Flöte	8'
Gamba	8'
Octav	4'
Spitzflöte	4'
Quint	$2^2/_3$'
Superoktav	2'
Mixtur 3 bis 4 fach	2'

Positiv
C–c^3 mit kurzer Unteroktav

Gedeckt	8'
Salicional (orig. wohl Flöte 4')	8'
Principal	4'
Principal	2'
Mixtur 3fach	1'

Pedal

Subbaß	16'
Principal	8'
Oktavbaß	8'
Mixtur 3fach (heute Choralbaß 4')	4'

28 Die Orgel der Stiftskirche von Altenburg

Das Stift Altenburg gehört zu den Klöstern, die im Laufe der Geschichte immer wieder durch Kriegswirren in arge Bedrängnis gerieten. Gegründet im Jahre 1144, mußte die baufällige Kirche 1265 erneuert werden. Im 15. Jahrhundert wurde das Kloster durch die Hussiten zweimal zerstört, wobei in der Hussitenchronik des Stiftes 1427 ausdrücklich die Vernichtung einer kostbaren Orgel vermerkt ist. Damit nicht genug, wurden die wiederhergestellten Objekte 1476 durch Viktorin, den Sohn des Königs Georg von Podiebrad, 1619 durch die Protestanten und 1645 durch die Schweden zerstört. Mittlerweile hatten sich die künstlerischen Vorstellungen gründlich geändert, so daß mit dem Wiederaufbau von Stift und Kirche eine weitgehende Barockisierung Hand in Hand ging, die 1742 abgeschlossen war. Der Architekt Josef Munggenast hatte eine großartige Anlage geschaffen. Im und nach dem Zweiten Weltkrieg erlitt das Kloster neuerlich schwere Schäden, die mühsam behoben werden mußten.

Für die prachtvolle, 1733 errichtete Kirche baute Anton Pfliegler im Jahre 1773 eine für die damalige Zeit sehr große Orgel; der Kontrakt ist erhalten. Tiefgreifende Veränderungen erfuhr das Werk durch Umgestaltung von J. M. Kauffmann Ende des 19. Jahrhunderts. Im Zweiten Weltkrieg wurde das Werk schwer beschädigt. 1951 erfolgte ein Umbau der Orgel duch die Fa. Rieger.

Die im Vertrag vom 8. April 1772 enthaltene Disposition mit 26 Stimmen (siehe nebenstehend) wurde schon damals beim Bau in geringem Maße abgeändert.

Das Gehäuse zeigt in Feldverteilung und Prospektgestaltung den für Pfliegler typischen Stil. Das Positiv – meist als Brüstungswerk gestaltet – befindet sich hier deutlich abgesetzt zwischen den beiden Hauptgehäusen. Durch eine konkave Schweifung der gesamten Gehäuseanlage fügt sich diese prächtig und harmonisch in das elliptische Hauptschiff ein.

In Manuali das erste Clavier

Praestandt	16'
Quinta dena	8'
Spitz Flauten	8'
Coupl	8'
Spitz Flauten	4'
Octav Major	4'
Quint Major	3'
Super Octav	2'
Quint minor	1$^1/_2$'
Mixtur 5fach	2'
Cimbal 3fach	1'

Im Positivo das andere Clavier

Principal	4'
Salicional	8'
Gamba	8'
Coupl	8'
Dulciana	4'
Flötten	4-
Octav	2'
Mixtur 3fach	1'

In Pedali

Portun Paß	16'
Sub Paß	16'
Quint Paß	16'
Octav Paß	8'
Super Octav	4'
Cornet Paß 4fach	4'

29 Die Orgel der Stiftskirche in Göttweig

Disposition des Walcker-Werkes von 1982

Rückpositiv (C–g³)

Holzgedackt	8'
Oktave	4'
Blockflöte	4'
Nasard	2²/₃'
Prinzipal	2'
Terz	1³/₅'
Sifflet	1'
Scharff 3fach	1'
Krummhorn	8'
Tremolo	

Hauptwerk (C–g³)

Gedackt	16'
Prästant	8'
Rohrflöte	8'
Salizional	8'
Unda maris	8'
Oktave	4'
Gedackt	4'
Gemshorn	2'
Spitzquinte	2²/₃'
Klingende Zimbel 3fach	²/₃'
Mixtur 6fach	1¹/₃'
Trompete	8'

Schwellwerk (C–g³)

Bordun	16'
Metallgedeckt	8'
Viola da Gamba	8'
Aeolsharfe	8'
Voix celeste	8'
Prinzipal	4'
Offenflöte	4'
Oktave	2'
Quintflöte	1¹/₃'
Mixtur 5fach	
Kornett 3fach	
Dulzian	16'
Trompete harmonique	8'
Klarinette	8'
Schalmei	4'
Tremolo	

Pedal (C–f¹)

Prinzipalbaß	16'
Subbaß	16'
Oktavbaß	8'
Gemshorn	8'
Choralbaß	4'
Pedalmixtur	2²/₃'
Nachthorn	2'
Posaune	16'
Trompete	8'

Der große österreichische Barockbaumeister Lukas von Hildebrandt erhielt im Jahre 1719 vom damaligen Abt des Benediktinerstiftes Göttweig, dem bedeutenden Historiographen Gottfried Bessel, den Auftrag, Pläne für den Neubau des 1718 fast völlig abgebrannten Stiftes auszuarbeiten. In denselben wurden auch Neugestaltung und Umbau der vom Brand verschont gebliebenen Kirche miteinbezogen. Die Ausführung des Hildebrandtschen Projekts blieb unvollendet, und auch die Kirchenfassade, die erst 1750–1760 in Anlehnung an Hildebrandts Entwurf vollendet wurde, entspricht ihm nicht völlig.

Die steile Raumproportion des Kircheninnern erhielt Ende des 17. Jahrhunderts reiche Stuckdekorationen. Der langgestreckte Hochchor mit vielteiligem Sternrippengewölbe verstärkt die helle, freundliche Wirkung des Kirchenraumes. Vom reichgeschnitzten Chorgestühl (1766) aus bietet sich dem Beschauer ein prächtiger Blick auf die barocke Kanzel und den Prospekt der Orgel auf dem Westchor.

Göttweig besaß schon im 15. Jahrhundert eine Orgel; Genaueres ist erst von einem Neubau durch Michael Ritzinger aus Passau (1525) bekannt. Wahrscheinlich stand diese Orgel auf einer Empore an der Längsseite des Presbyteriums. 1703/04 wurde eine Orgel aus der Zeit um 1650 durch den Ybbser Orgelbaumeister Bartholomäus Heintzler auf die Westempore versetzt, geringfügig verändert und mit dem heute noch erhaltenen Gehäuse ausgestattet.

Nach Vollendung der monumentalen Kirchenfassade, 1761, wurde durch den Kremser Ignaz Gatto die Orgel erneuert; so blieb sie trotz mehrfacher Eingriffe bis zum Ersten Weltkrieg erhalten. Laut überliefertem Baukontrakt hatte sie 20 klingende Stimmen, die sich auf zwei Manuale und Pedal verteilten.

Der Einbau eines völlig neuen, pneumatischen Werkes (1922) in das Barockgehäuse bezog das hintere Oratorium räumlich ein, muß aber als wenig befriedigender Ersatz für das Originalinstrument bezeichnet werden. Von der Orgelbaufirma Walcker wurde 1982 in das vorhandene Gehäuse ein neues Schleifladen-Werk mit mechanischer Spiel- und mechanischer Registertraktur und mit 45 klingenden Stimmen eingebaut. Nebenstehend die Disposition des Walcker-Werkes.

30 Die Orgel der Pfarrkirche von Waidhofen an der Thaya

Waidhofen an der Thaya war durch viele Jahre Sitz einer Orgelbauwerkstatt. Jonas Faber arbeitete hier und besaß ein eigenes Haus, das er im Jahre 1604 verkaufte, als er Waidhofen verließ. In den Abschiedspapieren bestätigte die Stadtgemeinde, daß Faber die Orgel der Kirche erneuert hat. Diese Orgel wurde 1655 durch einen Neubau ersetzt. Schließlich aber dachte man daran, auch eine neue Kirche zu errichten und riß die alte 1721 ab.

Für das neue Gotteshaus mußte ein repräsentatives Orgelwerk geschaffen werden – die Wahl für seinen Erbauer fiel auf Wenzel Casparides aus Pulkau. Dieser vollendete 1729 das Instrument. Es enthielt 24 Register und kostete 989 Gulden.

Nach mehrmaligen kleineren Reparaturen und Überholungsarbeiten unternahm erstmals Franz Jüstel aus Krumau in Böhmen eine Erneuerung, die offenbar eingreifend war, denn seine Arbeit wurde mit 1688 Gulden 80 Kreuzern bezahlt.

Die einschneidendste Veränderung an der Casparides-Orgel aber nahm 1893/94 die Orgelbauwerkstatt Mauracher vor. Zunächst dachte die Pfarrgemeinde nur an eine Überholung der alten Orgel, die 1719 Gulden gekostet hätte. Vor allem hatte die Orgel nämlich durch Schutt und Staub gelitten, der sich innerhalb von dreißig Jahren, besonders durch eine Kirchenrestaurierung, angesammelt hatte. Die Hälfte der Register soll unspielbar gewesen sein. Nach Einholung verschiedenster Kostenvoranschläge entschied man sich dann für einen weitgehenden Umbau, der einem Neubau gleichkam. Auf Weisung der landesfürstlichen Statthalterei mußte die Registerzahl beibehalten, aber statt der Mechanik die Röhrenpneumatik angewandt werden. Die Brüder Josef und Hans Mauracher (St. Florian und Salzburg) errichteten daraufhin unter Verwendung einiger alter Pfeifen ein Werk mit 25 Stimmen. Das vorhandene Rückpositiv wurde stillgelegt und ein zweites Manualwerk zum Hauptwerk in das Hauptgehäuse eingefügt. Der Mittelkasten des Gehäuses wurde weiter nach hinten versetzt, das ganze Gehäuse neu staffiert und vergoldet. 1894 wurde auch noch ein Posaunenbaß 16' hinzugefügt. Das Werk erwies sich bald als reparaturbedürftig. Nach mehrfachen teuren Reparaturen erfolgte 1933 ein neuerlicher Umbau mit elektropneumatischer Traktur durch die Firma Mauracher und eine Erweiterung auf 33 Register. Dabei wurde das Mittelgehäuse neuerlich geändert und das Positiv wieder aktiviert. 1958 wurde schließlich der Spieltisch erneuert.

Von der Casparides-Orgel blieben erhalten: das etwas abgeänderte Gehäuse – besonders apart wirken die originalen Prospektpfeifen mit den zahlreichen Punktornamenten –, einige Pfeifen der Manual- und Pedalwerke, ein Großtel des Rückpositivs und der gesamte Prospekt. Auf den ersten Blick präsentiert das weitläufige, vielfältig gegliederte Gehäuse ein monumentales Werk, dessen gesamte alte Klangsubstanz bedauerlicherweise nicht erhalten ist. Das gegenwärtige elektropneumatische Werk weist nebenstehende Disposition auf.

Heutige Disposition:

Hauptwerk
C–g³

Bourdon	16'
Gedeckt	8'
Prinzipal	8'
Gemshorn	8'
Gamba	8'
Hohlflöte	8'
Rohrflöte	4'
Oktav	4'
Rauschquint	2²/₃'
Mixtur	2'
Trompete	8'

Positiv
C–g³

Holzgedeckt	8'
Blockflöte	4'
Oktav	4'
Kleinprinzipal	2'
Plein jeu	1¹/₃'
Krummhorn	8'

Schwellwerk
C–g³

Flötenprinzipal	8'
Philomela	8'
Quintatön	8'
Salicional	8'
Vox coelestis	8'
Liebl. Gedeckt	4'
Prästant	4'
Nachthorn	2'
Mixtur	2²/₃'
Oboe	8'

Pedal
C–f¹

Subbaß	16'
Violon	16'
Quintbaß	10²/₃'
Prinzipal	8'
Choralbaß	4'
Posaune	16'

DEO
B. MARIÆ V.
ÆDIFICATUM MDCCXVI-XXIII,
DECORATUM MDCCLXIV,
RESTAURATUM
MDCCCXC
1957

31 Die Orgel in der Stiftskirche Zwettl

Heutige Disposition:

1. Manual
C–c^3 gebr., 11 Stimmen:

Prinzipal	8'
Gedackt	8'
Gamba	8'
Salizional	8'
Flöte (Diskant)	8'
Oktave	4'
Spitzflöte	4'
Quint	$2^2/_3$'
Oktave	2'
Kornett ab c 3fach	
Mixtur 4fach	

2. Manual
C–c^3 gebr., 6 Stimmen:

Geigenprinzipal	8'
Hohlflöte (Koppel)	8'
Prinzipal	4'
Rohrflöte	4'
Mixtur 3fach	
Klarinette	8'

3. Manual
C–c^3 gebr., 4 (6) Stimmen:

Vox coelestis	8'
Koppel (Baß)	4'
Flöte (Diskant)	4'
Oktave (Baß)	2'
Alba (Diskant)	2'
Melodie (Harm.)	8'

Manualkoppel II/I
Manualkoppel III/I

Pedal
C–g gebr., 10 Stimmen:

Prinzipal	16'
Subbaß	16'
Prinzipal	8'
Bordun	8'
Quint	$5^1/_3$'
Oktave	4'
Kornett 2fach	
Mixtur	
Bombarde	16'
Posaune	8'

Es gibt wenige österreichische Orgeln, deren Baugeschichte man auf Grund zahlreicher archivalischer Unterlagen so genau verfolgen kann wie die der Hauptorgel der Kirche des Zisterzienserstiftes Zwettl. Sie gilt als das bedeutendste Werk des Passauer Orgelbauers Johann Ignaz Egedacher und wurde in den Jahren 1728–1732 erbaut. Von unschätzbarem Wert für die Erforschung der Orgel ist der Kontrakt vom 2. April 1728, der zwischen dem Abt von Zwettl und Egedacher abgeschlossen worden war und der neben den beiderseitigen Verpflichtungen vor allem die vollständige Disposition des 36registrigen Werkes enthält. Wie kostbar das Werk in seiner Ausstattung angelegt war, zeigt die hohe, für die damalige Zeit enorme Bausumme von 6000 Gulden. Neben Joseph Wibel, dem Orgelbaugehilfen Egedachers, muß vor allem der aus der Nähe von Passau stammende vorzügliche Holzbildhauer Joseph Matthias Götz genannt werden, der Gehäuse und Prospekt entwarf. Wie die Disposition des Instruments sind auch durch einen besonderen Glücksfall die Entwürfe von Götz im Stiftsarchiv erhalten und bilden eine orgelbauhistorisch unschätzbare Seltenheit. Götz wurden vom Abt, der von seiner Kunst anscheinend sehr begeistert war, auch die Planung und Ausführung des neuen Hochaltars anvertraut, der heute noch als prachtvolles Gegenstück zur Orgel zu bewundern ist. Die Stiftskirche von Zwettl ist damit auch ein Musterbeispiel für eine von hoher künstlerischer Einfühlung zeugenden Verschmelzung hochbarocker Innenarchitektur mit einem gotischen Raum.
Die Raumverhältnisse auf der Orgelempore ermöglichen keineswegs eine flache Ausbreitung des Orgelwerks, wie sie die geräumigen Emporen barocker Kirchen gestatten, daher mußte Egedacher alle Manualwerke möglichst konzentriert in die Mitte des Raumes vorverlegen. So wird hier die einzig dastehende Egedachersche Bauweise der Vereinigung aller drei Manualwerke in einem Brüstungsgehäuse realisiert, das Pedalwerk ist beidseitig in zwei Flügeln aufgestellt. Mit den ausgebauten 31 Registern erreicht Egedacher ein Optimum an klanglicher Wirkung. Als einzigartig kann auch die übersichtliche und einfache Einrichtung des Spielschrankes bezeichnet werden, der von seiner originalen Konzeption nur geringfügig abweicht. Die grundlegenden Züge süddeutsch-österreichischen Baustils des Frühbarock wurden durch die große Restaurierung von 1880 durch Breinbauer zwar etwas romantisiert, jedoch nicht so weitgehend, daß der barocke Grundcharakter verlorenging.

32 Die Orgel der Pfarrkirche St. Michael in Pulkau

Hauptwerk
C–c^3 mit kurzer Unteroktav

Principal	8'
Portu Pian (heute 4')	8'
Walt Flöte	8'
Quinta Dena	8'
Salicional	8'
Octav	4'
Quint maior	3'
Superoctav	2'
Quint minor	$1\frac{1}{2}$'
Mixtur 5fach	2'

Rückpositiv
C–c^3 mit kurzer Unteroktav

Copel	8'
Principal	4'
Flöten	4'
Dulciana	4'
Octav	2'
Quint	$1\frac{1}{3}$'
Mixtur 2fach	1'

Pedal
C–a mit kurzer Unteroktav

Sub Pass (offen)	16'
Sub Pass (gedeckt)	16'
Octav Pass	8'
Quint in S(ub Pass)	6'
Posaun Pass	8'

Als einziges fast unverändert erhaltenes Werk des Wiener Orgelbauers Matthias Jeßwagner repräsentiert die Orgel in der Pfarrkirche St. Michael in Pulkau, einer dem Wiener Schottenstift inkorporierten Pfarre, ein bedeutendes Denkmal der Wiener Orgelbaukunst. Für die traditionsreiche Pulkauer Pfarrkirche, deren romanischer Kern trotz späterer Gotisierung, Brandschatzung durch die Schweden, Wiederaufbau und schließlicher Barockisierung noch deutlich erkennbar ist, war im 18. Jahrhundert eine neue Orgel dringend notwendig geworden. Wie aus der Pfarrchronik ersichtlich ist, schloß der Pfarrer P. Magnus Hölzl mit Matthias Jeßwagner am 1. März 1762 einen Vertrag über den Bau einer neuen 22 registrigen Orgel ab. 1764 dürfte das Instrument vollendet gewesen sein, da Jeßwagner 1765 die letzte Zahlung von 100 Gulden erhielt. Der charakteristische, reich gegliederte Prospekt mit seinem ungeteilten Hauptwerkskasten war ursprünglich ungefaßt, erst seit 1853 besitzt er seine heutige, schwarz-goldene Fassung. Der weitgehend erhaltene Originalzustand der Orgel wurde durch einige wenige Änderungen nicht wesentlich beeinträchtigt. Besonders wertvoll ist die noch erhaltene originale Balganlage mit drei Keilbälgen. Obgleich der Vertrag über den Bau der Pulkauer Orgel nicht erhalten geblieben ist, ergibt sich aus der originalen Beschriftung der Registerzüge (alte Pergamente mit gotischer Schrift und roten Initialen) die ursprüngliche Disposition der Orgel.

33 Die Orgel der Wallfahrtskirche am Sonntagberg

Weithin sichtbar auf dem über 700 m hohen Sonntagberg erhebt sich eines der prächtigsten Bauwerke Jakob Prandtauers, die Pfarr- und Wallfahrtskirche zur Hl. Dreifaltigkeit und zum hl. Michael. Wie Maria Taferl ist auch dieser Kirchenbau an der Stelle einer germanischen Kultstätte errichtet. Seit 1438 befand sich eine gotische Kapelle über einem germanischen Zeichenstein. Das heutige Gnadenbild der Hl. Dreifaltigkeit wurde 1614 über dem ehemals vorchristlichen Heiligtum errichtet. Da Sonntagberg nach Mariazell der meistbesuchte Wallfahrtsort Österreichs wurde, mußte Stift Seitenstetten als Patron der Kirche den Auftrag für einen Neubau vergeben. Jakob Prandtauer begann im Jahre 1706 mit der Errichtung einer seiner glanzvollen, der Natur angepaßten Kirchenbauten. Die Vollendung des Baues im Jahre 1732 allerdings blieb Josef Munggenast vorbehalten.

1774 schloß das Stift Seitenstetten mit dem Wiener Orgelbauer Franz Xaver Christoph einen Vertrag über den Bau einer 24stimmigen Orgel ab, deren Geschichte in ganz besonderem Maße überliefert ist. Neben dem erhaltenen Vertrag ist aus einem „Verzeichnis der Register" die tatsächlich zur Ausführung gelangte Disposition ersichtlich (nebenstehend).

Das Werk wurde 1776 fertiggestellt und wies einige Abänderungen gegenüber dem Kontrakt von 1774 auf; so erhielt das Instrument 25 Stimmen mit insgesamt 1582 Pfeifen. Als spätere Zutaten wären noch zwei Zungenstimmen – Posaune 16' und Posaune 8' – zu erwähnen. Besonderes Augenmerk wurde auf die Ausgestaltung des 16füßigen Prinzipalprospektes gelegt. An der Errichtung und Auszierung des klassizistischen Gehäuses arbeitete eine Reihe namhafter Künstler. Auch der freistehende Spieltisch mit den übersichtlich angelegten Registerzügen gehört zu den Besonderheiten der Gesamtkonzeption. Insgesamt kostete die Orgel über 8000 Gulden.

Das prächtige Orgelwerk stellt auf Grund seiner klanglichen Qualitäten und ob seiner klassizistischen Formensprache eine der bedeutendsten Schöpfungen der zweiten Hälfte des 18. Jahrhunderts und überdies das einzige erhaltene Werk Franz Xaver Christophs dar.

Hauptwerk
C–d^3 mit gebrochener Unteroktav

Principal in Prospekt	8'
Flauto Principale	8'
Viola di Gamba	8'
Salicional	8'
Octav	4'
Flauto octava	4'
Quint	3'
Superoctav	2'
Sesquealta 2fach	$1^3/_5 + 1^1/_3$'
Mixtur Major 5fach	2'
Mixtur Copel 4fach	4'

Positiv
C–d^3 mit gebrochener Unteroktav

Copel major	8'
Principal in Prospekt	4'
Flauto minor	4'
Fugara	4'
Fistl Quint	$2^2/_3$'
Octav	2'
Mixtur 3- bis 5fach	$1^1/_3$'

Pedal
mit 12 Tönen
C–a mit kurzer Unteroktav

Großes Principal	16'
Subbaß gedeckt	16'
Principalbaß	8'
Octavbaß	8'
Violoncello	8'
Quintbaß offen	$5^1/_3$'
Cornet von Zinn 4fach	4'

34 Die Orgel der Servitenkirche auf dem Mariahilferberg bei Gutenstein

Inmitten des hügeligen Geländes oberhalb von Gutenstein erhebt sich der Mariahilferberg mit seiner Wallfahrtskirche. 1675 übernahm der Servitenorden die von Graf Hoyos im Jahre 1668 errichtete Kirche, die dann 1708 durch einen Brand schwer beschädigt wurde. In den Jahren 1712–1714 begann man mit der Wiederherstellung des Baues und vergrößerte ihn gleichzeitig bei Wahrung einfacher Formen. Die Innenausstattung der Kirche wurde völlig erneuert und erhielt durch die feingliedrigen Holzbildwerke an den Altären und der Chorbrüstung eine besondere Note. Im Laufe der Jahre errichtete man überdies um das Kloster herum eine Anzahl von Kreuzwegstationen und Kapellen.

1778 erhielt die Wallfahrtskirche eine ihr entsprechende Orgel; Entstehungsjahr und Erbauer überliefert heute nur noch das Gedenkbuch der Pfarre Gutenstein, auf dem Mariahilferberg selbst sind in den Kriegswirren des Jahres 1945 alle diesbezüglichen Archivalien verbrannt. Die Kosten der Orgel betrugen samt der Fassung 1320 Gulden. Der Erbauer Stefan Helwig (Stephan Helmich) ist bekannt durch seine Werke in Servitenklöstern wie Wien-Roßau und Maria Langegg.

Persönliche Not und die für Orgelbauer finanziell karge Zeit des Josephinismus zwangen Helwig, kaum kostendeckende Aufträge anzunehmen. Mittellos starb er in der Bürgerspitalsversorgung von St. Marx in Wien an Lungenbrand.

Seine Orgel auf dem Mariahilferberg aber hat die Jahrhunderte überdauert. Sie ist wesentlich weniger verändert und im Klang unverfälschter als das Instrument in Maria Langegg. Bereits auf den ersten Blick fesselt das kunstvoll an die geschweifte Chorbrüstung von 1715 angepaßte Werk. Das heute noch prächtig und edel klingende Brüstungspositiv ist wie in Langegg mit dem Spieltisch vereinigt. Leider ist die ursprüngliche Traktur gerade im Spieltisch verändert worden. Wie in Maria Langegg befindet sich auch hier im Spieltisch ein stummer Zug, wohl nur aus Symmetriegründen. Das übrige Orgelwerk dürfte, wie die (nebenstehende) Disposition zeigt, trotz einer Wiederinstandsetzung durch Josef Huber (Eisenstadt) im Jahre 1953 wenig vom Original abweichen.

Hauptwerk	
C–d³ mit kurzer Unteroktav	
Principal	8'
Viola da Gamba	8'
Quintatön	8'
Waldflöte	8'
Octave	4'
Quint	2 2/3'
Octave	2'
Quint	1 1/3'
Mixtur 4fach	2'
Positiv	
C–d³ mit kurzer Unteroktav	
Gedeckt	8'
Principal	4'
Flöte	4'
Dulciana	4'
Octave	2'
Mixtur 2fach	1 1/3'
Pedal	
C–a mit kurzer Unteroktav	
Subbaß	16'
Principal	8'
Octavbaß	8'
Quint	5 1/3'

35 Die Orgel der Pfarr- und Servitenkirche in Maria Langegg

Die heutige Servitenkirche Mariä Geburt, die Pfarrkirche von Maria Langegg, steht an der Stelle einer 1604 inmitten des Dunkelsteinerwaldes erbauten Gnadenkapelle. 1644 übernahmen die Serviten die Betreuung der zum Ziel vieler Wallfahrten gewordenen Kapelle und errichteten eine Kirche, die im wesentlichen dem ursprünglichen Bau des Marienheiligtums entsprach. Der große Zustrom von Wallfahrern machte bald eine Vergrößerung der Kirche nötig, die dann auch von Michael Ehmann im Jahre 1765 begonnen und als der heute noch erhaltene spätbarocke Kirchenbau vollendet wurde. Neben der typisch barocken Scheinarchitektur bestechen vor allem die bemerkenswerten Deckenfresken von Josef Ritter von Mölk mit Szenen aus dem Marienleben.

Unter schwierigsten Bedingungen, in einer Zeit, da unter dem Druck der josephinischen Reformen Ausgaben für aufwendige Orgelbauten nur schwer bewilligt wurden, beschloß man in Maria Langegg, eine unzureichende kleinere Orgel durch ein neues Instrument zu ersetzen. Den Auftrag für einen Orgelneubau erhielt Stefan Helwig, der sich durch Arbeiten in den Servitenklöstern Wien-Roßau und Gutenstein-Mariahilferberg bereits als Meister seines Faches qualifiziert hatte. Um den Preis von 850 Gulden baute Helwig ein 17stimmiges Werk, das am 14. September 1782 zum erstenmal erklang. Zierlich fügt sich der schöne Orgelprospekt in das Kircheninnere, in die klare Linienführung der Architektur und in das schwerelose Ornament spätbarocken Interieurs. Das Werk selbst ähnelt auffallend der Orgel auf dem Mariahilferberg. Während aber dort eher konventionelle Gehäuseformen Verwendung fanden, prägen den Langegger Prospekt neben seiner Feingliedrigkeit schon deutlich die einfacheren Formen des Klassizismus. Fassung und Vergoldung erfolgten 1789.

Wie in Gutenstein ist auch in Langegg der Spieltisch an das Brüstungspositiv angebaut, allerdings weist er im Pedal eine Besonderheit auf – eine gebrochene Unteroktav –, die in dieser Form sonst nur von Egedacher in Zwettl, Pfliegler in Dreieichen und von Johann Gottfried Helwig in der Orgel der Prager Lorettokirche gebaut wurde.

Eine Renovierung des bereits unspielbaren Instruments durch die Oberösterreichische Orgelbauanstalt hat es nach Erneuerung der Traktur und der Hauptwerklade reaktiviert. Die heutige, im Laufe der Zeit wahrscheinlich leicht veränderte Disposition ist nebenstehend angegeben.

Hauptwerk
C–d³ mit gebrochener Unteroktav

Principal	8'
Wald-Fletten	8'
Gamba	8'
Octav	4'
Flaut Minor	4'
Quint	2²/₃'
Sup Octav	2'
Mixtur	

Positiv
C–d³ mit gebrochener Unteroktav

Coppel	8'
Principal	4'
Dulciana	4'
Octav	2'
Composita 2fach	
Muet (stummer Zug)	

Pedal
C–a mit gebrochener Unteroktav

Bordun Baß	16'
Violon Baß	8'
Octav Baß	4'
Fagott	8'

36 Die große Orgel des Zisterzienserstiftes Heiligenkreuz

Heutige Disposition:

Hauptwerk	
C–d^3, 51 Töne	
Quintit	16'
Regula Primaria	8'
Pileata maior	8'
Quintit	8'
Viola da Gamba	8'
Salicional	8'
Unda maris	8'
Tibia sylvestris	8'
Diapason	4'
Cor notturno	4'
Flaut travers	4'
Piffaro	4'
Diapente	$2^{2}/_{3}$'
Disdiapason	2'
Miscella acuta 5fach	4'
Miscella acuta 4fach	2'
Miscella Cimpl	1'
Sesquialter 3fach	2'
Cimpal 4fach	
Tuba	16'
Vox humana	8'

Positiv	
C–d^3, 51 Töne	
Pileata maior	8'
Quintit	8'
Regula Primaria	4'
Dulciana	4'
Pileata minor	4'
Avena	4'
Diapason	2'
Gamba	2'
Diapente	$1^{1}/_{3}$'
Miscella acuta 5fach	2'
Sesquialter	1'
Oboe	8'

Pedal	
C–f^1, 30 Töne	
ursprünglich 12 Töne	
Pileata maxima	32'
Regula primaria	16'
Pileata maior	16'
Violon	16'
Diapente	$10^{2}/_{3}$'
Diapason	8'
Violone principal	8'
Pileata minor	8'
Diapente	$5^{1}/_{3}$'
Cor notturno	4'
Oktavbaß	4'
Miscella maior 4fach	4'
Cornu 3fach	$2^{2}/_{3}$, 2', $1^{3}/_{5}$'
Buccina	16'
Fagotto	8'
Tuba	8'
Tuba	4'

Etwa 40 Kilometer von Wien entfernt befindet sich das älteste Zisterzienserkloster Niederösterreichs – Heiligenkreuz. Gegründet durch Leopold III. im Jahre 1135, hat sich der romanische Kirchenbau mit der gotischen Chorerweiterung des 13. Jahrhunderts bis heute erhalten. Durch eine Kirchenrestaurierung nach dem Zweiten Weltkrieg wurden alle barocken Einbauten im Kircheninneren entfernt, vor allem der Musikchor. Die Klostergebäude stammen, im Gegensatz zur Kirche, im wesentlichen aus dem 17. Jahrhundert.

Orgelbauten in Heiligenkreuz sind seit dem 17. Jahrhundert nachgewiesen. So hatte Johannes Wöckherl eine große Orgel und eine Chororgel gebaut, die beide 1684 bei einem Brand vernichtet wurden. 1689 errichteten Ferdinand Josef und Johann Ulrich Römer eine 12registrige Orgel, 1721 erhielten sie den Auftrag für eine Orgel auf der Westempore. Dieser Musikchor wurde 1776 um ein Joch vergrößert.

Im Jahre 1804 schuf der Wiener Orgelbauer Ignaz Kober das bis heute erhaltene große Orgelwerk. Unter Verwendung von Teilen des Gehäuses der Römer-Orgel entstand ein 50registriges Instrument, das aber nur zwei Manuale und ein Pedal mit 12 Tönen und 18 Tasten aufweist. Diese Beschränkung auf zwei Manuale mit zahlreichen Stimmen entsprach offenbar dem neuen Zeitgeist. Auch die 45stimmige Orgel Kobers im Wiener Schottenstift wies kein drittes Manual auf. Ebenso fällt ganz besonders das Festhalten an der für das 18. Jahrhundert typischen Pedalkonstruktion auf.

Das Instrument in Heiligenkreuz errichtete Kober nicht an der Rückwand der Empore, sondern an der Chorbrüstung; dahinter entstand ein großer abgeschlossener Raum, der sich als Chorkapelle eignete. In diesen Raum ließ Kober das Giuliani-Chorgestühl aus dem Mittelschiff übertragen und stellte es in U-Form auf.

Im Zuge der Kirchenrestaurierung wurde das Chorgestühl wieder an seinem ursprünglichen Platz aufgestellt. In weiterer Folge wurde auch der barocke Musikchor völlig abgetragen, um das romanische Kircheninnere wiederherzustellen.

Lange Zeit blieb zunächst unklar, was mit der Orgel Kobers geschehen sollte. Nach Überwindung vieler Schwierigkeiten entschloß man sich, das Instrument restaurieren zu lassen und im nördlichen Querschiff aufzustellen.

Um den Klang aus der Höhe der früheren Chorempore abstrahlen zu lassen, wurde das Kober-Gehäuse mit einem neuen, hohen Untergehäuse versehen. Das Rückpositiv wurde vorne an das ehemalige Hauptgehäuse angefügt. Als Vorbild für diese Gestaltung diente die Orgel der Franziskanerkirche in Wien. 1952 wurden die Arbeiten an der Orgel abgeschlossen.

37 Die Orgel der Stiftskirche Mariä Himmelfahrt von Lilienfeld

Vor der herrlichen Kulisse der Voralpen liegt an der alten Wallfahrtsstraße nach Mariazell das Zisterzienserstift Lilienfeld. Herzog Leopold der Glorreiche gründete es 1202 als Grabstätte für seine Familie und ließ einen mächtigen spätromanisch-frühgotischen Dom errichten. In vielen Wirrnissen konnte sich das Kloster durch die Jahrhunderte behaupten, die schwer befestigte Klosterburg konnte sogar 1683 das Traisental erfolgreich gegen die Türken verteidigen.

Die Kunst der Barockzeit entfaltete sich auch in Lilienfeld, besonders unter Abt Chrysostomus Wieser (1716–1747), in kostbaren Schöpfungen, das mittelalterliche Gotteshaus blieb jedoch im wesentlichen unverändert erhalten. Während der unter Joseph II. verfügten Aufhebung des Stiftes gerieten wertvolle Gegenstände aus dem klösterlichen Besitz, darunter auch Archivmaterial, in Verlust.

Über die Zeit vor 1767 gibt es daher keine schriftlichen Zeugnisse über Orgelbauten. Tatsache ist, daß der Musikchor schon um 1700 eingebaut worden war, Orgel dürfte sich allerdings auf diesem Chor keine befunden haben. Erst der schon erwähnte Abt Wieser ließ außer dem imposanten Hochaltar, den Chor- und Beichtstühlen sowie der Kanzel auch eine Orgel bauen. Da damals wegen der hohen Zahl von Konventualen die Liturgie auf die Pflege des Chorgebetes ausgerichtet war, war zunächst die Anschaffung einer Chororgel besonders dringlich. So wurde die „Kanzelorgel“ als architektonisch völlig gleiches Gegenstück zur Kanzel geschaffen. Vom Kirchenschiff aus erscheint damit der Hochaltar von Kanzel und Orgel symmetrisch flankiert.

Am 10. November 1767 wurde mit dem Kremser Orgelbauer Ignaz Gatto ein Vertrag über den Bau einer neuen Orgel auf dem Westchor geschlossen. Demnach sollte um 1300 Gulden unter Beistellung des benötigten Holzes eine 22stimmige Orgel errichtet werden. Aus dem erhalten gebliebenen Vertrag kennen wir die originale Disposition (siehe nebenstehend).

Über das Schicksal des Werkes bestehen stark divergierende Meinungen. Tatsache ist jedenfalls, daß das Stift im Jahre 1810 durch einen Brand beschädigt wurde. Daß dabei die Orgel gelitten habe, wird in einer Notiz des Jahres 1888 bestritten.

Allerdings war bis dahin die Orgel mehrfach verändert worden, so wurde zum Beispiel das Pedal um drei Register erweitert; Zachistal und Capek aus Krems erneuerten 1885 das Gebläse und bauten eine Gamba 8' ein. 1940 begann die Firma Mauracher aus Linz einen Umbau der Orgel auf 3 Manuale und 48 Register (mit elektropneumatisch gesteuerten Kegelladen), der aber unvollendet blieb. 1963 erfolgte durch die Firma Hradetzky unter Beibehaltung des historischen Gehäuses ein völliger Neubau mit 45 Registern.

Hauptwerk	
Principal	8'
Waldflöte oder Viola	8'
Quintadena	8'
Gamba	8'
Octav	4'
Spitzflöte	4'
Quint major	$2^2/_3$'
Superoctav	2'
Mixtur 4fach	$1^1/_3$'
Cimbal 3fach	1'
Rückpositiv	
Coppel	8'
Principal	4'
Dulciana	4'
Octav	2'
Quint	$1^1/_3$'
Mixtur 3fach	1'
Pedal	
Portunbaß	16'
Subbaß	16'
Principalbaß aus Zinn	8'
Octavbaß in Holz	8'
Quintadena	$5^1/_3$'
Mixtur 3fach	4'

38 Die Orgel der Pfarrkirche St. Othmar in Mödling

Heutige Disposition:

Hauptwerk	
Bourdon	16'
Prinzipal	8'
Gamba	8'
Quintatön	8'
Coppel	8'
Salicional	8'
Octav	4'
Flöte	4'
Octav	2'
Flöte	2'
Mixtur 4fach	
Cornett	8'
Trompete	8'
Positiv	
heute im Hauptgehäuse	
Geig. Prinzipal	8'
Coppel	8'
Dolce	8'
Prästant	4'
Flöte	4'
Fugara	4'
Quinte	2²/₃'
Octav	2'
Zimpel 2fach	1¹/₃'
Pedal	
Violonbaß	16'
Principalbaß	16'
Subbaß	16'
Octavbaß	8'
Cello	8'
Octavbaß	4'
Octav	2'
Quintbaß	5¹/₃'
Posaune	16'

Die Pfarrkirche St. Othmar in Mödling wird bereits 1113 erwähnt. In der Mitte des 15. Jahrhunderts arbeitete man an einem gotischen Neubau, der 1523 vollendet war, aber bereits sechs Jahre später durch die Türken, die auch in Mödling wüteten, wieder zerstört wurde. Erst gegen Ende des 17. Jahrhunderts ging man an einen Wiederaufbau der Kirche, der zu der bis heute erhaltenen Verschmelzung gotischer Bauelemente mit barocker Ausgestaltung führte.
Damals entstand im ersten Joch eine barocke Musikempore mit einer vorgewölbten Chorbrüstung. Gleichzeitig wurde ein neues Orgelwerk in Auftrag gegeben. Es dürfte sich um ein einmaliges Instrument gehandelt haben, dessen Kern im heutigen Hauptwerk erhalten geblieben ist.
Bald erwies sich das alte Orgelwerk als zu klein, und man entschloß sich zu einer Umgestaltung. Der Wiener Orgelbauer Franz Xaver Christoph erhielt den Auftrag und erweiterte 1777 die Orgel um ein Positiv; ebenso wurden auch Haupt- und Pedalwerk überarbeitet und (laut Pfarrprotokoll) „verbessert". Das Gehäuse läßt unschwer die angeführten Veränderungen erkennen. Deutlich hebt sich das dreifeldrige Positiv mit dem breiten Mittelfeld (eine Eigenart Christophs) vom Hauptwerksgehäuse ab. Dieses besteht aus sieben Feldern; drei davon stammen aus früherer Zeit, wahrscheinlich aus dem ursprünglichen Prospekt. Umgestaltung und Fassung der Orgel kosteten ungefähr 1700 Gulden. 1855 reparierte Alois Hörbiger die Orgeln von St. Othmar und St. Ägyd um 700 Gulden.
„Ihres historischen Wertes wegen" blieb die Orgel im Ersten Weltkrieg von einer Ablieferung der Prospektpfeifen verschont.
1928 baute J. M. Kauffmann aus Wien die Orgel um. Das Brüstungspositiv wurde stillgelegt, das zweite Werk unter Verwendung von Pfeifenmaterial aus dem Jahre 1777 in das Hauptgehäuse gestellt. Die heutige Disposition weicht wesentlich von derjenigen des ursprünglichen Werkes ab.

39 Die Orgel der Wallfahrtskirche Maria Dreieichen

Eine kleine Wachspietà, die 1656 an einer dreiarmigen Eiche angebracht worden war, bildete als Wallfahrtsziel den historischen Ursprung der Wallfahrtskirche Maria Dreieichen. Das zunächst kleine Kirchlein gewann bald solche Berühmtheit, daß bereits 1744 der hochbarocke Bau in seiner heutigen Gestalt errichtet werden konnte. Wenige Jahre später – 1750 – soll dort, einem alten Kirchenführer zufolge, Ignaz Casparides aus Znaim eine Orgel errichtet haben. Es dürfte dies ein kleineres Werk gewesen sein, denn bereits vor 1779 erhielt Anton Pfliegler den Auftrag für einen Neubau. Er hatte vorher im Stift Altenburg zur Zufriedenheit der Auftraggeber eine neue Orgel errichtet, worauf Pfliegler diesen weiteren Auftrag für eine Orgel in der vom Stift Altenburg betreuten Kirche erhielt.

Neben einigen nur zum Teil noch erhaltenen Orgelwerken bildet die Orgel von Maria Dreieichen den Höhepunkt von Pflieglers Schaffen. Dieses spätbarocke Juwel ist das letzte große Werk des Meisters und gehört zu den bedeutendsten musik- und kunsthistorischen Schätzen Österreichs.

Vollständig vorhandene Orgelrechnungen seit dem Jahre 1780 aus dem Pfarrarchiv der Wallfahrtskirche Maria Dreieichen bestätigen, daß das Werk zwar von kleineren Eingriffen nicht verschont blieb, aber keine Veränderungen durch Um- und Zubauten erfahren hat. Obwohl der Originalvertrag bis heute unauffindbar blieb, war man in der Lage, bei der 1966 von Arnulf Klebel durchgeführten Restaurierung den Originalzustand zu rekonstruieren und wiederherzustellen.

Als weitere Quellen zur Geschichte dieser Orgel dienten die Inschriften der Orgelbauer im Inneren des Gehäuses. Die erste und wichtigste Inschrift stammt von Anton Pfliegler selbst und ist in gotischen Lettern auf Papier auf dem Hauptwerks-Windkanal angebracht; sie lautet: „Diese Orgel ist von dem Herrn Anton Pfliegler gemacht, und zum erstenmal den 8ten September geschlagen worden. 1780."

Das hohe Alter bedingt die besondere Qualität des gesamten Pfeifenmaterials. Dieses bildet die Grundlage für den hervorragenden und vornehmen Klang. Er ist im vollen Werk durch den Prinzipalchor mit seinen nun wieder vielchörigen Mixturen und dem ideal verschmelzenden Weitchor überaus prächtig.

Die Gestaltung des Orgelgehäuses weicht grundlegend von der bei Pfliegler üblichen ab, der klassizistische Einfluß macht sich hier bereits bemerkbar. Das kunstvolle und reichgeschmückte Spätbarock-Gehäuse wurde von Pfliegler äußerst feinfühlig in das Gesamtbild des Raumes komponiert.

Sowohl in der Originalität des Klanges als auch in handwerklicher Ausführung und architektonischer Gestaltung ist dieses Werk ein typisches Beispiel österreichischen kunsthandwerklichen Orgelbaues.

Die wiederhergestellte Disposition der Pfliegler-Orgel lautet:

Hauptwerk	
Principal	8 F
Portun	8 F
Quintadena	8 F
Salicional	8 F
Octav	4 F
Spitz Flauten	4 F
Quint	3 F
Super Octav	2 F
Mixtur 5fach	2 F
Cimbal 3fach	1 F
Positiv	
Copel	8 F
Principal	4 F
Flötten	4 F
Dulciana	4 F
Octav	2 F
Mixtur 3fach	1 F
Pedal	
Portun Pahs	16 F
Sub Pahs	16 F
Principal Pahs	8 F
Octav Pahs	8 F
Cornet Pahs	4 F
Bombard Pahs	16 F
Bombard Pahs	8 F
Pedalcopplung	
Manual-Schiebekoppel	

RENOVIERT 1977

40 Die Orgel der Pfarrkirche Kalksburg

Der heutige Kirchenbau der Pfarre Kalksburg geht in seiner Form aus dem Jahre 1800 auf eine Stiftung Franz von Macks zurück; das bestehende Gotteshaus wurde damals vergrößert und völlig neu eingerichtet. Leider sind über die Bau- und Erweiterungsgeschichte der Kirche nur wenige Angaben vorhanden, da Franz von Mack sämtliche den Kirchenneubau betreffenden Belege vernichtet haben soll.

In der alten Kirche stand bereits ein offenbar kleines Positiv. 1784 ließ die Pfarre auf eigene Kosten durch einen unbekannten Orgelbauer eine neue fünfregistrige Orgel erbauen. Er erhielt dafür neben dem nicht näher bekannten Preis auch das alte Orgelwerk. Für das neue Gotteshaus ließ sein Patron, Franz von Mack, auch eine neue, entsprechende Orgel errichten, den Auftrag hiefür erhielt der Wiener Orgelbauer Anton Pfliegler; ein Zettel in der Orgel informiert über die Fertigstellung des Instruments am 1. August 1801.

Diese Orgel würde man auf den ersten Blick nicht für eine Pfliegler-Orgel halten. Der eher schlichte und flache dreiteilige Aufbau des Hauptgehäuses und des Positivs weicht vollkommen von der sonst für Pfliegler charakteristischen Gehäusegestaltung ab. Es zeigt sich, daß Pfliegler dem schon in Dreieichen spürbaren stilistischen Einfluß des Klassizismus in zunehmendem Maße Rechnung getragen hat, und so ist der Kalksburger Prospekt ein typisches Beispiel für die späten Orgeln Pflieglers. Aus dieser Schaffensperiode des Orgelbauers ist das Kalksburger Orgelwerk als einziges erhalten geblieben. Der Klangcharakter der Orgel weicht ebenfalls stark von dem der übrigen Pfliegler-Orgeln ab, die Klangvorstellungen der romantischen Musik machen sich bereits bemerkbar. Das Werk wurde im 19. Jahrhundert erneuert; sein heute guter Zustand geht auf eine Überholung im Jahre 1958 durch Philipp Eppel aus Wien zurück. Die originale Disposition des Instruments ist leider nicht erhalten, doch finden sich unter den Email-Registerschildern des 19. Jahrhunderts noch handschriftliche Registerbezeichnungen, die es ermöglichen, den ursprünglichen Zustand des Werkes einigermaßen zu rekonstruieren (siehe nebenstehend).

Hauptwerk C–d³

Principal	8'
Pordun (heute genannt Flöte 8' = Holzprinzipal)	8'
Waldflöte	8'
Salicional	8'
Octav	4'
Manual Gamba (heute Viola di Gamba 4')	4'
Quint	2 2/3'
Octav	2'
Mixtur 5fach	2'

Positiv C–d³

Copula	8'
Principal	4'
Flöte	4'
Dulciana	4'
Octav	2'

Pedal (12 Töne)
C–a mit kurzer Unteroktav

Subbaß	16'
Octavbaß	8'
Quintbaß (orig. vielleicht Principal 8')	5 1/3'
Octavbaß	4'

41 Die Orgel der Domkirche zu St. Martin in Eisenstadt

Die ehemalige Stadtpfarrkirche von Eisenstadt geht in ihrem Baubestand auf das 15. Jahrhundert zurück, doch befand sich schon im 12. Jahrhundert eine kleine Kultstätte an diesem Platze. Nach einem Brand im Jahre 1589 wurde die Kirche 1610–1629 wiederhergestellt, die Innenausgestaltung allerdings wurde in der zweiten Hälfte des 18. Jahrhunderts nochmals erneuert.

Auf Grund einer Stiftung der Witwe Theresia Frigl erhielt Johann Gottfried Malleck den Auftrag zur Errichtung einer 19registrigen Orgel, die 1778 fertiggestellt wurde; die Fassung des Gehäuses in Schwarz-Gold besorgte der Eisenstädter Vergolder Jacob Meister. Im gleichen Jahr wurde auch der neue Hochaltar errichtet, der 1903 im Zuge einer Regotisierung einem in der Zwischenzeit ebenfalls wieder entfernten neugotischen Altar weichen mußte.

Die Gehäuse der Malleck-Werke sind einander im Aufbau sehr ähnlich, trotzdem sind bei der Eisenstädter Domorgel noch viele typische Stilelemente des frühen 18. Jahrhunderts erkennbar, besonders die beiden seitlichen hohen Eckfelder des fünffeldigen Hauptkastens. Ein Vergleich mit dem Orgelgehäuse in der Eisenstädter Bergkirche beweist den Stilwandel zwischen 1778 und 1797.

1943 wurde die Orgel einer Renovierung unterzogen, die Karl Schuke durchführte. Dabei wurde der Umfang des Pedals und des Hauptwerks erweitert, der Umfang des Positivs blieb original erhalten.

Der alte Spieltisch und zwei Pedalwindladen mit je zwölf Tönen wurden entfernt. Allerdings trägt der erhalten gebliebene alte Spieltisch nicht mehr die originale Beschriftung, sondern farbige Emailschilder des 19. Jahrhunderts auf den Registerzügen. Auch die Klaviaturen waren zu diesem Zeitpunkt bereits auf die umgekehrte Tastenfärbung (weiße Untertasten, schwarze Obertasten) geändert worden. Der originale Tastenumfang reichte in den Manualen ursprünglich von C–c^3 mit kurzer Unteroktav, im Pedal von C–a, kurz und repetierend.

Bei der Renovierung von 1943 wurde das Pedalwerk (4 Register) zur Gänze neu angefertigt, eine Posaune 16' hinzugefügt und hinter dem Gehäuse im Turmbogen aufgestellt.

1973/74 wurde die Orgel durch Karl Schuke (Berlin) neuerdings restauriert. Hiebei wurden Prospekt und Pedalregister rekonstruiert, ebenso die Traktur. Alle Erweiterungen befinden sich in einem Zusatzgehäuse hinter dem Hauptwerksgehäuse (die Töne c^0–f^1 der Pedalregister und die Pedalposaune 16'; ebenso die Töne Cis, Dis, cis^3–f^3 des Hauptwerkes).

Die ursprüngliche Disposition der Malleck-Orgel lautet:

Hauptwerk
C–c^3 mit kurzer Unteroktav,
heute chromatisch bis f^3

Principal	8'
Gedeckt	8'
Quintadena	8'
Octav	4'
Flöte	4'
Fugara	4'
Quint	3'
Octav	2'
Mixtur 3fach	1 1/3'

Positiv
C–c^3 mit kurzer Unteroktav,
heute erweitert mit stummen Tasten

Coppel	8'
Principal	4'
Coppel	4'
Octav	2'
Mixtur 2fach	1'

Pedal
C–a^0 12 Töne;
1974 neu von C–f^1 chromatisch

Subbaß	16'
Oktavbaß	8'
Bourdonbaß	8'
Prinzipalbaß	4'
Posaune (1974 neu)	16'

42 Die Orgel der Bergkirche in Eisenstadt

Heutige Disposition:

Hauptwerk	
Prinzipal	8'
Bourdon	8'
Quintatön	8'
Octav	4'
Flöte	4'
Fugara	4'
Quint	$2^{2}/_{3}$'
Octav	2'
Mixtur 4fach	$1^{1}/_{3}$'

Schwellwerk	
Gedeckt	16'
Rohrflöte	8'
Gemshorn	8'
Spitzflöte	4'
Prinzipal	4'
Nasat	$2^{2}/_{3}$'
Gemshorn	2'
Terzian 2fach	
Mixtur 5fach	2'
Trompete	8'

Positiv	
Coppel	8'
Prinzipal	4'
Flöte	4'
Octav	2'
Quint	$1^{1}/_{3}$'
Cymbel 2fach	

Pedal	
Prinzipalbaß	16'
Subbaß	16'
Octavbaß	8'
Gedacktbaß	8'
Choralbaß	4'
Rauschquinte 2fach	
Mixtur 3fach	
Fagott	16'
Posaune	8'

Kalvarienberg und Bergkirche in Eisenstadt sind Zeugen prunkliebender, pathetischer Barockfrömmigkeit. Bereits zehn Jahre nach Vollendung des künstlich aufgemauerten Kalvarienberges, 1715, wurde der Grundstein zu der dann 1770–1777 erbauten und 1803 geweihten Bergkirche gelegt. Ihr über einem kreisförmigen Grundriß errichteter Innenraum wird von Außenmauern auf quadratischem Grundriß umgeben und birgt als Kostbarkeit das Grab Joseph Haydns.

1797 errichtete Johann Gottfried Malleck eine Orgel für die Bergkirche. Diese Tatsache ist zwar archivalisch nicht belegbar, doch hat sich Gottfried Malleck an der Innenseite einer Gehäusefüllung verewigt. Dieses Gehäuse entspricht in der Feldverteilung dem der Malleck-Orgel in der Domkirche. Allerdings bedingt der Wandel der Stilauffassung eine flache Fassade mit leichter Krümmung der Hauptfelder. Die fünf Felder des Hauptkastens beziehungsweise die drei Felder des Positivs zeigen gleiche Anordnung wie die der Domorgel.

Der Spieltisch des Malleck-Werkes der Bergkirche – in der Bauart ebenfalls dem der Domorgel entsprechend – befindet sich heute im Eisenstädter Haydn-Museum und läßt eine genaue Rekonstruktion des ursprünglich 18- oder 19registrigen Werkes zu. Dieser Spieltisch war 1951 anläßlich der Erweiterung des Instruments durch die Firma Rieger (Vorarlberg) entfernt worden. Bei diesem Umbau wurden die alten Windladen um 5 Töne, bis g^3 erweitert, ansonsten blieb das Hauptwerk unverändert. Das Pedal wurde im Registerbestand und Tonumfang auf 9 Register beziehungsweise 30 Töne erweitert, außerdem wandelte man den Flötenbaß 4' in einen Choralbaß 4' und die Posaune 16' in eine Posaune 8' um. Die dreifache Positivmixtur wurde in Quint $1^{1}/_{3}$' und Cymbel 2fach geteilt. Hinter Hauptwerk und Pedal stellte man eine neue Lade für das Schwellwerk auf. Der dreimanualige Spieltisch mit dem 30-Töne-Pedal wurde neu angefertigt.

43 Die Orgel der Wallfahrtskirche Loretto

Die erste klösterliche Niederlassung von Loretto, am Rande des waldreichen Leithagebirges im Burgenland gelegen, ist für das Jahr 1644 nachweisbar. Die Besiedlung der Landschaft allerdings ist von der Jungsteinzeit bis in das 4. Jahrhundert nach Christus zu verfolgen. Wo die heutige Wallfahrtskirche steht, kamen durch archäologische Grabungen Funde zutage, die aus der Hallstatt- und La-Tène-Zeit stammen.
Auf diesem historischen Boden ließ der ungarische Graf Franz Nadasdy 1659 die große Kirche mit einem neuen Kloster errichten, das von den Serviten aus Wien betreut wurde.
1683 vernichteten die Türken den ganzen Ort, dabei brannten auch Kirche und Kloster bis auf die Steinmauern nieder. 1705 gab es abermals eine Bandschatzung durch die Kuruzzen. Um die Mitte des 18. Jahrhunderts erhielt die Kirche die prächtige, reichgegliederte Fassade mit den beiden Zwiebeltürmen, die allerdings 1781 durch einen Brand zerstört wurden. In diese Zeit fallen auch die Errichtung des Hochaltars und der Bau der Orgel durch den Ödenburger Orgelbauer Johann Rath. Beides waren Stiftungen des Kavallerieobersten Johann Lipthays aus den Jahren 1761–1763, dessen Wappen an der reichgezierten, mit musizierenden Engelsfiguren geschmückten Brüstung angebracht ist.
Archivalische Forschungen ergaben, daß man im Jahre 1749 an Johann Hencke herangetreten ist, mit der Bitte, einen Kostenvoranschlag für eine neue Orgel zu erstellen; doch kam es zu keinem Auftrag.
Die Jahreszahl der vollendeten Rath-Orgel ist aus einem Chronogramm am Gehäuse ersichtlich. 1774 erfolgte eine Reparatur des Instruments durch den bürgerlichen Orgel- und Instrumentenmacher Mathias Jacob Wiest, 1837 baute Carl Seidelmann in einer dreieinhalb Monate währenden Frist die Orgel um. Er erneuerte hiebei den Spieltisch, den Sockel und die Blasbälge. Auch die Disposition dürfte er etwas verändert haben. 1874 reinigte und stimmte dann der auch in Wien nachweisbare Orgelbauer Johann Born aus Bruck an der Leitha das Werk um 66 Gulden. 1958 schließlich wurde die Orgel einer Renovierung durch die Salzburger Firma Dreher & Reinisch unterzogen, die die Schleifladenkonstruktion des Instruments jedoch beibehielt; im Jahre 1977 wurde das Werk durch Romano H. Zölss (Frankenau) einer eingehenden Restaurierung unterzogen.

Heutige Disposition:

Manual
C–c³ mit kurzer Unteroktav

Gedeckt	8'
Prinzipal	4'
Flautta	4'
Salicionalflöte	4'
Quint	2²/₃'
Oktav	2'
Quint	1¹/₃'
Mixtur 3fach	1'

Pedal
C–a mit kurzer Unteroktav

Subbaß	16'
Oktavbaß	8'

44 Das Truhenpositiv in der Burg zu Güssing

Eine der größten Ruinen des Burgenlandes erhebt sich auf einem weithin sichtbaren Porphyrkegel. Die weitläufigen Reste der Befestigungsanlagen des 16. und 17. Jahrhunderts erinnern an die einstige Bedeutung der Burg als Grenzbefestigung. Ein Vergleich mit der steirischen Riegersburg oder mit der ähnlich großen, gleichfalls ruinösen Anlage von Landsee drängt sich auf. Oberhalb eines großen Burghofs befinden sich die noch bewohnbaren Reste der ehemaligen Hochburg mit der gotischen Kapelle. Seit 1524 war diese Burg im Besitz der Grafen Batthyány und wird heute von der Fürst-Philipp-Batthyányschen Stiftung erhalten.

In früheren Jahrhunderten gab es auf dem Gebiet der Orgelinstrumente eine große Variationsbreite: Tragorgeln, Kleinwerke in Tisch- und Kastenform waren keine Seltenheit. Diese Instrumente wurden bei den verschiedensten Anlässen gespielt; als Prozessionsorgel mitgetragen finden wir sie ebenso wie als Hausmusikinstrument, angepaßt und eingebaut in Stilmöbel der jeweiligen Epoche. Heute sind diese Instrumente selten geworden.

Ein besonderes Kleinod dieser Gattung steht in Form eines kleinen Truhenpositvs in der Burg von Güssing. Wie man einer Signierung auf den Klaviaturbacken entnehmen kann, wurde das Werkchen im Jahre 1740 erbaut.

Das Instrument ist nur 85 cm hoch, 70 cm breit und 70 cm tief. Das truhenförmige Gehäuse ist mit einer schon sehr verblaßten Fassung versehen und birgt im unteren Teil die mit einem Tretmechanismus zu betätigende Windversorgung. An der rechten Seite und an der Rückwand des Positivs sind Gitter als Schallöffnungen angebracht; an der Rückseite sind rechts und links zwei Öffnungen in Form eines H neben dem Gitter ausgeschnitten. Seitlich dienen vier geschmiedete Ösen zum Durchschieben von Tragstangen.

Die Truhe ist mit einem verschiebbaren Deckel versehen, der beim Zurückschieben das Pfeifenwerk freigibt. Dieses besteht aus einem einzigen Register von 45 gedeckten Holzpfeifen; der Tastenumfang erstreckt sich von C–c^3 mit kurzer Unteroktav. Die Klaviatur – die Untertasten aus Buchsbaum, die Obertasten aus Ebenholz – ist an den Fronten verziert und hat in der Höhe der Obertasten drei Kerben.

Dieses in seiner Bauart einzig dastehende Instrument ist klanglich hervorragend und gehört zu den bedeutendsten historischen Werken des Burgenlands.

45 Die Kammerorgel des Stiftes Kremsmünster

P. Altmann Kellner kommt das Verdienst zu, in seiner mit größter Akribie und Freude am Detail geschriebenen ,,Musikgeschichte des Stiftes Kremsmünster" (1956) durch umfassende Darstellung die Arbeiten verschiedenster Orgelbauer zu würdigen.
Eine große Zahl von Positiven, Regalen und anderen Tasteninstrumenten scheint in den verschiedenen Inventaren als Eigentum des Stiftes auf. Von all diesen archivalisch kaum verfolgbaren Instrumenten hat sich ein einziges bis heute erhalten – die sogenannte Kammerorgel –, ein bedeutendes Kleinod der österreichischen Orgelbaugeschichte.
Im Jahre 1587 kaufte der Abt von Kremsmünster ein ,,Doppeltes Instrument" um 17 Gulden von Jörg Hacker, Orgelmacher und Bürger aus Steyr, der auch mit anderen Arbeiten für das Stift betraut wurde. Nach Praetorius versteht man unter einem solchen Werk ein ,,Regal-Octava-Werk", ein Mischinstrument, dem sogar ein Spinett eingebaut werden konnte.
Das ,,Doppelte Instrument" von Kremsmünster ist ein zweimanualiges Positiv mit 5 Registern und 4 Nebenzügen. Das Gehäuse aus Nußholz besitzt seitliche Traggriffe. Die dem Publikum zugewandte Schauseite des Instruments schmückt der Labialprospekt des Prinzipal 1'-Registers, auf der Klaviaturseite stehen die Regalregister und anschließend das Holzregister Coppel 4'. Der Tastenumfang beträgt je 27 Töne chromatisch von C–d^1, aus räumlichen Gründen aber bedeuten die beiden Manuale nur die Trennung beziehungsweise Aufteilung einer Klaviatur in Baß- und Diskantteil. Das obere Manual betätigt auf der gemeinsamen Windlade die vorderen Ventile, auf diesen stehen die beiden Register Regal 8' und Coppel 4'. Vom unteren Manual aus können die Register Regal 2', Principal 1' und Oktav $^1/_2$' über die hinteren Ventile betätigt werden. Zusätzlich kann das untere Manual mit einem Koppelzug an das obere gekoppelt werden. Somit sind alle 5 Register auf dem oberen Manual spielbar.
Rechts und links von den Klaviaturen befinden sich die Figuren eines männlichen und eines weiblichen Fauns. Ein Registerknopf auf der linken Seite betätigt eine hölzerne Zungenpfeife, Trompete 8' (C). Die rechte Hand des männlichen Fauns, der vermutlich beim Einschalten des Zuges eine Trompete an seinen Mund setzte, fehlt. Außerdem kann durch zwei Knöpfe auf den Klaviaturbacken dieser Seite je ein Ventil geöffnet werden, das zu je zwei Regalpfeifen führt. Diese werden durch eine Schleife paarweise ein- und ausgeschaltet und ergeben die Töne C/G bzw. D/A.
Auf der rechten Seite, der Seite des weiblichen Fauns, sind zwei Knöpfe zwei gedeckten Pfeifen zugeordnet, mit denen man den ,,Kuckucksruf" auslösen kann. Der dritte Knopf darunter ließ offenbar zusammen mit einer Bewegung der Hand der Faunin einen ,,Vogelsang" erklingen. Die fehlende Hand trug wahrscheinlich einen Vogelbauer.
Seit der Restaurierung durch Orgelbaumeister Arnulf Klebel im Jahre 1965 ist das Werk wieder im Originalklang zu hören.

Die Disposition des ,,Doppelten Instruments" lautet:

Oberes Manual
Regal (Holz) 8'
Coppel (Holz) 4'

Unteres Manual
Regal 2'
Principal 1'
Oktav $^1/_2$'

Nebenzüge
Heertrompete
Dudelsack-Quinten
Kuckucksruf
Voglsang

46 Die Orgel der Stiftskirche Schlägl

Unwirtlich und entlegen war einstmals das Gebiet um Schlägl. Die Zisterziensermönche aus Langheim bei Bamberg, die 1204 hier ein Kloster gründen sollten, waren nicht zu bewegen, längere Zeit in dieser Gegend zu bleiben. Schon 1218 mußte der Klostergründer Chalhoch von Falkenstein Prämonstratenser aus Mühlhausen in Böhmen holen, um dem oberen Mühlviertel zu einem kulturellen und wirtschaftlichen Aufstieg zu verhelfen. Weder die Zerstörungen durch die Hussiten, noch der geistige Niedergang in der Reformationszeit, noch verheerende Feuersbrünste konnten dem auch an Ländereien reichen Kloster etwas anhaben. Den romanischen ersten Bau ersetzte ein in den Grundzügen heute noch vorhandener gotischer Neubau, der durch Barockisierung weitgehend umgestaltet wurde. Schlägl blieb kulturelles Zentrum durch Jahrhunderte, es konnte der Säkularisierung durch Joseph II. entgehen und trotz seiner Auflösung während der letzten Jahre des Zweiten Weltkrieges die Stellung eines geistigen Zentrums wiedererringen.

Den bedeutendsten Schatz der Inneneinrichtung der Kirche stellt die 1634 von Andreas Putz aus Passau fertiggestellte Orgel dar: sie ist die älteste Orgel Oberösterreichs. Georg Obermayer aus Passau ist der Schöpfer des Gehäuses, die Malereien an der Rückwand der Orgel verfertigte 1641 Hans Melchior Ott. Das monumentale Renaissancegehäuse, das ursprünglich Flügeltüren hatte, steht direkt auf der Chorbrüstung. Der untere Teil des Gehäuses enthält das Positiv, der obere das Hauptwerk. Eine Besonderheit bildet die Rückwand des Gehäuses über dem Spielschrank: ein dreifeldiger Prinzipalprospekt, aus den Pfeifen des Pedalregisters Oktav 8' bestehend, ziert diese Rückseite. Jahrelang blieb das wunderbare Instrument der Pflege namhafter Orgelbauer anvertraut: Andreas Putz und seinen Söhnen Georg und Jakob, später Johann Freundt und Valentin Seitz. Schließlich behob Johann Christoph Egedacher aus Salzburg 1704 entstandene Brandschäden, und Johann Ignaz Egedacher aus Passau übernahm die weitere Betreuung des Werkes. Fast 100 Jahre später, 1805, kam es neuerlich zu Schäden durch einen Brand, zu deren Reparatur Franz Noli aus Pilsen berufen wurde. 1854 führte Josef Breinbauer eine Erneuerung der Orgel mit gleichzeitiger Umgestaltung der Disposition durch, 1904 schließlich erlaubte sich Johann Lachmayr aus Urfahr den größten Eingriff; er erweiterte die Orgel um 10 Register, für die er eine eigene Bühne mit pneumatischen Verbindungen zu den alten Schleifladen errichtete.

1960 restaurierte die Schweizer Orgelbaufirma Th. Kuhn AG. aus Männedorf/Zürich das Werk und stellte dabei die Putz-Dispostion weitgehend wieder her. Die von Egedacher stammende Positivlade wurde erneuert.

Nur wenige Orgeln haben sich aus dem Beginn des 17. Jahrhunderts bis in unsere Zeit erhalten; die Putz-Orgel in Schlägl repräsentiert in jedem Fall trotz zahlreicher Veränderungen die Qualität und Höhe der Orgelbaukunst ihrer Entstehungszeit.

Heutige Disposition:

Hauptwerk	
C–c³ mit kurzer Unteroktav	
Principal	8'
Coppel	8'
Octav	4'
Spitzflöte	4'
Quint	3'
Octav	2'
Mixtur 7 bis 10fach	
Zimbel 2fach	
Posaune	8'
Positiv	
C–c³ chromatisch, 49 Töne	
Coppel	8'
Principal	4'
Flöte	4'
Octav	2'
Quint	1'
Mixtur 4fach	
Dulcian	16'
Trompete	8'
Pedal	
19 Töne	
Principal	16'
Octav	8'
Octav	4'
Mixtur 5fach	
Posaune	16'

47 Die Orgel des Benediktinerstiftes Lambach

An einem geographisch einmaligen Platz, am Zusammenfluß von Traun und Ager, erhebt sich auf einem Hügel zwischen Traun und Straße der langgestreckte Bau des Benediktinerstiftes Lambach. 1040 als Niederlassung weltlicher Kanoniker in der Stammburg des Grafen Arnold II. von Wels-Lambach gegründet, wurde die Stiftung von Bischof Adalbero von Würzburg, einem Sohn Arnolds, dem Benediktinerorden, der das Kloster auch heute noch betreut, übergeben.

Bayern-, Bauernkriege und Reformation gingen an dem Kloster nicht spurlos vorüber. Das Barockzeitalter aber prägte dann den heutigen Bau: herrlich etwa das hervorragende Portal des Westtraktes, bevor man den ersten Klosterhof und den Kreuzgang betritt. Am Ende des Kreuzganges erhebt sich die frühbarocke Kirche (1656), deren Türme 1639 auf die romanischen Türme aufgesetzt wurden.

Bereits 1469 ist der Bau einer Orgel in der Stiftskirche bezeugt, 1636 erhält das Kloster durch Andreas Putz ein tafelförmiges Positiv und 1638 durch den gleichen Meister ein Hornwerk.

1653 wird Christoph Egedacher aus Straubing für einen Orgelneubau in der Stiftskirche gewonnen. Um den Betrag von 900 Gulden sollte er innerhalb eines Jahres eine zweimanualige Orgel mit 20 Registern liefern. Aber erst 1657 stellte Egedacher die Orgel fertig, die offenbar weit größer war als ursprünglch geplant. Sie umfaßte nun bei drei Manualen etwa 30 Register. Es ist bedauerlich, daß gerade über dieses Werk keinerlei Angaben erhalten sind. Man kann lediglich feststellen, daß der Spieltisch an dem Brüstungspositiv angebaut war und dieses sechs Register beinhaltete.

1668 baut Johann Freundt aus Passau für den Chorraum um 140 fl. ein neues Positiv, das 1770 noch erwähnt wird, heute aber auch nicht mehr vorhanden ist. 1739 bis 1746 wird die Orgel von einem ungenannten Meister restauriert (es wäre möglich, daß erst zu diesem Zeitpunkt das dritte Manual errichtet wurde) und 1770 von Ignaz Gatto aus Krems generell erneuert. Er baute unter anderem eine Gambe ein. 1812 war Peter Hötzel aus Steyr/Garsten 13 Tage lang mit der Wiederherstellung des Instruments beschäftigt. 1857 versetzte dann Carl Reppe aus Ried den Spieltisch, und ebenfalls noch im 19. Jahrhundert baute Martin Hechenberger die Orgel um (neuer Spieltisch, Einbau neuer Register). 1900 wurden durch Späth aus Ennetach kleinere Veränderungen am Werk vorgenommen, und schließlich bauten die Firmen Zika und Pirchner unter Verwendung alten Pfeifenbestandes von Christoph Egedacher die Orgel völlig um.

Das heute in seiner Originalgestalt nicht mehr rekonstruierbare Werk ist musikhistorisch besonders interessant, weil im Jahre 1783 W. A. Mozart auf der Rückreise von Italien während eines Gottesdienstes auf der damals noch weitgehend originalen Orgel spielte.

Disposition der heutigen Schleifladenorgel:

Hauptwerk C–f^3	
Quintatön	16'
Prinzipal	8'
Gedacktkoppel	8'
Salicional	8'
Oktav	4'
Flöte	4'
Quint	$2^2/_3$'
Waldflöte	2'
Superoktav	2'
Mixtur 4fach	2'
Cimbel 3fach	1'
Trompete	8'
Positiv C–f^3	
Gedackt	8'
Prinzipal	4'
Gedacktflöte	4'
Oktav	2'
Gemshorn	$1^1/_3$'
Scharff 3fach	1'
Oberwerk C–f^3	
Koppel	8'
Dulzian	8'
Prinzipal	4'
Kleinkoppel	4'
Oktav	2'
Sesquialtera 2fach	$2^2/_3$'
Mixtur 4fach	$1^1/_3$'
Pedal C–f^1	
Prinzipalbaß	16'
Subbaß	16'
Oktavbaß	8'
Gedackt	8'
Choralbaß	4'
Pedalmixtur	$2^2/_3$'
Posaune	16'
Posaune	8'

ET
IPSO SEXTO A
PRIMA AEDE CON
DITA SAECULARI
ANNO SOLEMNITER
DEDICAVIT
PLACIDUS ABBAS
HUIUS LOCI
MDCLVI
DOMINE DILEXI
DECOREM DO
MUS TUAE

48 Die Orgel der ehemaligen Stiftskirche Mariä Himmelfahrt von Baumgartenberg

Zisterziensermönche aus Heiligenkreuz bei Wien und Morimond in Burgund rodeten und bewirtschafteten das Gebiet um Baumgartenberg, nachdem Otto von Machland hier 1141 ein Kloster gegründet hatte. Trotz innerer Schwierigkeiten und Zerstörungen durch die Hussiten erlangte das Stift bis zu seiner Aufhebung durch Joseph II. im Jahre 1784 große wirtschaftliche und kulturelle Bedeutung. Im Erscheinungsbild seiner Kirche vereinigen sich Romanik, Gotik und Barock in überzeugender, gültiger Weise.

Laut einer Aufschrift am Gehäuse stammt die Orgel der Stiftskirche aus dem Jahr 1662. Wer sie errichtet hat, ist nicht geklärt, jedoch wird sie J. G. Freundt aus Passau zugeschrieben. Was hinter dem breit ausladenden Hauptprospekt und dem graziösen Positiv an originaler Substanz erhalten geblieben ist, läßt sich leider nicht mit Sicherheit genau feststellen, da durch Umbauten während der Hoch- und Spätbarockzeit sowie besonders im 19. Jahrhundert das Werk stark verändert wurde. Trotzdem muß dem erhaltenen Instrument und dem Anteil originaler Stimmen historische Bedeutung zugestanden werden.

Das Werk beinhaltet 17 Stimmen, von denen ein Teil aus dem 19. Jahrhundert stammt; der freistehende Spieltisch weist ebenfalls auf Umbauten hin: früher besaß die Orgel einen Spielschrank. Die größten Veränderungen erfuhr das Hauptwerk durch den Einbau von drei romantischen „Engelchorstimmen". Der Gesamtklang des Werkes wurde durch die Dispositionsänderung trotz des originalen Prinzipalchores beeinträchtigt. Wilhelm Zika führte bei der Instandsetzung der Orgel im Jahre 1962 keine neuerliche Dispositionsänderung durch.

Die heutige Disposition lautet:

Hauptwerk	
Prinzipal	8'
Bordun	8'
Gamba	8'
Salicional (ehemals Flöte 4')	8'
Oktav	4'
Salizet (ehemals Oktav 2')	4'
Quint	$2^2/_3$'
Mixtur	$1^1/_3$'
Rückpositiv	
Gedackt	8'
Prinzipal	4'
Flöte	4'
Oktav	2'
Pedal	
Prinzipal	16'
Subbaß	16'
Cello	8'
Quintbaß	$5^1/_3$'
Choralbaß	4'

49 Die Orgel der ehemaligen Stiftskirche Mondsee

Am Ufer des landschaftlich reizvollen Mondsees ließen sich um 1104 Benediktiner aus Bayern nieder, die anläßlich einer Klostergründung ins Land geholt worden waren. In dem reich dotierten Kloster entwickelte sich ein Zentrum geistiger Hochblüte, Wissenschaft und Kunst wurden eifrig gepflegt. Die Mondseer Liederhandschrift stellt für Musiker und Germanisten ein frühes Denkmal österreichischer Dichtung und Musik dar; so sind in dieser Sammlung die ersten Versuche mehrstimmiger Liedformen von Hermann, dem „Münch von Salzburg" überliefert. Gerade in der Entstehungszeit dieser Handschrift wurde auch der spätgotische Neubau der ehemals hochromanischen Kirche durchgeführt. Während der Barockzeit erfuhr das Gotteshaus eine weitere Umgestaltung, die erst 1730 abgeschlossen war.

1774 wurde der Ort Mondsee von einer schweren Brandkatastrophe heimgesucht, die derartige Schäden verursachte, daß 1791, bei der Aufhebung des Klosters, der Wiederaufbau noch nicht abgeschlossen war. Nach der Aufhebung wurde die ehemalige Klosterkirche Pfarrkirche, das Klostergebäude kam in Privatbesitz.

1519 wird von der Aufstellung einer neuen Orgel berichtet, die aber bereits 1599 durch einen Neubau von Jonas Faber ersetzt wird. Das heute noch erhaltene prächtige Gehäuse mit dem in Österreich seltenen Kronpositiv stammt aus dem Jahre 1673. Über den Erbauer und dessen Werk ist leider bisher nichts bekannt. Umbauten, die Neuerrichtungen gleichkamen (ausgeführt von Johann Lachmayr, Ludwig Mayerhofer und schließlich Fritz Mertel aus Salzburg), veränderten das ursprüngliche Werk völlig. Lediglich die Chororgel, ein Positiv von 1677, weist noch historische Substanz auf.

Die heutige Disposition lautet:

1. Manual	
Salicional	8'
Prinzipal	8'
Gedeckt	8'
Flöte	8'
Oktav	4'
Flöte	4'
Nasat	2 2/3'
Superoktav	2'
Mixtur	2'
Trompete	8'
2. Manual	
Geigenprinzipal	8'
Rohrflöte	8'
Salizional	8'
Prinzipalino	4'
Flöte	4'
Quinte	2 2/3'
Oktavino	2'
Sifflöte	1'
Zymbel	1 1/3'
Krummhorn	8'
Pedal	
Prinzipalbaß	16'
Subbaß	16'
Zartbaß	16'
Oktavbaß	8'
Baßflöte	8'
Choralbaß	4'
Baßquinte	2 2/3'
Oktav	2'
Posaune	16'

50 Die Orgel der ehemaligen Stiftskirche von Waldhausen

Das Stift Waldhausen – nahe der oberösterreichischen Grenze des Mühlviertels zu Niederösterreich – geht wie Schlägl auf eine Gründung Ottos von Machland auf seiner Burg Säbnich bei Sarmingstein zurück. Betreut von den Augustiner Chorherren, wurde das Kloster bald darauf in die geschütztere Lage von Waldhausen verlegt. Wie viele Klöster und Ortschaften hatte auch Waldhausen unter den Hussiten arg zu leiden. Kirche und Kloster erhielten gegen 1680 ihre endgültige frühbarocke Gestalt. Leider blieb nur die Kirche, nicht aber das Kloster erhalten. Dieses wurde 1792 aufgehoben und abgetragen; die Steine verwendete man beim Bau der Franzensburg in Laxenburg bei Wien.
Wie schon bei vielen anderen Orten erwähnt, bilden auch in Waldhausen der Hochaltar und die Orgel einen prächtigen Gegensatz. Der mächtige Hochaltar und die monumentale Orgel sind wohl in ihrer schwarzgoldenen Fassung zu gleicher Zeit geplant worden. Heute ist von der Orgel nur mehr das Gehäuse historisch interessant.
Bereits 1592 ist von einem älteren Werk die Rede, das von Eusebius Amerbach repariert wurde. 1677 erfolgte die Fertigstellung einer neuen Orgel in dem heute noch vorhandenen Gehäuse, acht Jahre nach der Vollendung des Hochaltares. Über den Erbauer ist nichts bekannt, die Jahreszahl der Errichtung ist auch nur durch deren Aufschrift am Gehäuse überliefert. Entsprechend dem werkmäßigen Aufbau des Gehäuses kann die Orgel an die 20 Stimmen gehabt haben. Interessant ist die Anlage eines Oberwerkes zwischen Hauptwerk und Pedal. Bei der Klosteraufhebung (1792) wurde das Werk entfernt und offensichtlich verkauft.
1803 baute Nikolaus Rumel der Jüngere ein Rückpositiv in klassizistischen Formen, hinein setzte er ein neues Werk mit 9 Stimmen, 3 Pedalstimmen fanden in den Seitenflügeln Platz. Das Oberwerkgehäuse blieb stumm und erhielt einen gemalten Scheinprospekt. Die Disposition dieses kleinen Werkes ist überliefert (siehe nebenstehend).
1956 wurde die Orgel von Johann Pirchner umgestaltet und erweitert. Dabei wurde das Positiv beibehalten, aber um eine Zungenstimme und eine Mixtur vergrößert. Ebenso erhielt das Pedal eine Erweiterung im Tonumfang und im Registerbestand.
In das Oberwerkgehäuse wurde ein Prinzipalplenowerk auf 8'-Basis 7–11fach ohne Schleifen nach Art eines Blockwerkes eingebaut, das durch einen einzelnen Registerzug betätigt werden kann.

Disposition der Rumel-Orgel im Positivgehäuse:

Copl	8'
Sollo	8'
Fugara	8'
Piffara	8'
Principal	4'
Flöte	4'
Quint	2 2/3'
Octav	2'
Mixtur 4fach	

Pedal

Bordun (Holz gedackt)	16'
Octavbaß	8'
Principal	8'–4'

Heutige Disposition:
Positiv (C–d³, 51 Töne)

Copl	8'
Spitzflöte	8'
Salicional	8'
Prinzipal	4'
Flöte	4'
Quint	2 2/3'
Octav	2'
Mixtur 4fach	1 1/3'
Schalmei	8'

Oberwerk (C–d³, 51 Töne)

Prinzipalpleno (7–11fach)	8'

Pedal (27 Töne in den beiden Seitengehäusen)

Subbaß	16'
Prinzipal	8'
Gedacktbaß	8'
Choralbaß	4'
Bombarde	16'

51 Die Chororgel des Augustiner Chorherrenstiftes St. Florian

Die Gründung des Klosters St. Florian erfolgte bereits in karolingischer Zeit. Der Überlieferung nach war es an jener Stelle errichtet worden, wo der römische Amtsvorsteher Florianus aus Lauriacum nach seinem Martyrium begraben worden war. Die heutige Stiftskirche soll sich über diesem Platz erheben.

Nach der Neugründung des Stiftes, 1071, das zuvor als weltgeistlicher Konvent durch Awaren und Ungarn oft beschädigt oder zerstört worden war, wurde es nach der Augustiner Chorherrenregel eingerichtet.

1274 wurde das Kirchengebäude erneuert und in den folgenden Jahrhunderten bis 1518 reich ausgestattet. 1686 erfolgte schließlich der Beginn einer hoch- und spätbarocken Erneuerung des Klosters und der Kirche. Wie in vielen oberösterreichischen Stiften tritt auch hier Carlo Antonio Carlone als Architekt in Erscheinung. Nach dessen Tod übernahm Jakob Prandtauer die Fortsetzung des monumentalen Bauvorhabens.

Bereits aus dem Jahre 1468 wird von der Errichtung zweier Orgeln auf dem Lettner berichtet, die kleinere davon war gegen das Volk gerichtet, die größere befand sich über dem Chorgestühl. Die Fertigstellung erfolgte 1475. Das kleinere Instrument wurde bei der Barockisierung, 1629, anläßlich der Entfernung des Lettners abgetragen und von Balthasar Neuwirdt auf dem Musikchor aufgestellt.

1691 werden schließlich zwei neue Chororgeln für den barocken Raum angeschafft. Als Orgelbauer ist ein „Remmer" genannt. Es handelt sich wohl um einen Sproß der weitverzweigten Orgelbauerfamilie Römer. Die beiden Werke erhielten klingende Namen: Sonntags- bzw. Tagamtsorgel (= Epistel bzw. Evangelienorgel). 1780 errichtete Daniel List ein neues Werk im Gehäuse der Evangelienorgel, 1885 baute Matthäus Mauracher die Sonntagsorgel (diese ist im Bild auf der rechten Seite zu sehen) um. Die offensichtlich bereits stark vom Original abweichende Disposition der Sonntagsorgel vor dem Umbau ist erhalten (siehe nebenstehend).

Beim Umbau durch Mauracher wurden Windladen, Traktur, Spieltisch und Gebläse erneuert. 1931 schließlich erfolgte durch die Gebrüder Mauracher ein Umbau auf elektrische Traktur, zu der bisherigen Sonntagsorgel wurde im Gehäuse der Tagamtsorgel ein drittes Manual aufgestellt. Diese Neukonstruktion erhielt die Bezeichnung „Augustinusorgel" und umfaßt 44 Stimmen.

Hauptwerk	
Alba	8'
Hohlflöte	4'
Octav	4'
Quint	2 2/3'
Octav	2'
Bauerflöte	2'
Mixtur 4fach	1 1/2
Positiv	
Principal	8'
Rohrflöte	8'
Calmea	8'
Octav	4'
Waldflöte	4'
Salicet	4'
Octav	2'
Pedal	
Subbaß	16'
Octavbaß	8'
Borduna	8'
Cello	8'
Mixtur 4fach	
Fagott	8'

52 Die Bruckner-Orgel des Augustiner Chorherrenstiftes St. Florian

Hauptwerk I. Manual	
Principal	8'
Douce-Flöte	16' + 8'
Flauto hemiolo	8'
Quinta-Töna	8'
Alba	8'
Unda maris	8'
Octav	4'
Saliceti	4'
Trinuna	4'
Divinare 4', Spitzflöte 4' } ein Zug	
Quint 3', Nasat 3' } ein Zug	
Flauto quinta decimo	2'
Akkord 10fach	4'
Pleno Zug für 7 Register	
Mittleres II. Manual	
Contraprincipal	16'
Come vi piace	16'
Hauptprincipal	8'
Principalflöte	8'
Flauto commune	8'
Sirene	8'
Traverso 8', Violoncell 8' } ein Zug	
Viola da Gambe 8', Quintadena 8', Dulcian Flöte 8' } ein Zug	
Flöte in der Octav	4'
Octav 4', Saliceti 4', Dulcian 4' } ein Zug	
Ciuffoli protei	3'
Feldflöte	2'
Cornetini 3fach	
Akkordo 6fach	
Bombegi bassi (Rohrwerk)	8'
Maschiotti (Rohrwerk)	8'
Oberes III. Manual	
Principalini	8'
Echo	8'
Flauto commune	8'
Ciuffoli die primavera	8'
Dulciana 8', Gamba 8' } ein Zug	
Falseti dolci	8'
Octav	4'
Flauto conditioni	2'
Mixtur 3fach	2'
Mixtur 2fach	1'
Musette (Zungenstimme)	8'
Pedal	
Contraprincipal 32', Octav 16' } ein Zug	
Bombardo 32', Octav 16' } ein Zug	
Bordoni 16', Octav 8' } ein Zug	
Borduna piana 16', Octav 8' } ein Zug	
Viole 16', Quintaton 16', Violoncello 8' } ein Zug	
Principal 8', Quint 6', Octav 4' } ein Zug	
Octavbaß 8' + 4' = ein Zug	
Akkord 12fach	8'
Cornet 4chörig	4'
Bombardoni grossi	16'
Bombardoni mezzanetti	8'

Größere und kleinere Orgelbauten sind aus der jahrhundertealten Geschichte des Klosters bekannt, bis man sich 1770 zu dem für die damalige Zeit monumentalen Neubau der großen Orgel in St. Florian entschloß: das Stift bestellte in diesem Jahr eine zweimanualige Orgel um 3200 Gulden bei Franz Xaver Chrismann, dem berühmten, aus Slowenien stammenden Orgelbauer. Während des Baus der Orgel, der zwei Jahre dauern sollte, entschloß man sich zur Vergrößerung des Werkes auf drei Manuale. 1774 stellte Chrismann das Werk mit einem provisorischen Windwerk fertig, das in diesem Zustand auch kollaudiert wurde.

Die Vollendung des für damalige Verhältnisse in Österreich viel zu großen Werkes verzögerte sich, Chrismann und sein Mitarbeiter Peter Hötzl verließen Orgel und Kloster. Der Überlieferung nach soll ein Zerwürfnis mit Probst, Dechant und Kapitularen die Ursache gewesen sein. Jedenfalls wurden alle Belege über den Orgelbau vernichtet. Nach vergeblichen Versuchen von Chrismanns Gehilfen Jakob Prenschitz, des Exkarmeliten Frater Justinian (auch Martinian) und Daniel Lists schließlich schuf Johann Georg Fischer aus Klosterneuburg 1837 die baulichen Voraussetzungen für die ausreichende Windversorgung des Instruments. Aus dieser Zeit existiert eine Beschreibung, die das originale Bild der Disposition überliefert (siehe nebenstehend). Die Orgel hatte 74 Stimmen, verteilt auf drei Manuale und Pedal. Durch Zusammenziehung mehrerer Stimmen auf einen gemeinsamen Zug ergaben sich für die 74 Stimmen 52 Registerzüge. Die Zahl der Pfeifen betrug 5230 mit einem 32füßigen Prinzipalprospekt, beginnend mit D und Dis, während die Töne C und Cis hinter der Orgel zur Aufstellung kamen.

1839 war eine neuerliche Überholung notwendig, die Matthäus Höfer aus Niederwaldkirchen durchführte. Erst seit dieser Arbeit galt das Werk als wirklich vollendet. 1873 begann unter der Leitung und nach den Plänen von Anton Bruckner der Umbau der Chrismann-Orgel durch Matthäus Mauracher. Das Werk wurde auf vier Manuale erweitert und umfaßte nun 78 Register auf 9 mechanischen Schleifladen. Dadurch war auch eine Erhöhung des Gehäuse-Mittelfeldes notwendig geworden. Allerdings hatte dieses neue Werk um 237 Pfeifen weniger als das ursprüngliche, da 1501 Pfeifen entfernt und 1264 hinzugefügt wurden. 1875 konnte die erneuerte Orgel geweiht werden.

1931 erfolgte schließlich der Umbau des Werkes auf elektropneumatische Kegelladen und eine Erweiterung auf 92 Register. 1943 sollte endgültig ein vollkommener Um- bzw. Neubau erfolgen, doch entschied man sich zuletzt für die Rückführung auf die Chrismann-Disposition. Bis 1951 dauerten die Arbeiten Wilhelm Zikas; man wählte die elektrische Register- und Spieltraktur und baute ein neues viertes Manual auf einer Ergänzungslade zu dem rückgeführten Werk hinzu. Die Orgel besitzt heute 103 klingende Stimmen mit 7343 Pfeifen, auf vier Manuale und Pedal verteilt.

53 Die Orgel der Vorstadtpfarrkirche St. Michael in Steyr

Die Egedacher-Disposition lautete:

Manual
ein principal
ein coppel
ein gedekte flueten
ein octaven
ein quint doppelt
ein super octaven
ein quintade
ein mixtur 5fach
ein cimbel 3fach

Positiv
ein coppel
ein principal
ein flueten
ein super octav
ein quint

Pedal

portun	16'
octav	8'
quint	
suboctav	4'

Heutige Disposition:

Hauptwerk C–g³

Quintade	16'
Prinzipal	8'
Coppel	8'
Gemshorn	8'
Oktav	4'
Flöte	4'
Quint	2²/₃'
Oktav	2'
Mixtur major 4–5fach	2'
Mixtur minor 3–4fach	1¹/₃'
Trompete	8'

Rückpositiv C–g³

Gedackt	8'
Prinzipal	4'
Rohrflöte	4'
Oktav	2'
Quint	1¹/₃'
Mixtur 4fach	1¹/₃'
Cimbel 2fach	²/₃'
Krummhorn	8'

Pedal C–f¹

Prinzipalbaß	16'
Subbaß	16'
Prinzipalbaß	8'
Oktavbaß	4'
Nachthorn	2'
Mixtur 4fach	2²/₃'
Posaune	16'
Posaune	8'

Das bedeutendste Bauwerk Steyrs ist zweifellos die mächtige St. Michaelskirche. Am Fuße des Tabors gelegen, wurde der Bau des Gotteshauses 1634 durch die Jesuiten begonnen. Zunächst mußte eine Reihe von Bürgerhäusern planiert werden, dann konnte die Grundsteinlegung erfolgen. Erst 1647 war es möglich, den Bau für die Benützung freizugeben; der Dreißigjährige Krieg hatte eine schnellere Bauausführung verhindert. 1677, also dreißig Jahre später, wurde das Portal fertiggestellt. Ob zu diesem Zeitpunkt bereits eine Orgel vorhanden war, ist fraglich. Weitere Umbauten erfolgten bis 1770. Erst in diese Zeit fällt die Reparatur einer offenbar kleinen Orgel, die den Ansprüchen einer Pfarrkirche – St. Michael wurde 1784 zur Vorstadtpfarrkirche erhoben – schließlich nicht genügen sollte. 1788 wurde die alte Orgel abgetragen, nach Garsten gebracht, um als Notbehelf weiterverwendet zu werden.

Aus der aufgehobenen Stiftskirche von Garsten übertrug Peter Hötzl (Hölzl) die mächtige Orgel in die Vorstadtpfarrkirche. Johann Ignaz Egedacher aus Salzburg hatte 1707 für die Stiftskirche das 18stimmige Werk errichtet und dafür 1100 Gulden erhalten. Der Hoftischler Pocorny hatte um 500 Gulden das Schnitzwerk auf dem Gehäuse ausgeführt und Georg Steindorfer um 530 Gulden die Vergoldung. Noch 1780 hatte Franz Xaver Chrismann das Werk um einige Register erweitert.

1889 baute Johann Lachmayr die Orgel auf pneumatische Traktur um. Er legte das Positiv still und errichtete dafür ein unschönes zweites Manualwerk als Brücke zwischen den beiden Hauptgehäusen. Lediglich die Prinzipalreihe des Hauptwerkes und der Prinzipal 8' des Pedals blieben erhalten. Wie nicht anders zu erwarten war, erwies sich der Umbau vom System her als mangelhaft und reparaturanfällig. Wanderorgelbauer richteten weitere Schäden an. 1969 wurde die Orgel durch Johann Pirchner neuerlich umgebaut. Unter Beibehaltung der erhaltenen alten Stimmen und des Gehäuses wurde das Werk auf 25 Stimmen erweitert. Zusätzlich erhielt die Orgel Schleifladen, mechanische Spiel- und Registertraktur. Das Gehäuse war von Anfang an schwarz getönt und mit Goldauflagen sowie Figuren verziert. Erst im Laufe einer Kirchenrestaurierung des 19. Jahrhunderts übermalte man das Gehäuse mit brauner Farbe. Bei der jüngsten Gehäuserestaurierung wurden alle fremden Zusätze entfernt und der originale Zustand wieder hergestellt. Hervorzuheben sind die von Egedacher in besonderer Art und Weise gestalteten Seitenfelder der beiden Hauptgehäuse; die über die eigentlichen Prospektpfeifen herabhängenden, stummen Pfeifen als Ersatz der Schleierbretter sind in Österreich nur selten anzutreffen.

54 Die Orgel der Pfarr- und Wallfahrtskirche Mariä Heimsuchung von Brunnenthal bei Schärding

In der Wallfahrtskirche von Brunnenthal bei Schärding befindet sich als Kostbarkeit eine Orgel aus dem Jahre 1715, die fast völlig unverändert erhalten blieb. Ihr Erbauer ist der Passauer Meister Leopold Freundt. Die unrichtige Angabe des Vornamens des Orgelbauers mit „Leonhard" ist eine jener Flüchtigkeiten, die die Erforschung der Geschichte eines Instruments oft sehr erschweren.

Das Gehäuse der Orgel ist stilistisch vom Frühbarock geprägt und fügt sich harmonisch dem Kircheninnern ein. Das hohe Mittelfeld mit 9 Pfeifen sowie die beiden niedrigeren Seitenfelder mit je 17 Pfeifen enthalten fast das gesamte Principal 8'-Register. An der Substanz dieser Orgel dürfte nicht viel verändert worden sein, an Stelle des originalen Spielschranks wurde allerdings ein Spieltisch angebaut. Das Werk weist nur ein Manual auf und folgt damit einem in Österreich häufig anzutreffenden Typus. Das Pedal ist mit zwei Stimmen besetzt. Die Disposition – die kaum verändert wurde – ist nebenstehend angeführt.

Die Anordnung der Pedaltöne folgt nicht der Norm der kurzen Großoktav: im Gegensatz zur üblichen kurzen Unteroktav weist die Klaviatur eine gebrochene Unteroktav mit den Tönen Fis und Gis auf. Die verbreitete Meinung, dies sei ausschließlich eine Passauer Eigenart, weil auch die Orgelbauerfamilie Egedacher diese Pedalanordnung verwendet, läßt sich heute kaum mehr vertreten. Auch tschechische Orgelbauer, vor allem Johann Gottfried Helwig (in Prag) und dessen mutmaßlicher Sohn Stephan Helwig (in Maria-Langegg) gebrauchten diese Pedalanordnung.

Manual	
Principal	8'
Gedackt	8'
Octav	4'
Flöte	4'
Quint	2 2/3'
Octav	2'
Mixtur 3fach	1 1/3'
Pedal	
Subbaß	16'
Principalbaß	8'

55 Die Orgel der Karmeliterkirche in Linz

Seit über 300 Jahren besteht in Linz eine Niederlassung des Karmeliterordens. Nach dem Vorbild der Pariser Karmelitinnenkirche entstand hier eine Kirche, die in zwei Etappen zwischen 1674 und 1726 erbaut und eingerichtet wurde.

Im Jahre 1713, also vor Beendigung der zweiten Bauetappe des Gotteshauses, wurde eine offenbar kleine Orgel errichtet, die im Laufe der weiteren Jahre den Ansprüchen doch nicht so recht genügte. Die Karmeliter suchten nach Ersatz. Im Zusammenhang mit der Klosteraufhebung unter Joseph II. wurden oftmals Orgeln aus aufgehobenen Stiften an Pfarren veräußert. Den Karmelitern gelang es, die Orgel der Dominikanerkirche in Steyr zu erwerben.

Dieses Werk war im Jahre 1741 von Johann Christoph Egedacher für die Dominikanerkirche in Steyr neu angefertigt worden. 1784 sollte es zunächst in die Pfarrkirche Urfahr gebracht werden, doch gelang es den Karmelitern, das Instrument mit seinen 24 Registern zu bekommen und von F. X. Chrismann aufstellen zu lassen.

Das Werk besaß 1242 Pfeifen. Nach 1800 jedoch erwirkte der Orgelreformator Abbé J. G. Vogler die Erlaubnis, die Orgel nach seinem Simplifizierungssystem umzubauen. Nach diesem Eingriff besaß das Werk nur noch 468 Pfeifen. Die übrigen entfernten Pfeifen enthielten nach Voglers heute im wesentlichen überholter Ansicht „theils Doubletten, theils zischende winzige Schreier". Der Reformorgel war keine lange Lebensdauer beschieden. Schon 1821 wurde sie durch den Linzer Orgelbauer Christian Wilhelm in den ursprünglichen Zustand zurückversetzt.

Ein weiterer Umbau durch Orgelbauer Lachmayr erwies sich ebenfalls als problematisch; deshalb erteilte man im Jahre 1937 der Firma Mauracher den Auftrag zu einem Neubau im Stile dieser Zeit; es entstand ein Instrument auf der Basis pneumatischer Kegelladen mit 27 Registern. Auch dieses Werk war bereits nach 30 Jahren gänzlich verbraucht und versagte seinen Dienst. Im Jahre 1969 wurde durch die Firma Walcker-Mayer in Guntramsdorf bei Wien eine neue Orgel in das historische Gehäuse eingebaut, eine 28registrige Schleifladenorgel mit mechanischer Spiel- und mechanischer Registertraktur.

Das reich gegliederte, vielteilige Barockgehäuse der ehemaligen Egedacher-Orgel aus dem Jahre 1741, das im Laufe der Jahrhunderte vielfache Umwandlungen erfuhr, wurde restauriert und zu beiden Seiten des Westfensters wieder aufgestellt. Das Oberwerk über dem Fenster kam in der zweiten Hälfte des 19. Jahrhunderts hinzu. Die alten Gehäuseteile sind mit Putten und Girlanden reich verziert.

Disposition der Orgel aus dem Jahre 1969:

Hauptwerk:	
Pommer	16'
Prinzipal	8'
Rohrflöte	8'
Oktav	4'
Blockflöte	4'
Quinte	$2^2/_3$'
Oktav	2'
Mixtur 6fach	$1^1/_3$'
Zimbel 4fach	$^1/_2$'
Trompete	8'
Oberwerk	
Gedackt	8'
Spitzgamba	8'
Prinzipal	4'
Rohrflöte	4'
Oktav	2'
Waldflöte	2'
Quinte	$1^1/_3$'
Sesquialtera 2fach	
Scharff 5fach	$^2/_3$'
Pedal	
Subbaß	16'
Prinzipal	8'
Gedackt	8'
Oktav	4'
Gemshorn	4'
Rohrpfeife	2'
Hintersatz 5fach	
Posaune	16'
Trompete	4'

56 Die Orgel auf der Westempore des Zisterzienserstiftes Wilhering

Hauptwerk
C–c³ mit kurzer Unteroktav

Bordun Copl	16'
Principal	8'
Piffara	8'
Block Flötte	8'
Sallezinal	8'
Octav	4'
Flauten	4'
Fugara	4'
Quint	3'
Superoctav	2'
Mixtur 5fach	$1^1/_2$'
Zymbale 3fach	1'

Positiv
C–c³ mit kurzer Unteroktav

Copl	8'
Dolce Suono	8'
Principal	4'
Flötten	4'
Octav	2'
Mixtur 3fach	$1^1/_2$'

Pedal
C–a mit kurzer Unteroktav

Contra Principal	16'
Bordun-Baß	16'
Principal-Paß	8'
Octav-Baß	8'
Quintatön	8'
(Quint-Copl 6' 1844 entfernt)	
Superoctav	4'
Mixtura 4fach	3'
Bombarton	16'
(von Höfer 1844 an Stelle der Quint-Coppel 6' eingesetzt)	

Am 31. Juli 1619 wurde zwischen Abt Georg II. Grüll des Zisterzienserstiftes Wilhering und dem Orgelbauer und zugleich bedeutenden Komponisten des österreichischen Frühbarock, Paul Peuerl, der auch in Horn und Steyr tätig war, ein Vertrag über den Bau einer Orgel in der Stiftskirche geschlossen, die 18 Haupt- und zwei Nebenregister (Tremulant und Vogelgesang) enthalten sollte. Die Kosten wurden mit 1000 Gulden veranschlagt; Paul Peuerl stellte das Werk noch im selben Jahr in der gewünschten Form fertig; durch einen Kirchenbrand wurde diese Orgel 1733 zerstört.

1734, offenbar noch vor Vollendung des Wiederaufbaus der Kirche, baute Nicolaus Rumel eine neue Orgel. Das Erbauungsjahr ist in einem Chronostichon festgehalten: HostIae LaVDIs DVLCIsonae offerVntVr IVgIter Deo trIno In hIs organIs.

Aus dem Jahre 1844 ist eine Beschreibung der Orgel vorhanden, die Matthäus Höfer verfaßt hat, als er das Werk renovieren sollte. Daraus ist die gegenüber dem Original wohl kaum veränderte Disposition ablesbar (nebenstehend).

Höfer lobte das alte Werk und betonte dessen wohlproportionierte Gestalt und Größe. In der Tat läßt sich an der Prospektgestaltung unschwer die Zusammenarbeit Rumels mit dem Baumeister Johann Haslinger und dem Schöpfer des Konzepts der Innenausstattung der Kirche, Andreas Altomonte, erkennen. Der Chorraum mit dem Orgelgehäuse öffnet sich gleichsam wie eine Theaterbühne zum Kirchenschiff.

1884 baute Leopold Breinbauer aus Ottensheim die Rumel-Orgel unter Verwendung alter Register auf mechanische Kegelladen um. Eigentlich handelt es sich um einen Neubau, denn nur Teile aus etwa sechs Registern des alten Werkes wurden – total überarbeitet – wiederverwendet. So blieben von der Rumel-Orgel nur noch das Gehäuse, der Zinnprospekt und einige wenige Pfeifen erhalten.

57 Die Chororgel des Zisterzienserstiftes Wilhering

Eine der bedeutendsten Klostergründungen des Zisterzienserordens in Österreich ist das Stift Wilhering im Mühlviertel, das bald zu einem geistigen und wirtschaftlichen Zentrum des nördlichen Oberösterreich wurde. Etwa hundert Jahre nach der ersten Mönchsansiedlung war 1254 der erste gemauerte Klosterbau fertiggestellt, von dem noch Reste in Kirche und Kreuzgang nachweisbar sind. Nach wechselvoller, durch Reformation, Bauernaufstand und Türkenkriege bestimmter Geschichte wurden 1733 Kirche und Kloster durch Brandstiftung völlig vernichtet. Der Wiederaufbau wurde sofort eingeleitet, und nach Entwürfen des Linzer Baumeisters Johann Haslinger und des bedeutenden Barockbühnenbildners Andreas Altomonte entstand die wohl schönste Rokokokirche Österreichs.

Nach Vollendung der Hauptorgel auf der Westempore im Jahre 1734 wurde der Linzer Orgelbaumeister Nicolaus Rumel d. Ä. zur Errichtung einer Chororgel herangezogen. Ein an der Orgel angebrachtes Täfelchen nennt den Erbauer des Werkes und das Datum seiner Fertigstellung, 1734. Dieses Instrument war als Kanzelgegenstück gedacht, ähnlich wie die Chororgeln in den beiden niederösterreichischen Klöstern Zwettl und Lilienfeld.

Ein Chronostichon, leider keinerlei Aktenmaterial, informiert über eine Reparatur im Jahre 1771. 1844 unterzog der Orgelbauer Matthäus Höfer aus Niederwaldkirchen das Werk einer neuerlichen Reparatur und verfaßte darüber ein genaues Protokoll: er zählt die Gesellen auf, gibt seine Arbeiten detailliert an und überliefert genau die Disposition (siehe nebenstehend).

In der Folgezeit wurde die Orgel offenbar nicht wesentlich verändert; lediglich das Windwerk wurde durch Einbau eines elektrischen Gebläses erneuert. Im Archiv finden sich Notizen über zwei kleinere Reparaturen durch Josef Breinbauer aus Ottensheim.

Die Chororgel von Wilhering besitzt neben einigen anderen Stimmen von hoher Qualität einen ausgezeichneten Prinzipal 8' und eine strahlende, glänzende Mixtur. Sie vermag daher die weiträumige Kirche klanglich zu füllen und zu beherrschen.

Kein Geringerer als Anton Bruckner zählte dieses Klangdenkmal wegen seines einzigartigen Gehäuses und seines spezifischen Klanges zu seinen Lieblingsorgeln.

Manual

C–c^3 mit kurzer Unteroktav	
Prinzipal	8'
Alba	8'
Flauta	8'
Flauta	4'
Quint 3' et Superoctav 2'	
Octava	4'
Mixtur 4fach	1'

Pedal

C–a mit kurzer Unteroktav	
Bordunbaß 16' et Alba 8'	
Octavbaß	8'

58 Die Orgel des Zisterzienserstiftes Schlierbach

1355 wurde auf dem Platz einer ehemaligen Burg ein Zisterzienserinnenkloster erbaut, eine relativ späte Gründung, die bereits in der Reformationszeit wieder aufgelöst wurde. 1620 wurde das Kloster als Männerkloster vom Stift Rein (Steiermark) aus neu besiedelt. Wirtschaftlicher und geistiger Aufschwung ermöglichten die Umgestaltung des Baus. Von der Klosteraufhebung unter Joseph II. verschont, wurde das zum Stift gehörige Gotteshaus 1784 Pfarrkirche.

Die Ausstattung der Kirche nach der Neubesiedlung ist als eher dürftig anzusprechen. Abt Franziskus Keller (1627–1644) erwarb jedoch eine – wie berichtet wird – „feine Orgel und ein Positiv".

1683 wurde der Kirchenneubau von Pietro Francesco und Carlo Antonio Carlone fertiggestellt, ob ein Orgelneubau erfolgte oder ob die Orgel der früheren Kirche verwendet wurde, entzieht sich unserer Kenntnis.

Am 1. Jänner 1764 schloß Abt Joseph Eysen mit dem Orgelbaumeister Valentin Hochleithner aus Windischgarsten einen Vertrag über den Neubau einer Orgel. Die Orgel sollte 24 Stimmen auf zwei Manualen und Pedal erhalten und nur 450 Gulden kosten. Freilich steuerte das Kloster zu dieser Summe das benötigte Holz und Zinn sowie die Tischler-Arbeitskosten bei. Die Disposition dieses Werkes läßt sich nicht mehr rekonstruieren.

Im Laufe des 19. Jahrhunderts wurde, nach Berichten, eine Reihe von unsachgemäßen Reparaturen vorgenommen, als deren Krönung einer der Orgelbauer sich „mit einigen hundert Zinnpfeifen aus dem Staube" machte. Kaum geklärt werden kann wohl jene Eintragung in der Pfarrchronik, die besagt, daß 1898 „von vorhandenen 32 Registern nur zwei Dutzend (die Hochleithner-Orgel umfaßte ja nicht mehr) in Aktion gesetzt werden konnten".

Unterstützt von diesen Argumenten konnte jedenfalls eine völlige Umarbeitung der Orgel in Angriff genommen werden. Leopold Breinbauer errichtete eine neue pneumatische Kegelladenorgel unter Verwendung von 8 völlig umgearbeiteten Registern der alten Orgel.

Als am 7. Juni 1899 ein Brand Breinbauers Werkstatt in Ottensheim vernichtete und dabei 700 Pfeifen für die Orgel von Schlierbach verbrannten, mußten, um den Bau nicht zu verzögern, neue Pfeifen von einer Pfeifenwerkstatt bezogen werden.

Die annähernde Gestalt der Hochleithner-Orgel vermittelt die Disposition, die Baurat Drexler vor dem Umbau durch Breinbauer aufgenommen hat (siehe nebenstehend). Zu diesem Zeitpunkt dürften allerdings bereits weitgehende Veränderungen vorgenommen worden sein.

Hauptwerk
C–c³ mit kurzer Unteroktav

Prinzipal	8'
Portunal	8'
Gedackt	8'
Oktave	4'
Flauto baritono	4'
Schweizer Flöte	4'
Quint	2²/₃'
Superoktave	2'
Mixtur 4fach	2'

Positiv
C–c³ mit kurzer Unteroktav

Prinzipal	8'
Koppel	8'
Portunal	8'
Oktave	4'
Spitzflöte	4'
Quint	2²/₃'
Superoktave	2'

Pedal
C–gis mit kurzer Unteroktav

Infrabaß	16'
Subbaß	16'
Kontrabaß	16'
Quint	10²/₃'
Prinzipal	8'
Violon	8'
Oktave	4'

59 Die Orgel des Augustiner Chorherrenstiftes Reichersberg

Ungebrochen ist die Tradition des Stiftes Reichersberg am Inn – eines der wenigen Klöster, das auch unter Joseph II. fortbestehen konnte. Sein imposanter Bau, der das Landschaftsbild beherrscht, erhebt sich anstelle einer Burg auf einer Hochterrasse des rechten Innufers.

Die ersten Nachrichten über eine Orgel in der Stiftskirche stammen aus der Zeit um 1600. Damals baute man ein neues Instrument, das aber bereits 1624 bei einem verheerenden Klosterbrand vernichtet wurde. Nach der Weihe des neuen Kirchenbaus im Jahre 1644 wurde wieder eine Orgel errichtet, über die allerdings nichts Näheres bekannt ist. Als 1774 ein Turm der Kirche einstürzte, wurde auch das Orgelwerk zerstört. 1779 baute Johann Michael Herberger aus Stadt am Hof (bei Regensburg) um 800 Gulden ein neues Instrument. Das Orgelgehäuse und das Chorgeländer fertigte der Stiftsbildhauer Josef Stöger an. Das rosa marmorierte Rokokogehäuse besitzt die interessante und in Österreich seltene Ausgestaltung eines Kronpositivs. Das ursprüngliche Konzept der Herberger-Orgel läßt sich kaum rekonstruieren; wahrscheinlich besaß das Werk auf zwei Manualen und Pedal etwa 19 Stimmen.

1882 erhielt Johann Lachmayr den Auftrag zur Renovierung der Orgel, bei der dann ihre Substanz weitgehend verändert wurde. Neue Windladen vor allem, eine neue Mechanik sowie eine erhebliche Dispositionsänderung kennzeichnen diesen Umbau. Auf die Neugestaltung der Disposition nahm vor allem der Gmundner Komponist Johann Haber entscheidenden Einfluß. Dabei wurde das Hauptwerk von neun auf zehn Stimmen erweitert; im wesentlichen wurde der Umbau aber unter Beibehaltung der alten Pfeifen durchgeführt. Völlig romantisch umgestaltet wurden Kronpositiv und Pedal.

1957 führte die Firma Reinisch-Pirchner eine Renovierung durch, bei der neben einer Umfangserweiterung vor allem das Oberwerk neu disponiert wurde.

Heutige Disposition:

Hauptwerk	
Quintadena	16'
Prinzipal	8'
Bordun	8'
Gamba	8'
Oktav	4'
Spitzflöte	4'
Quint	$2^2/_3$'
Octav	2'
Mixtur 4fach	$1^1/_3$'
Cornet 3fach	4'
Oberwerk	
Gedackt	8'
Salicional	8'
Praestant	4'
Rohrflöte	4'
Gemshorn	2'
Nasat	$1^1/_3$'
Scharff 3fach	1'
Pedal	
Subbaß	16'
Violonbaß	16'
Oktavbaß	8'
Choralbaß	4'
Bombarde	16'

60 Die Orgel der Stiftskirche Engelszell

Die Engelszeller Orgel galt wie jene aus Steyr und St. Florian als ein Meisterwerk Chrismanns, das um 1760 erbaut worden war.
Als im Jahre 1787 die ehemalige Linzer Jesuitenkirche zum Dom erhoben wurde, konsultierte man den berühmten Orgelbauer Franz Xaver Chrismann wegen der Aufstellung einer neuen Orgel. Es war weniger an einen Neubau als an eine Übertragung einer Orgel aus einer anderen Kirche gedacht. Verhandlungen in dieser Richtung schienen vorerst wenig erfolgreich gewesen zu sein, so daß Chrismann dem Domkapitel mehrere Kostenvoranschläge für eine neue Orgel unterbreitete. Letztlich entschied man sich dafür – wohl auch bedingt durch den Tod des damaligen Abtes von Engelszell –, die Hauptorgel der Engelszeller Stiftskirche nach Linz in den Dom zu übertragen, weil in Engelszell ohnedies eine Chororgel vorhanden war, die inmitten des reich geschnitzten Chorgestühls ihr Pendant im zierlichen Schein-Orgelprospekt fand.
Trotz mancher Bedenken, die dann doch noch gegen die Engelszeller Orgel auftraten – das Gehäuse verdecke das einzige Fenster auf dem Chor, der Organist sei mitten ins Orgelwerk placiert, so daß er völlig isoliert spielen müsse –, wurde das Instrument schließlich im Dom zu Linz aufgestellt, nachdem sich ein ähnlicher Plan mit der Orgel von St. Florian zerschlagen hatte. Das ursprüngliche Gehäuse der Engelszeller Orgel befindet sich heute noch an seinem Platz in der Engelszeller Kirche (nebenstehendes Bild), die stilistisch der Rokokokirche zu Wilhering nahesteht.
Chrismann dürfte für die nach Linz übertragene Engelszeller Orgel auch das neue Gehäuse geschaffen haben, das bereits klassizistische Züge trägt, und bei dem er, wie die venezianische Orgelbauschule, auf Schleierbretter verzichtet (siehe Taf. 61).
Die Engelszeller Orgel im Linzer Dom hatte Chrismann nicht unverändert aufgestellt, sondern sie mit der ursprünglichen Domorgel kombiniert und vergrößert (siehe Text zu Taf. 61).
Ein umfassender Umbau des Instruments erfolgte 1857 bis 1867 durch Josef Breinbauer, als Anton Bruckner Linzer Domorganist war und seine Wünsche für die klangliche Struktur dieses Instruments in mancherlei Erneuerungs- und Erweiterungsarbeiten verwirklichen konnte.
Die Chrismann-Disposition der Orgel von Engelszell ist nicht mehr erhalten. Für lange Zeit blieb das prächtige Gehäuse leer. Erst im 19. Jahrhundert baute Johann Lachmayr, Hoforgelbauer in Linz-Urfahr, in das vorhandene Chrismann-Gehäuse ein mechanisches Werk mit nebenstehender Disposition ein.

1. Manual
Bourdon 16'
Prinzipal 8'
Gamba 8'
Bourdon 8'
Flöte 4'
Oktav 4'
Mixtur 2'

2. Manual
Gedeckt 8'
Salicet 8'
Flöte 4'
Dolce 4'
Cornet $1^{3}/_{5}$'

Pedal
Subbaß 16'
Violon 16'
Octavbaß 8'
Normalkoppeln:
II/I, I/P, II/P

61 Die Orgel im Alten Dom zu Linz

1. Hauptwerk 1. Manual
C–c^3 kurz, 10 Stimmen

Pordun	16'
Salicional	8'
Coppel	8'
Quint	6'
Octav	4'
Piccolo	4'
Quint	3'
Superoctav	2'
Mixtur 7fach	2'
Cornett 4fach	

2. Mittelmanual 2. Manual
C–c^3 kurz, 9 Stimmen

Flauto	16'
Principal	8'
Coppel	8'
Gamba	8'
Vox humana	8'
Echo	8'
Flöte	4'
Trompete (Diskant)	8'
Fagott (Baß)	8'

3. Oberwerk 3. Manual
C–c^3 kurz, 7 Stimmen

Principal	8'
Coppel	8'
Salicet	8'
Spitzflöte	8'
Quint	3'
Superoctav	2'
Mixtur 3fach	$1^1/_3$'

Pedal
C–gis kurz, 5 Stimmen
Principalbaß 16' und 8'

Subbaß	16'
Octavbaß	8'
Octave	4'
Pedalmixtur 5fach	4'
Pombarton	16'

Koppeln II/I und III/I
3 Sperrventile

Die fast zur Gänze erhaltene Orgel, für die Anton Bruckner als Domorganist amtlich angestellt war, ist die ,,Bruckner-Orgel“ im Alten Dom zu Linz. Das Instrument, ein Werk des berühmten Franz Xaver Chrismann, wurde anläßlich der Säkularisierung des Stiftes Engelszell unter Joseph II. in die damalige Jesuitenkirche von Linz (den Alten Dom) übertragen (vgl. Text zu Tafel 60). Chrismann hatte die in Linz vorgefundene Orgel aus dem Jahre 1684 als sehr schlecht bezeichnet und beide Instrumente um den Preis von 3100 Gulden kombiniert. Bei dieser Gelegenheit wurde der Chor etwa um 3 m niedriger gemacht und die Orgel ,,abgeteilt und verstärkt“. Bruckner, 1856–1868 Domorganist von Linz, beeinflußte den Umbau der Engelszeller Chrismann-Orgel durch Josef Breinbauer (1857–1867) wesentlich. Er setzte sich persönlich beim Ordinariat für die Erneuerung der Orgel ein: ,,. . . die Ausführung der bereits beantragten Vergrößerung der Domorgel durch zwei bis drei neue Register von 8 und 16 Fuß und der vollständigen Stimmung der Orgel /: wie auch die nothwendige Abhülfe einiger Gebrechen im Mechanismus sowohl im Manuale als im Pedal :/ schon jetzt bewilligt und im Vollzug gesetzt werden wolle . . . Die Herstellung von neuen Registern erscheint zum Behufe der Choralbegleitung unumgänglich nothwendig . . .“

Breinbauer setzte das Rückpositiv der Chrismann-Orgel zurück in die Nische vor das Chorfenster, erneuerte sämtliche Windladen, baute neue Register ein, tauschte alte aus. 1892/93 folgten kleinere Veränderungen mit offensichtlicher Zustimmung Anton Bruckners.

1979/80 wurde die Orgel durch Rieger (Schwarzach) restauriert. Von Chrismanns Werk war zu diesem Zeitpunkt wohl noch ein Rest an Pfeifenmaterial vorhanden, im ganzen gesehen aber ließ sich das Instrument als Bruckner-Breinbauer-Dokument identifizieren. Alle Veränderungen nach dem Jahre 1893 wurden rückgeführt. Die restaurierte Orgel stellt damit heute ein besonderes Dokument Brucknerscher Klangvorstellungen dar.

Nebenstehend die nunmehrige Disposition, die der von 1893 entspricht.

62 Die Orgel der Pfarrkirche von Kefermarkt

Hauptwerk
C–c^3 mit kurzer Unteroktav

Principal	8'
Coppel	8'
Octav	4'
Fleten	4'
Dulciana	4'
Quint	$2^{2}/_{3}$'
Mixtur 4fach	2'

Positiv
C–c^3 mit kurzer Unteroktav

Coppel	8'
Principal	4'
Fleten	4'
Quint	$2^{2}/_{3}$'
Octav	2'
Mixtur 3fach	$1^{1}/_{3}$'

Pedal
C–gis mit kurzer Unteroktav
(12 Töne/17 Tasten)

Subbaß	16'
Octavbaß	8'
Violon	8'

Christoph von Zelking, Herr auf dem benachbarten Schloß Weinberg, betrieb 1476 den Neubau der Wallfahrtskirche von „Khefferndorf", das seit seiner Erhebung zum Markt, 1479, „Kefermarkt" heißt; ein Jahr darauf, 1480, erhielt die Wallfahrtskirche die Pfarrechte.
Die Kirche von Kefermarkt ist berühmt durch ihren einzigartigen Flügelaltar, der neben dem Pacher-Altar von St. Wolfgang und dem Veit Stoß-Altar in Krakau einer der bedeutendsten Schnitzaltäre der Spätgotik ist. Diesem Altar hat bekanntlich Adalbert Stifter in seinem „Nachsommer" ein bedeutendes literarisches Denkmal gesetzt. Stifter war auch an den Restaurierungsarbeiten durch Johann Rint im Jahre 1855 wesentlich beteiligt. Viele Kunstfreunde pilgern zu dem Altar von Kefermarkt, nicht wissend, daß das Gotteshaus noch ein weiteres Juwel birgt: die Orgel. Sie stellt gemeinsam mit der Empore das jüngste bedeutende Ausstattungsstück der Kirche dar. Laut einer Wappeninschrift auf dem Rückpositiv wurde das Werk am 25. Juli 1778 vollendet. Der Erbauer hieß Lorenz Franz Richter, ein zu seiner Zeit vielbeschäftigter Orgelbaumeister aus Freistadt in Oberösterreich. Die Kefermarkter Orgel ist kaum verändert erhalten und daher eines der bedeutendsten Beispiele für die Kunst dieses Meisters.
Das reich gegliederte Gehäuse in Schwarz-Gold enthält zur Gänze das Register Prinzipal 8'. Der Umfang des Pedals ist um eine Taste kürzer als dies sonst üblich ist, 12 Pfeifen werden auf 17 Tasten aufgeteilt. Der Spieltisch ist mit dem Positiv an der Brüstung verbunden. Die heutige Disposition dürfte der originalen weitgehend entsprechen.

D·O·M·
SEMPER LAUS EIUS
IN ORE MEO.

63 Die Orgel der Pfarrkirche St. Wolfgang

Auf hohen Stützmauern über dem Abersee, wie der Wolfgangsee mit seinem alten Namen heißt, erhebt sich die 1429 nach dem Brand erbaute gotische Wallfahrtskirche von St. Wolfgang. Eine Fülle von Kunstwerken aus Gotik, Renaissance und Barock ziert das Innere des Kirchenraumes. Im Presbyterium, dem einstigen Mönchschor, befindet sich der herrliche gotische Hochaltar von Michael Pacher aus dem Jahre 1481. Diesem gegenüber steht auf der Westempore die Orgel mit dem restaurierten Renaissance- und dem barocken Positiv-Gehäuse.

Die Orgel in der Pfarrkirche St. Wolfgang kann auf eine denkwürdige und sehr wechselvolle Geschichte zurückblicken. Bereits im Jahre 1497 baute Michael Khall aus Budweis ein zweimanualiges Orgelwerk in diese Kirche. Hundert Jahre später, im Jahre 1597, erhielt Jonas Faber den Auftrag für eine Restaurierung: Er soll „das andere Werk sambt dem Positiv gleichstimmen dem großen Werk". Sicherlich handelte es sich um zwei Orgeln, um ein Werk im Mönchschor, der durch einen Lettner von der Volkskirche getrennt war, und um eine Orgel in der zweischiffigen Halle. Jacob Prauer wurde 1602 beauftragt, das kleine Werk zu renovieren und ein Regal einzubauen. In das „Große Werk" sollten Zungenstimmen hinzukommen.

Das bis heute erhaltene Renaissance-Gehäuse trägt die Jahreszahl 1629; wahrscheinlich wurde das „Große Werk" in dieses neue Gehäuse übernommen.

Der berühmte Salzburger Orgelmacher Christoph Egedacher erhielt 1693 den Auftrag, die Orgel zu transferieren und ihr eine Cornettonstimmung zu geben. Ob es sich dabei um die große oder kleine Orgel handelte, konnte bis heute nicht geklärt werden. Jedenfalls hing diese Umstellung mit der Änderung, die Abt Cölestin Kolb von Mondsee um diese Zeit in der Kirche vornahm, zusammen, indem er den Lettner niederreißen ließ, um den Blick zum Pacher-Altar freizugeben. An die Stelle des Wallfahreraltares kam 1676 der große Doppelaltar von Thomas Schwanthaler.

Bis zum Jahre 1895 liegen keine weiteren Berichte vor. In diesem Jahr baute Johann Lachmayer in das Renaissancegehäuse eine neue mechanische Kegelladenorgel mit 15 klingenden Stimmen und fünf Auszügen. Dabei wurde das Renaissancegehäuse so verändert, daß das ursprüngliche Bild von 1629 zerstört wurde. Das vorhandene Barock-Positiv, vermutlich ein Werk Christoph Egedachers, wurde vom Prospekt getrennt und dieser als Attrappe auf das Renaissance-Gehäuse gesetzt.

Da das Johann-Lachmayer-Werk sowohl in technischer als auch in klanglicher Hinsicht den Anforderungen nicht mehr entsprach, wurde 1980 die Orgelbaufirma Rudolf von Beckerath in Hamburg beauftragt, in die vorhandenen Gehäuse eine neue Orgel zu bauen. Das Renaissance-Gehäuse und das barocke Positiv wurden einer eingehenden Restaurierung unterzogen und auf den ursprünglichen Zustand zurückgeführt. Es wurde daher folgerichtig eine künstlerische Geschlossenheit des Innenraumes – ein Gegenüber zum Pacher-Altar und ein Miteinander zur Innenausstattung – erreicht.

Disposition der Orgel von 1980:

Hauptwerk 2. Manual	
Bourdon	16'
Prinzipal	8'
Spitzgamba	8'
Gedackt	8'
Oktav	4'
Blockflöte	4'
Quinte	2 2/3'
Superoktav	2'
Mixtur 5fach	1 1/3'
Zimbel 3fach	1/3'
Trompete	8'
Rückpositiv 1. Manual	
Holzgedackt	8'
Prinzipal	4'
Rohrflöte	4'
Nasard	2 2/3'
Waldflöte	2'
Terz	1 3/5'
Oktave	1'
Scharf 4fach	2/3'
Dulcian	16'
Krummhorn	8'
Tremulant	
Pedal	
Subbaß	16'
Prinzipal	8'
Gedackt	8'
Oktave	4'
Spitzflöte	4'
Nachthorn	2'
Fagott	16'

Normalkoppeln: R/H, H/P, R/P

64 Die Orgel der Pfarr- und Wallfahrtskirche in Stadl-Paura

Als großer Verehrer der Allerheiligsten Dreifaltigkeit gelobte Abt Maximilian Pagl von Lambach nach einer glücklich überstandenen Pestzeit, den Dreifaltigen Gott durch eine Kirche zu verherrlichen, deren Bau von besonderer Qualität in Architektur und Ausstattung alles übertreffen sollte; am 10. Juni 1724, dem Dreifaltigkeitssonntag, wurde die erste Messe in der vollendeten Kirche in Stadl-Paura gefeiert. Bau, Ausstattung und Einrichtung werden, als Symbol für den dreifaltigen und dreieinigen Gott, von der Zahl Drei beherrscht; dieses Ordnungsprinzip bestimmte auch den Bau von drei Orgeln: 1720 wurde Johann Ignaz Egedacher (1675–1744) aus Passau beauftragt, auf den drei Emporen über den Eingängen drei gleich aussehende Brüstungsorgeln zu errichten. Nur ein einziges der drei einmanualigen Instrumente sollte auch ein Pedal bekommen.

Abt Maximilian Pagl notierte jedes kleinste Ereignis, das seinen Kirchenbau betraf, als persönliches Erlebnis in seinem Tagebuch. Der Kontrakt für den Bau der Orgeln wurde am 18. Juli 1720 geschlossen; dazu die ausführlichen Aufzeichnungen im Tagebuch: „18. Juli habe ich mit Herrn Joh. Ignatio Egedacher, Orgelmacher zu Passau wegen dreier Orgeln in der Allerheiligsten Dreifaltigkeitskirchen einen Contract auf 1100 fl. und 33 fl. Leihkauf gemacht und die 233 fl. alsogleich per Abschlag bezahlt. Die Hauptorgel, nach dem unterschriebenen Riß, muß 6 Register samt dem Pedal enthalten. Die andern zwei Orgeln jede 4 Register. Die Lieferung muß 1722 auf Pfingsten geschehen, und zwar bis nach Linz auf den Egedachers Unkosten, jedoch die Mauthgebühr ausgenommen. Die 233 fl. sind aus der Cammereicassa bezahlt worden."

Egedacher konnte die Orgeln – bedingt durch andere Aufträge – nicht termingerecht liefern; bereits 1723 schrieb der Abt über die Verzögerung an Hofrichter Erb:

„Am 13. März 1723 sind die Orgeln fertiggestellt und am 10. April ist Herr Egedacher, Orgelmacher zu Passau, mit den drei in die hl. Dreifaltigkeitscapelln verfertigten Orgeln zu Lambach ankommen, und hat zur Setzung derselben alsogleich die benöthigten Praeparatoria gemacht. Die Orgeln sind von Linz durch die Traunfahrer auf dem Wasser heraufgeführt worden. Und am 15. Mai ist Herr Egedacher, Orgelmacher, mit Setzung der 3 Orgeln in der hl. Dreyfaltigkeitscapelln förtig, für welche er auch die völlige Bezahlung, über die gleich bei dem aufgerichten Contract empfangenen 233 fl., mithin 900 fl. aus der Cammerey empfangen; ingleichen wegen der dazu gratis verfertigen Cymblen zu einer Verehrung 4 Eimer Wein und für die Geselln 24 fl. Trinkgeld. Habe denselben auch mit 2 Pferden nach Passau führen lassen."

1876 waren zwei Positivwerke mit Ausnahme der Gehäuse verfallen, die Pedalorgel wurde von Martin Hechenberger repariert. Ein weiterer Umbau um 1900 vernichtete auch die Klangsubstanz der Hauptorgel. 1975 führte Orgelbaumeister Bruno Riedl (Linz) mit Hilfe kärglicher Überreste und nach den Angaben des Originalvertrages eine Rekonstruktion der drei Orgeln durch.

Original Disposition:

1. Haupt- oder Pedalorgel
gegenüber dem Gott-Vater-Altar
(über dem Haupteingang)

Kupl	8'
Octav	4'
Rohr Fletten	4'
Quint	3'
Mixtur 4fach (Zimbel)	2'
Sub Pass	16'

2. Orgelwerk, Gott-Sohn-Orgel
(links vom Haupteingang)

Coupl	8'
Principal	4'
Super Octav	2'
Duodez	1 1/3'

3. Orgelwerk, Hl.-Geist-Orgel
(rechts vom Haupteingang)

Coupl	8'
Flethen	4'
Octav	2'
Decima	1'

65 Die Orgel im Dom zu Salzburg

Bis in die zweite Hälfte des 8. Jahrhunderts läßt sich die Baugeschichte des Salzburger Domes zurückverfolgen. In seiner heutigen Gestalt wurde der frühbarocke Monumentalbau unter Erzbischof Markus Sittikus geplant und im Jahre 1628 unter der Regierung von Erzbischof Paris Lodron vollendet und geweiht.

Von diesem Datum an existiert auch eine ,,Geschichte der Domorgel", an deren Beginn von einem Positiv und zwei Orgeln an den östlichen Pfeilern der Kuppel berichtet wird. Bereits 1668 erhielten auch die beiden westlichen Kuppelpfeiler Musikemporen mit je einer Orgel. Josef Christoph Egedacher erbaute im Jahre 1703 mit Hilfe seiner beiden Söhne Johann Christoph und Johann Ignaz ein ,,rar- und kostbares Orgelwerk" auf der Westempore, die ,,große Orgel" mit 24 Stimmen um 4000 Gulden. Sein Sohn Johann Christoph Egedacher erweiterte bereits 1706 das Werk auf 41 Stimmen, aber auch in den Jahren 1718 und 1753 wurden Erweiterungen und Umbauten vorgenommen. 1841 sollte die Salzburger Domorgel gänzlich erneuert werden. Anläßlich der Bewerbung für den Umbau erstellte der Wiener Orgelmacher Ludwig Moser ein Gutachten über den Zustand der Egedacher-Orgel, in dem festgehalten ist, daß das Pfeifenwerk im wesentlichen gut, die übrigen Bestandteile des Instruments jedoch schwer beschädigt seien. Aus dem Gutachten Mosers läßt sich auch deutlich der Wandel des Klangideals seit dem Barock herauslesen, fand er doch, die Egedacher-Orgel sei vor allem in ihren Pedalstimmen zu schwach.

Moser verwendete für den Umbau des Instruments 23, also mehr als die Hälfte der originalen Stimmen, darunter vor allem Prinzipale und Mixturen. Die 16'- und 8'-Lage wurde um eine erhebliche Anzahl von Stimmen erweitert, auch das letzte Manual erhielt einen Prinzipal 8' als Haupt- und Grundstimme. Trotzdem blieb gerade im III. Manual der Charakter eines Barockpositivs im wesentlichen gewahrt. Da vor allem das Pedal auf Klangfülle berechnet war, muß das volle Werk wesentlich pastoser als die Egedacher-Orgel geklungen haben. Mosers Disposition, 60 Stimmen auf drei Manualen und Pedal verteilt, lautete wie nebenstehend angegeben.

Ludwig Moser war einer der besten Intonationskünstler seiner Zeit, die Bewältigung mechanischer Probleme jedoch gelang ihm nicht immer in derselben Qualität. So ist es auch erklärlich, daß 1880 bis 1882 Matthias Mauracher auf Grund technischer Mängel das Werk umbaute und dabei auf 70 Register erweiterte.

Seit 1914, nach Modernisierung des Instruments durch Matthäus Mauracher jun. (Umbau auf elektropneumatisches System) und Erweiterung um 31 Stimmen, war die Salzburger Domorgel mit 101 Registern die größte Kirchenorgel Österreichs. Im Rahmen des Domwiederaufbaus nach dem Zweiten Weltkrieg wurde die Orgel von der Orgelbaufirma Dreher & Reinisch auf 102 klingende Register erweitert und zur Gänze mit einer elektrischen Traktur versehen.

Zusätzlich hat das Werk noch 12 Nebenregister. Die Gesamtpfeifenanzahl beträgt 3744; alt 1965, neu 1779. Das Metall-Pfeifenmaterial ist aus Zinn.

1. Manual 18 Stimmen	
Prinzipal alt und neu	16'
Bourdon alt und neu	16'
Prästant alt	8'
Viola alt	8'
Quintatön alt	8'
Koppel neu (Holz)	8'
Flöte maior neu (Holz)	8'
Quint alt	$5^{1}/_{3}$'
Oktave alt	4'
Nachthorn alt	4'
Rohrflöte alt	4'
Quint minor neu	$2^{2}/_{3}$'
Superoktave alt	2'
Piccolo neu	2'
Mixtur 6fach alt	2'
Rauschwerk 8fach alt	2'
Horn 3fach alt	$1^{1}/_{3}$'
Trompete neu	8'

2. Manual 12 Stimmen	
Prinzipal alt	8'
Gamba neu	8'
Koppel alt	8'
Oktave neu	4'
Violine neu	4'
Spitzflöte neu	4'
Angusta neu (Holz)	4'
Quint minor neu	$2^{2}/_{3}$'
Waldflöte alt	2'
Mixtur (Acuta) 3fach alt	$1^{1}/_{3}$'
Zimbel 3fach alt	1'
Schalmei neu	8'

3. Manual 12 Stimmen	
Prinzipal neu	8'
Salizet neu	8'
Ripienflöte neu, Holz	8'
Oktave neu	4'
Dulziana neu (Z. u. H.)	4'
Bifara alt	4'
Flute d'amour neu (Holz)	4'
Flauto travers neu (Z. u. H.)	4'
Koppel (Flöte) douce alt	4'
Flagiolett alt	2'
Mixtur (Scharf) 3fach	$1^{1}/_{3}$'
Vox humana neu	8'

Pedal 18 Stimmen	
Untersatz neu (Holz)	32'
Prinzipal neu (Holz)	16'
Bourdon neu (Holz)	16'
Violonbaß neu (Z. u. H.)	16'
Flauton neu (Holz)	16'
Subbaß neu (Holz)	16'
Quint alt	$10^{2}/_{3}$'
Oktavbaß alt (Holz)	8'
Flötbaß neu (Holz)	8'
Chorbaß alt (Holz)	8'
Gemshorn neu (Z. u. H.)	8'
Violoncello neu (Z. u. H.)	8'
Quint neu (Holz)	$5^{1}/_{3}$'
Blockflöte neu	4'
Posaunenbaß neu	16'
Serpent neu	16'
Trompetenbaß neu	8'
Fagottbaß neu	8'

66 Die Orgel der Stiftskirche St. Peter in Salzburg

Über den Fundamenten der um 700 vom hl. Rupert errichteten ersten Peterskirche, dem Zentrum der Christianisierung des süddeutsch-österreichischen Raumes, erhebt sich die Abteikirche St. Peter in Salzburg. Der hochromanische Neubau aus dem zweiten Drittel des 12. Jahrhunderts, der anstelle der Kirche nach zwei Brandkatastrophen errichtet wurde, ist im Grundriß der heutigen Gestalt der Abteikirche noch erhalten. 1775–1777 wurde die Kirche nach zahlreichen Um- und Ausbauten in ihrer heutigen Form vollendet. Aus dieser Zeit stammen nicht nur die Erhöhung des Hauptschiffes und der Kuppel, sondern auch die plastische Ausstattung und der Bilderschmuck. Die einmalige, unverwechselbare Atmosphäre des Kirchenraumes resultiert nicht zuletzt aus der bruchlosen Synthese romanischer und barocker Stilelemente und ihrer Aufhellung durch die Schwerelosigkeit des Rokoko.

Ein Bild von bestechender Schönheit und Harmonie bietet sich dem Beschauer, der seinen Blick vom Hochaltar aus in den Kirchenraum richtet: Über dem Filigran des prächtigen, 1768 vom Hofschlosser Philipp Hinterseer geschaffenen Gittertors erhebt sich der siebenfeldige Prospekt der Orgel aus dem Jahre 1616. Ihren reichen plastischen Schmuck und üppig gerankte Schleierbretter schuf Lorenz Hörmler 1763, die drei monumentalen, überlebensgroßen Statuen – die Heiligen Petrus, Rupert und Vital – stammen von Hans Waldburger, der auch der Schöpfer des Holztabernakels vom Hochaltar von 1628 ist.

Bereits 1505 besaß die Peterskirche eine von Paul Hofhaimer als sehr gut bezeichnete große Orgel, ein Werk des Wasserburger Orgelbauers Christian Faber; 1588 wurde sie vom „Erdfuerter" Orgelbauer Christoph Schreiber erneuert, 1616 wurde diese Orgel schließlich durch ein neues großes Instrument von M. Daniel Hail ersetzt; nach seinem Preis zu schließen (1178 Gulden), muß es sich jedenfalls um ein großes Werk gehandelt haben.

In der zweiten Hälfte des 18. Jahrhunderts kam der als Orgelreformator und Organist aufsehenerregende Komponist Abbé Georg Joseph Vogler nach Österreich. Er baute 1805 die Orgel in St. Peter, die vor ihm bereits mehreren Reparaturen und Erweiterungen, auch durch die Orgelbauerdynastie Egedacher, unterzogen worden war, um und simplifizierte sie. Voglers Simplifikationssystem basiert auf dem Grundsatz, mit möglichst wenig Pfeifen eine möglichst vollkommene Klangwirkung zu erzielen. Prinzipielle Anerkennung der Obertonreihen im Orgelbau hinderte ihn aber nicht, Mixturen zugunsten der Einzelaliquote zu vermeiden; die Auswertung von Differenztönen ersparte Vogler den teuren Ausbau der 16'- oder 32'-Lage. Bald wurde diese Simplifikation als negativer Eingriff empfunden, und bereits 1836 versetzte der Wiener Orgelbauer Ludwig Moser das Werk in seinen ursprünglichen Zustand und erreichte damit sogar eine Verbesserung gegenüber der Qualität vor Voglers Auftreten. 1930 wurde das alte Werk durch ein neues Instrument ersetzt. 1957 wurde die Chororgel umgebaut und mit der Hauptorgel auf der Westempore elektrisch verbunden.

Disposition der Orgel von M. Daniel Hail vor der Simplifikation:

Haupwerk	
Prinzipal	8'
Gambe	8'
Koppel	8'
Oktave	4'
Flöte	4'
Quint	$2^2/_3$'
Oktave	2'
Kornett 5fach	4'
Mixtur 8fach	2'
Zimbel 4fach	1'

Positiv	
Koppel	8'
Prinzipal	4'
Flöte	4'
Superoktave	2'
Quint	$1^1/_3$'
Zimbel 4fach	$1^1/_3$'

Pedal	
Großbaß	16'
Gambenbaß	16'
Subbaß	16'
Prinzipal	8'
Oktave	4'
Oktave	2'
Mixtur	4'
Posaune	8'

67 Die Orgel der Kajetanerkirche in Salzburg

An dem Ort, an dem sich heute die Kajetanerkirche erhebt, stand einst ein Spital des Stiftes St. Peter mit einer Kirche aus dem 12. Jahrhundert. Nach einigen Umbauten betraute Erzbischof Max Gandolf im Jahre 1685 den Architekten Johann Kaspar Zugalli mit dem Neubau der Kirche und einem anschließenden Kloster. Nach dem Tod des Erzbischofs kam es zu gravierenden Differenzen wegen der Fortsetzung des geplanten Kirchenneubaus, die erst 1730 mit Abschluß eines jahrelangen Prozesses bereinigt werden konnten. Dessenungeachtet, war auf Intervention des Papstes 1696 die Bautätigkeit wieder aufgenommen worden, die Ausstattung der Kirche wurde allerdings erst 1730 beendet. Der Bilderschmuck der Kirche ist von seltener Homogenität: sämtliche Gemälde, außer dem linken Seitenaltarbild von Johann Michael Rottmayr, und das Kuppelfresko stammen vom Südtiroler Maler Paul Troger.

Aus dem Jahre 1696 stammt auch die Orgel in der Kajetanerkirche. Sie ist eine Arbeit des Christoph Egedacher und die einzige in Salzburg vollständig erhaltene Orgel der Orgelbauerdynastie Egedacher. Allein in ihrer Erscheinungsform ist diese Orgel eine Seltenheit. Sie ist in die Chorbrüstung über die ganze Breite so eingebaut, daß sie über ihren oberen Abschluß nicht hinausragt. Obwohl es sich hier um ein Instrument geringeren Umfangs handelt, ist es durch seinen nahezu unverfälschten Erhaltungszustand von instrumentengeschichtlicher Bedeutung. Bemerkenswert sind die kunstvollen Manualtasten und eisernen Registerhebel.

1930 wurde die Orgel um ein Salicional erweitert und die fehlenden Töne der großen Oktave im Manual und Pedal pneumatisch ergänzt. Im Zuge der Kirchenrenovierung 1982 wurde auch die Orgel durch die Orgelbaufirma Rieger in Schwarzach einer Restaurierung unterzogen und das Werk wieder auf seinen ursprünglichen Stand zurückgeführt.

Originale (heutige) *Disposition:*

Manual 7 Stimmen

Prinzipal	8'
Hohlflöte	8'
Oktave	4'
Flöte	4'
Quint	2²/₃'
Oktav	2'
Mixtur 4fach	1¹/₃'

Pedal 1 Stimme
Subbaß 16' mit immer mitgehender Pedalkoppel

68 Das Nonnberger Positiv

Im Museum der Benediktinerinnen-Abtei am Nonnberg in Salzburg befindet sich eine instrumentenbauliche Kostbarkeit aus den letzten Jahrzehnten des 16. Jahrhunderts, „das herrliche Positiv", welches die Äbtissin Anna Pütrich „sambt einem Regal" um etliche 100 Gulden im Jahre 1590 gekauft hatte. Das Gehäuse dieser kleinen Tragorgel – zwei starke Henkel ermöglichen das Tragen – besteht aus edlem, hellem Eichenholz und ist 94 cm breit, 71 cm hoch und 80 cm tief. Zwei Flügeltüren auf der Innenseite mit Holztafelbildern (Hirtenanbetung und Hl. Drei Könige) beleben den schönen Prospekt. Dieser ist beidseitig von feinem Goldschnitzwerk bekrönt, das noch Elemente des Übergangsstils von der Gotik zur Renaissance zeigt und gemeinsam mit den Flügeltüren die gut erhaltenen Zinnpfeifen des Prinzipal 2' umrahmt.

Außer diesem Register besitzt das Positiv ein Gedackt 4' aus Eichenholz im Hintergrund des Gehäuses, in der Mitte des Werkes befindet sich die Coppel 8' aus Fichten- oder Tannenholz und, unmittelbar hinter der Klaviatur, das Regal 8', aus Messing bestehende Zungenstimmen. Das Instrument ist relativ hoch gestimmt, die Pfeifen besitzen mittlere Mensur, von hoher Qualität sind Gedackt und Regal.

Die Klaviatur umfaßt 45 Tasten (weiße Unter- und schwarze Obertasten), wobei die tiefe Oktav, dem Zeitstil entsprechend, verkürzt ist. Links sind die Registerzüge angebracht, rechts ein Nebenzug für den Tremulanten, wahrscheinlich eine spätere Zutat. Das Positiv besitzt Schleifladen, zwei sechsfaltige Keilblasbälge sorgen für die Windzufuhr.

Das Nonnberger Positiv, das in der linken Empore der Nonnberger Abteikirche vor dem Altar des hl. Hieronymus stand, war ein viel gespieltes Instrument, das vor allem an kleineren Festtagen verwendet wurde. Archivalisch konnten bis ins zweite Jahrzehnt des 17. Jahrhunderts Rechnungen für Instandsetzungsarbeiten gefunden werden; wie lange das Instrument im Gottesdienst gespielt wurde, konnte bisher nicht mit Sicherheit festgestellt werden. Immerhin befindet sich auf der Rückseite der Orgel ein Pergamentstreifen mit dem Namen eines Nonnberger Choralisten aus dem 18. Jahrhundert, nämlich Mayönsperger.

Disposition des Positivs lautet:

Coppel	8'
Gedackt	4'
Prinzipal	2'
Regal	8'

69 Das Hornwerk „Salzburger Stier“ und die Salzburger Walzenorgel auf der Feste Hohensalzburg

Erzbischof Leonhard von Keutschach (1494–1519) ließ in seiner Regierungszeit ein Hornwerk auf der Festung Hohensalzburg errichten. Das Erbauungsjahr wird mit 1502 angeführt. Als Erbauer wird der Passauer Meister Michael Rytzinger vermutet, der 1518 für Kremsmünster ebenfalls ein Hornwerk aufstellte.

In den Alpenländern war es Brauch, zur Fernverständigung, zum Wettstreit oder zu Versammlungen durch ein Stierhorn aufzurufen. Dieses Horn gab die ersten Naturtöne einer Skala wieder. Sie besaßen eine große Schallkraft und wurden vor allem in Kriegszeiten verwendet. Der Name des althergebrachten Stierhornes wurde vom Volksmund in Salzburg dem Orgelschrei gleichgesetzt, im Zuammenhang damit blieb dann der „Stier von Hohensalzburg“ bis auf unsere Tage erhalten.

Das Hornwerk ist in einem erkerartig ausgebauten Turmgang, in der Nähe des Trompeterturmes untergebracht. Ursprünglich ertönte allein der Schrei des Hornwerkes vom Festungsberg in die Stadt herunter. Dieses Werk besaß nur Metallpfeifen und bildete den Dreiklang F A c, besetzt mit 135 Pfeifen, bestehend aus Octav- und Quintchören, die einen hornartigen Zusammenklang ergaben. Dieser Pfeifenbestand ist zum Großteil bis auf den heutigen Tag erhalten. Das Hornwerk von Salzburg stand im F-Ton, was einen festfrohen, mit einer gewissen Schärfe versehenen Klang bedingte. Die Pfeifenlängen reichten vom 16’ bis 1/4’.

Zur Zeit der Renaissance ergänzte man das Hornwerk durch den Zubau einer Walzenorgel, die Stücke spielte und den Ruf des „Stiers“ zeitweise unterbrach; sie gehörte aber nicht zum eigentlichen Bestand des Hornwerkes. Die Zeit liebte solche mechanische Musikinstrumente, und man war bestrebt, den starren Orgelschrei durch Musik aufzulockern. Hohensalzburg soll den Einbau der Walzenorgel um 1560 erhalten haben. Um 1668 spielte die Walzenorgel drei Stücke: den „Alten Choral“, der einen streng diatonischen Aufbau aufweist und von Caspar Glanner stammen soll, eine Hymne von Paul Hofhaimer und ein weiteres Stück von einem unbekannten Meister.

Die Salzburger Stiftwalze besteht aus Ahornholz und wird mittels eines Schwungrades in Bewegung gesetzt. Die Verbindung von der Walze zu den Spielventilen wird durch eine Stechermechanik hergestellt. Der Tonumfang der Walzenorgel reicht von F bis g”.

Große Ansprüche stellten Hornwerke und Walzenorgeln an die Gebläseanlagen, die Span-Bälge. Beim Salzburger Stier waren die Bälge unterhalb der Werke in einem eigenen Raum untergebracht. Heute besorgt ein elektrisches Gebläse die Windzufuhr. Die Walzenorgel mußte im Laufe der Jahrhunderte mehrere Umbauten über sich ergehen lassen. Im Jahre 1745 sollte eine neue Walze mit 12 Stücken eingebaut werden, Johann Christoph Egedacher aus Salzburg wurde beauftragt, dies durchzuführen. Die Arbeit besorgte aber 1753 sein Sohn Rochus Egedacher.

Die letzte bedeutende Erweiterung, ohne die Substanz des Hornes und der Walzenorgel anzugreifen, wurde 1893 von Matthias Mauracher durchgeführt. Die Walze enthält heute Stücke von Paul Hofhaimer, Joseph und Michael Haydn, W. A. Mozart, J. E. Eberlin, Leopold Mozart und den „Alten Choral“.

Der Salzburger Stier ist zu einem Wahrzeichen der Mozartstadt geworden, er tönt als einziger Zeuge gotischer Orgelbaukunst, als letztes Klangdenkmal der Hornwerke, von der Feste Hohensalzburg über die Stadt hinweg wie vor einem halben Jahrtausend.

70 Die Orgel der Pfarrkirche von Stuhlfelden im Oberpinzgau

Stuhlfelden ist die älteste Ortschaft im Oberpinzgau (Land Salzburg), ihr Name (stuolvelden) wird im Salzburger Urkundenbuch aus dem Jahre 963 erstmalig erwähnt. Um 1100 wurde bereits die Pfarre Stuhlfelden gegründet, die sich über den ganzen Pinzgau erstreckte. Als erster Pfarrer wird 1160 ,,Heinrucus parrochianus de Stulvelden" angeführt.

Der Kern der Kirche ist romanisch, erfuhr aber in der Gotik und dann wieder im Zeitalter des Barock mehrere Umgestaltungen. Der stattliche Bau mit seinem mächtigen spitzhelmigen Turm von 58 m steht beherrschend in der Mitte des Dorfes.

Schon im Jahre 1554 wird von einer Orgel berichtet, wenig später schon von einer notwendigen Reparatur. 1661 baute Paul Rottenburger eine neue Orgel, die ebenfalls in kürzester Zeit ihren Dienst versagte. 1704 wurde schließlich Domorgelbaumeister Johann Christoph Egedacher beauftragt, für den Liebfrauendom des oberen Pinzgaus in Stuhlfelden eine neue Orgel zu bauen, ein einmanualiges Werk. Auf der Innenseite des Orgelkastens befindet sich folgende Inschrift: ,,Anno Domini 1706 ist dise orgel von herrn Johann Egedacher von Salzburg gemacht worden und ist ihm hiefür von der Nachparschaft und Gottshaus gegeben worden 350 fl. undter dem hochehrwürdigen herrn Benedict Schley Pfarrer alda zu Stuelfelden. Zechbropst war zu dieser zeit Georg Wallner Pöckhermeister al da und Joseph Schelhorn organist."

1826 fügte Ludwig Mooser dem einmanualigen Werk ein zweites Werk als Brüstungspositiv hinzu.

Nach einem Orgelumbau von 1855 brachte der damalige Organist Friedrich Pernstein an der unteren Seite der Schleiflade der Egedacher-Orgel folgenden Bericht an: ,,Anno Domini 1706 ist diese Orgel erbaut worden vom Herrn Johann Egedacher Orgelbauer in Salzburg. Anno 1826 wurde das Positif mit dem Hauptwerk in seinem ganzen Umfange und Inhalt ruiniert. Ja gänzlich verdorben, so zwar, daß nach Verlauf weniger Jahre neue Nacharbeiten gemacht werden mußten, welche jedoch ohne allen Nutzen blieben, indem diese Orgel im Jahre 1854 als unbrauchbar zur Andachtsweckung und als total unbrauchbar für jedes musikalische Ohr befunden wurde. Dennoch wurde im Jahre 1855 der Neubau der Orgel in Angriff genommen und von dem Herrn Johann Strobl orgelbauer in Münster Tirol in seiner vollen Würde zur Freude jedes ehrlichen, wahrheitsliebenden Sachverständigen Musikers hergestellt unter vielseitiger böswilligen Intrigen in und ausser der Gemeinde zum bedauerlichen Verdrusse der dortmaligen Kirchenverwaltung um die Summe von 933 fl. Ö. W. Friedrich Pernstein Organist."

Einen weiteren Umbau dieser Orgel führte der Salzburger Orgelbauer Albert Mauracher gegen Ende des 19. Jahrhunderts durch. Anläßlich der Jahrtausendfeier von Stuhlfelden, im Jahre 1963, gab Orgelbaumeister Max Reinisch diesem Werk die gegenwärtige Klanggestalt.

Derzeitige Disposition:

Hauptwerk (c–g³)	
Prinzipal	8'
Gedeckt	8'
Oktav	4'
Flöte	4'
Superoktav	2'
Cornet 3fach	1¹/₃'
Mixtur 4–5fach	1'
Positiv (C–g³)	
Quintatön	8'
Prinzipal	4'
Rohrflöte	4'
Flageolet	2'
Sifflöte	1'
Zimbel 3fach	¹/₂'
Pedal (C–f⁰)	
Subbaß	16'
Prinzipalbaß	8'
Oktav	4'
Rauschpfeife 3fach	2'

71 Die Chororgel der Hofkirche in Innsbruck

Im Werk – oberes Manual

Prospekt	8'
principal	8'
deckt fleten	8'
octaf	4'
quint	2²/₃'
quintez	2'
hörndl 2fach	
ziml 2fach	
hindersaz 5–10fach	
trumetten (neu)	8'
regal (neu)	8'

Im Rückpositv – unteres Manual

Prospekt	4'
offen fletl	4'
zudeckt fletl	4'
hörndl 2fach	
mixtur 3 bis 5fach	
ziml 2fach	

Zitter (Tremulant) für das ganze Werk

Pedal

hat keine eigenen Stimmen, läßt aber die Register des Werks über eigene Ventile erklingen.

Tonumfang im Werk C–a² = 41 Töne mit kurzer tiefen Oktave, ohne gis²; Tonumfang im Rückpositiv F–a² = 38 Töne ohne Fis, Gis und gis²; Tastenumfang im Pedal C–b = 19 Tasten mit kurzer tiefen Oktave. Manualkoppel: Rückpositiv an Hauptwerk

Die zur Aufstellung des Grabdenkmals Kaiser Maximilians I. gebaute Hofkirche zu Innsbruck beherbergt Österreichs größte Orgel der Spätrenaissance. Noch vor dem Bau des eigentlichen Kenotaphs ging der Innsbrucker Hoforganist Nikolaus Stockhammer im Auftrag der Innsbrucker Räte auf eine Studienreise, um Werke Jörg Eberts zu besichtigen und zu „probieren“, da dieser Orgelbauer als „geschickter und erfahrener Meister“ seines Faches empfohlen worden war. Dem begeisterten Gutachten Stockhammers entsprechend, wurde der Ravensburger Meister Ebert nach Innsbruck gerufen. Nach Meinungsverschiedenheiten bezüglich der Aufstellung – Ebert wollte ursprünglich aus akustischen Gründen die Orgel an der Ostwand errichten – erteilte der Landesfürst und König Ferdinand I. am 4. Mai 1555, fünf Jahre nachdem die letzte der 28 überlebensgroßen Erzstatuen des Maximilian-Grabes gegossen war, den Auftrag zum Bau einer Chororgel. Die Fertigstellung dauerte außergewöhnlich lang, weil der Kunsttischler infolge allzu vieler Aufträge die Arbeit am Gehäuse hinauszögerte und erst nach Androhung von Gefängnisstrafen vollendete. An der Ausformung des Gehäuses waren der Innsbrucker Kunsttischler Hans Gartner oder der Ravensburger Hans Waldner beteiligt – die Quellen darüber lassen keinen eindeutigen Schluß zu. Die farbige Ausstattung des Gehäuses besorgte der Innsbrucker Maler Hans Perckhammer, während die Gemälde an den großen Flügeltüren – linkes großes Flügelbild der Innenseite „Erzengel Gabriel“, rechtes großes Flügelbild der Innenseite „Mariae Verkündigung“ und auf den kleinen Flügeln des Rückpositivs die „Flucht nach Ägypten“ darstellend – von dem Mailänder Maler Domenico da Pozzo stammen. Die prachtvolle Orgel wurde laut Urkunde am 7. Juni 1561 fertiggestellt; sie steht auf einer kleinen Empore über der Sakristeitüre im Presbyterium der Hofkirche. Im Laufe seiner vierhundertjährigen Geschichte hat das Werk wesentliche Umbauten erfahren: so erneuerte beispielsweise der aus Bayern stammende Orgelbauer Daniel Herz im Jahre 1655 acht Bälge, 1701 erweiterte Kaspar Humpel die Orgel von 16 auf 26 Register. Er hatte die „völlig ruinierte Orgel ausgepessert und gleichsamb von neyen gemacht“.

Nach der Aufhebung des Franziskanerklosters im Jahre 1784 wurden in der Hofkirche keine regelmäßigen Gottesdienste mehr abgehalten, die Kirche war zeitweilig sogar gesperrt. Als das Franziskanerkloster 1832 wieder errichtet wurde, war die Orgel unspielbar geworden.

Glücklicherweise wurde auf der Musikempore in der Mitte der Hofkirche eine neue Orgel errichtet, so daß das kostbare Renaissance-Instrument von den klanglichen Modeerscheinungen des 19. und 20. Jahrhunderts verschont blieb. Seine Restaurierung durch die ostfriesische Orgelbaufirma Ahrend und Brunzema wurde 1976 beendet. Die authentische Disposition in der alten Bezeichnung der Register siehe nebenstehend.

72 Die Orgel in der „Silbernen Kapelle“ in Innsbruck

Der Landesfürst in Tirol, Erzherzog Ferdinand II. (1564–1595), ließ für sich und seine Gemahlin Philippine Welser in der Hofkirche von Innsbruck eine eigene Grabkirche, die „Silberne Kapelle“ bauen. In diesem kostbaren historischen Raum steht in einer Seitennische eine ebenso kostbare historische Orgel, die laut Signatur aus dem Jahre 1614 stammt. Die Entstehungsgeschichte des Werkes ist in völliges Dunkel gehüllt; der Erbauer und die Herkunft des Instruments konnten noch nicht erforscht werden.

Das Orgelwerk steht in einem kunstvoll gearbeiteten Schrank, der durch faltbare Flügeltüren verschlossen werden kann. Der Prospekt zeigt bereits barocke Elemente, wie Cherubsköpfchen, Fruchtkränze und Kartuschen verschiedener Art. Auf der Rückseite des Ornaments oberhalb der Klaviatur befindet sich eine in das Holz geschnittene Inschrift: „A. Di. 20 April 1614. M. A. R.“ Diese Signatur bezieht sich zweifellos auf die Fertigstellung des Orgelkastens. Die Anordnung der Prospektpfeifen ist derartig, daß nicht angenommen werden kann, das Orgelwerk sei vor dem Kasten erbaut worden. Die Orgel stammt demnach nicht, wie meist angenommen wird, aus dem 16., sondern aus dem 17. Jahrhundert. Drei Hauptpfeifenfelder enthalten den hölzernen Prinzipal 8'. Vier kannelierte Pilaster tragen das überragende Sims und zwei obere nichtklingende Prospektfelder.

Die Windversorgung geschieht durch vier vielfältige Keilbälge, die hinter der Orgel aufgestellt und durch Riemenzüge zu betätigen sind. Ein kleines Elektrogebläse sorgt heute für den hiezu notwendigen Wind. In seiner baulichen Eigenart ist das Werk insofern ein Kuriosum, weil fast sämtliche Pfeifen, bis auf wenige kleine, aus Zedernholz bestehen. Nur die Pfeifen der Decimanona und Vigesimaseconda sind aus fast reinem Blei gearbeitet. Die schmiedeeisernen, verschiebbaren Registerhebel der sieben Register sind seitlich rechts des Manuals angebracht und durch römische Ziffern gekennzeichnet. Sicherlich hatte dieses Instrument ursprünglich kein selbständiges Pedal; das heute vorhandene wurde wohl erst im 17. Jahrhundert hinzugefügt. Die auf dem Prinzip der Einzelaliquoten aufgebaute Disposition ist zwar italienisch, muß aber nicht auf einen italienischen Orgelbauer schließen lassen. Orgeln mit derartiger Registeranlage sind auch außerhalb Italiens gebaut worden. Ein „organo di legno“ ist übrigens auch die Compenius-Orgel in Frederiksborg. Die italienischen Registerbezeichnungen wurden erst anläßlich der Restaurierung im Jahre 1952 angebracht. Früher stand eine mit Sicherheit falsche Registerbezeichnung am Gehäuse.

Charakteristisch für das Pfeifenwerk ist die eher enge Querschnittsmensur der offenen Holzpfeifen, die klanglich jene strahlende Helligkeit und Frische aufweisen, die sonst nur Orgeln mit Metallstimmen eigen ist. Den vornehmen und vokalen Gesamtklangcharakter verdankt dieses Werk also seiner baulichen Eigenart. Die erwähnte Restaurierung stellte das Klangbild der Erbauungszeit wieder her.

Heutiger Klangaufbau:

Manual
C–c³ mit kurzer Unteroktav
Prinzipale I = Prinzipal 8'
in Holz
Ottava VIII = Oktav 4'
in Holz
Decimaquinta XV = Superoktav 2'
in Holz
Decimanona XIX = Quint 1¹/₃'
in Metall
Vigesimaseconda XXII = Oktav 1'
in Metall
Flauto in ottava VIII = Flöte 4'
in Holz
Voce umana VU = Schwebung
ab c¹ als Prinzipal 8'
in Holz

Pedal
C–f mit kurzer Unteroktav
Holzprinzipal 8'
ohne Registerzug

73 Die Orgel der Pfarrkirche zum hl. Andreas in Lienz

Die gotische, aus dem Jahre 1457 stammende Kirche von Lienz birgt einen besonderen Schatz – eine Orgel aus dem Jahre 1618. Ehrwürdig ist auch das Alter des Gotteshauses, läßt es sich doch in seinen romanischen Teilen bis in das Jahr 1204 zurückverfolgen. Nach Beschädigung durch Blitzschlag wurden im Jahre 1737 Teile der Kirche barockisiert – Romanik, Gotik und Barock haben somit ein uneinheitliches aber ideal zusammengefügtes Kunstwerk geschaffen.

1618 wurde ein neuer Musikchor als Westempore errichtet, um Platz für Musiker und Orgel zu gewinnen. Den Auftrag für den Orgelneubau erhielt der Passauer Meister Andreas Putz. Er schuf ein schönes Werk, dessen wundervolles Renaissancegehäuse fast unverändert erhalten geblieben ist. Es besteht aus einem Hauptkasten für Hauptwerk und Pedal sowie dem Rückpositiv an der Chorbrüstung. Die beiden mächtigen Flügeltüren zeigen an ihren Innenseiten die „Geburt Christi“ und die „Anbetung der Hl. Drei Könige“, an den Außenseiten zwei Bischöfe sowie eine Tauf- und Firmungsszene. Die Klangsubstanz des Instruments wurde leider im Laufe der Zeit mehrfach verändert.

1737 wurde die Orgel nach dem erwähnten Blitzschlag beschädigt und von Johann Christoph Egedacher um 400 Gulden repariert. Durch ihn erfolgte zweifellos die erste Umgestaltung des Instruments. 1888 erweiterte Franz Reinisch d. J. die Orgel auf 54 (ursprünglich 45) Töne; er erneuerte aber auch Gebläse, Windladen sowie die Traktur und erhöhte den Winddruck. Das Gehäuse mußte daher auch versetzt und erweitert werden. Im Jahre 1903 veränderte Alois Fuetsch die Disposition neuerlich durch Ersatz von zwei alten Registern. Im Jahre 1941 wurde die Orgel abgetragen und verlagert, nach 1945 konnte sie nur behelfsmäßig wiederaufgestellt werden. Vom Pfeifenwerk aus dem Jahre 1618 waren zu diesem Zeitpunkt nur noch acht Register vorhanden. 1972 erfolgte durch die Firma Pirchner (Steinach am Brenner) unter Verwendung der wenigen erhaltenen Stimmen ein Neubau als Schleifladenorgel mit mechanischer Spiel- und Registertraktur.

Gegenwärtige Disposition:

Hauptwerk	
Prinzipal	8'
Coppel	8'
Oktav	4'
Flöte	4'
Quint	2 2/3'
Superoktav	2'
Spitzflöte	2'
Mixtur	1 1/3'
Trompete	8'
Rückpositiv	
Gedeckt	8'
Prinzipal	4'
Rohrflöte	4'
Oktav	2'
Quint	1 1/3'
Cimbel	1'
Krummhorn	8'
Pedal	
Subbaß	16'
Oktavbaß	8'
Choralbaß	4'
Mixtur	2 2/3'
Posaune	16'
Ped-Trompete	8'

74 Die Orgel im Dom St. Jakob in Innsbruck

Disposition der Orgel aus dem Jahre 1931:

I. Manual C–a^3
Principal 16'; Bourdon 16';
Principal major 8';
Viola da Gamba 8'; Salicional 8';
Gedeckt 8'; Flute harmonique 8';
Oktave 4'; Spitzflöte 4';
Rohrflöte 4'; Superoktave 2';
Terz $1^{3}/_{5}$'; Quinte $2^{2}/_{3}$';
Kornett 3–6fach;
Mixtur 4fach $2^{2}/_{3}$';
Cymbel 3fach 1'; Trompete 8';
Clairon 4'

II. Manual C–a^3
Lieblich Gedeckt 16';
Principal minor 8'; Gemshorn 8';
Quintade 8';
Nachthorn gedeckt 8';
Principal 4'; Salicett 4';
Blockflöte 4'; Nasard $2^{2}/_{3}$';
Piccolo 2'; Gemshornterz $1^{3}/_{5}$';
Sifflöte 1'; Mixtur 3fach;
Krummhorn 8'; Geigend Regal 4'

III. Manual C–a^3
Fugara 16'; Hornprincipal 8';
Gamba 8';
Vox coelestis 8' von C an;
Flauto Tibia 8';
Lieblich Gedeckt 8';
Prestant 4'; Holzflöte 4';
Waldflöte 2'; Terz $1^{3}/_{5}$';
Superquint $1^{1}/_{3}$'; Schwiegel 1';
Plein jeu 6fach $2^{2}/_{3}$'; Dulcian 16';
Trompête harmonique 8';
Clairon harmonique 4'

IV. Manual (Fernwerk) C–a^3
Stillgedeckt 16';
Flötenprincipal 8';
Portunalflöte 8'; Violine 8';
Vox angelica 8'; Kupferflöte 4';
Flautino 2'; Kornettmixtur 3fach;
Oboe 8'; Vox humana 8'

Pedal C–f^1
Principalbaß 16'; Violon 16';
Subbaß 16';
Bourdonbaß 16' transmittiert;
Echobaß 16' transmittiert;
Quintbaß $10^{2}/_{3}$'; Principalflöte 8';
Gedeckt 8'; Choralbaß 4';
Nachthorn 2';
Pedalmixtur 3–5fach;
Sordun 32'; Posaune 16';
Dulcian 16' transmittiert;
Trompete 8' transmittiert;
Clairon 4' transmittiert

Von der glorreichen Orgeltradition im Dom St. Jakob zu Innsbruck zeugt heute nur noch der dreiteilige, von vergoldetem Ranken- und Blattwerk, von Muschelwerk und jubilierenden Engeln geschmückte Prospekt einer Orgel. Auf dem Gehäuse ist die Aufschrift zu lesen: „Studio et opera Joannis Caspari Humpel Meranensis anno 1725". Die Orgel, die einst in den herrlichen barocken Prospekt gehörte, stammte von dem Tiroler Meister Johann Caspar Humpel, einem Enkelschüler des bedeutenden Wiltener Orgelbauers Daniel Herz. Humpel setzte mit seinem Werk für lange Zeit einen Schlußpunkt in der Orgelbaugeschichte von St. Jakob. Die älteste Nachricht über eine Orgel im Dom stammt aus dem Jahre 1468 (Erbauer unbekannt). Kaiser Maximilian I. erteilte 1491 dem berühmten Mitglied seiner Kapelle, Meister Paul Hofhaimer, dem „monarcha organistarum" der Zeit, den Auftrag zur Erbauung einer neuen Orgel in der Pfarrkirche. Daß also bereits eine ältere Orgel vorhanden gewesen sein muß, wird durch die Chronik aus dem Jahre 1512 erhärtet, die von zwei Werken spricht. Näheres über die unter der Ägide Hofhaimers errichtete Orgel ist nicht bekannt. Um das wachsende Bedürfnis nach reicher musikalischer Ausgestaltung des Gottesdienstes zu stillen – besonders dann, wenn die neu gegründete Wiener Hofkapelle in Innsbruck spielen würde –, berief Kaiser Maximilian den Heilbronner Orgelbauer Wolfgang Reichenauer zur Errichtung eines neuen großen Orgelwerkes, das 1498 fertiggestellt und im Kirchenschiff neben der Kanzel aufgestellt wurde. Auf Grund ständiger Reparaturen, wofür im Jahre 1566 sogar Jörg Ebert herangezogen wurde, konnte das Werk nicht mehr gerettet werden und wurde 1717 bis auf den Grund abgetragen.
Acht Jahre später, 1725, errichtete dann der Meraner Orgelmacher Johann Caspar Humpel sein großes Werk von 26 klingenden Stimmen. Das neu gebaute prachtvolle Gehäuse trägt die Aufschrift: „Studio et opera Joannis Caspari Humpel Meranensis anno 1725." Leider fiel dieses Werk dem modischen Geschmack der Romantik zum Opfer. Franz Reinisch d. J. baute 1892 eine neue Kegelladenorgel mit 33 Stimmen in das vorhandene Gehäuse. Sieben Stimmen wurden aus der Humpel-Orgel übernommen.
Dieses Werk wurde 1931 von Karl Reinisch in die Höttinger Pfarrkirche übertragen. Gehäuse und Prospektpfeifen blieben aber in der Pfarrkirche von St. Jakob. Im selben Jahr baute die Firma Gebrüder Rieger in das für 26 Stimmen berechnete alte Humpel-Gehäuse eine elektropneumatische Kegelladenorgel mit 75 Registern (Disposition nebenstehend).

75 Die Orgel der Pfarrkirche in Schwaz

Die Pfarrkirche „Unserer Lieben Frauen Himmelfahrt" in Schwaz gehört zu den denkwürdigsten Zeugnissen spätgotischer Baukunst in Nordtirol. In die Jahre zwischen 1460 und 1520, als Schwaz durch seine Silberminen zu den wirtschaftlichen Brennpunkten des damaligen Europa gehörte und das Interesse geldkräftiger deutscher Handelsgesellschaften erweckte, fällt die Bauzeit der heutigen Kirche mit den verschiedenen, durch den rapiden Bevölkerungszuwachs notwendig gewordenen Erweiterungsbauten. Bereits am Ende der vorletzten Bauetappe, im Jahre 1482, zählte zur Inneneinrichtung der Kirche eine eben fertiggestellte Orgel, an deren Bau der Orgelmeister Wolfgang (gest. 1480) beteiligt war. Vollendet wurde das Werk vom Orgelmeister Stephan und seinem Sohn Vinzenz. Bei der Kollaudierung waren Paul Hofhaimer und sein Bruder (wahrscheinlich Florian) anwesend.

Reichlicher fließen die Berichte über die 1518 von Gregor Emser neu erbaute Orgel: sie stand auf dem „Fürstenchörl", einer Orgelempore über dem Eingang in die Sakristei (Knappenchor). Die Flügeltüren des Instrumentes stattete der Maler Ulrich Funk aus. Heute zeugt nur noch die kunstvoll geschnitzte Brüstung dieser Empore mit dem Wappen König Ferdinands I. von entschwundener Pracht.

In der zweiten Blütezeit des Schwazer Bergbaus wurde die Pfarrkirche mit großem Aufwand barockisiert. Im Zuge dieser Neuerung erhielt der bekannte Orgelbauer und Franziskanerordensbruder Gaudenz Köck den Auftrag zur Errichtung einer neuen Orgel auf der Westempore, die vorher als Ehrenplatz für bevorzugte Schwazer Familien diente. 1735 war das Instrument fertiggestellt. Das prunkvolle Gehäuse mit seinen üppigen Blumen- und Pflanzenornamenten schnitzte wahrscheinlich der Schwazer Kunsttischler Bartholomäus Alter. An der endgültigen Ausformung waren bedeutende Künstler beteiligt, darunter der Bildhauer Gregor Fritz aus Hall, der die Figuren der hl. Cäcilia und des Königs David sowie die der musizierenden Engel schuf. Leider sind von dieser wohl größten Barockorgel Tirols nur der Prospekt des um die mächtige Rundsäule gebauten Rückpositivs und des (später allerdings vergrößerten) Hauptkastens erhalten. Die 1897 von der Firma Reinisch errichtete und 1909 erweiterte pneumatische Kegelladenorgel wurde 1969 mit elektrischer Traktur versehen.

Glücklicherweise kennen wir die Disposition der alten Barockorgel, wie sie einst Gaudenz Köck vorlegte. Demnach erforderte das Projekt 5600 Gulden und besaß „alles zusammen 35 Stimmen, ein Register zu ziehen, daß man beyde Werckh zugleich schlag mag", wobei nebenstehende Anordnung gewählt wurde.

1. Manual

Principal	8'
Viol de Gamb	8'
Salset	8'
Fletten	8'
Copl	8'
Octave	4'
Octavcopl	4'
Quint	3'
Superoctave	2'
Superoctavspitzflöthen	2'
doplte Terz	2'
sexfaches Cornet	
Sedecima	1'
sexfache Mixtur	
Vivera oder schwebendes Register	
Fagott	

2. Rückpositiv

Principal	8'
Copl	8'
Octave	4'
Quint	3'
Superoctave	2'
Terz	2'
Decima	1'
dreyfache Mixtur	

3. Echo

mit 6, nicht näher bezeichneten Registern

Pedal

Subpaß	16'
Paussaune	
Pauggen oder Härtrumb, Gugg, Voglgeschrey	

1914
1918

76 Die Orgel der Pfarrkirche Mariathal

Das Rittergeschlecht der Fruntsperger auf Schloß Matzen stiftete 1267 Kloster und Kirche Mariathal, um eine eigene Begräbnisstätte zu besitzen. Die Dominikanerinnen besiedelten dieses Kloster bis zur Aufhebung unter Kaiser Joseph II. im Jahre 1782. Dabei ging viel Urkundenmaterial verloren, Besitzungen wurden eingezogen und verschleudert. Ein ständiges Auf und Nieder erlebten Kloster und Kirche im Laufe der Jahrhunderte. Spuren der ersten Form und Größe der Kirche sind keine mehr vorhanden, lediglich das spätromanische „Fieberkreuz" auf dem Privata-Altar ist bis auf den heutigen Tag erhalten geblieben. Spätgotische Elemente findet man an der ersten Marmorsäule unter dem Orgelchor in einem wappenartigen Reliefschild mit der Inschrift „Katharina Hawnin, Priorin 1519".

Die heutige Form der herrlichen Barockkirche stammt aus dem Jahre 1682. Am Portal aus Kramsacher Marmor ist eingemeißelt: „Haec est Domus Dei et Porta Coeli A. D. MDCLXXXII".

Die ersten archivalischen Nachrichten über den Einbau einer Orgel in diese Kirche sind aus dem Jahre 1736 erhalten. Der mündlichen Überlieferung nach soll der berühmte Orgelmacher Johann Christoph Egedacher die Orgel erbaut haben, der Quellennachweis konnte allerdings bis heute dafür nicht erbracht werden.

Einem archivalischen Bericht ist zu entnehmen, daß das Werk ein unbekannter Orgelmacher beim Eintritt seiner Tochter in das Kloster als Mitgift 1736 aufgestellt hat. Es galt seit je als eines der klangschönsten Instrumente Tirols.

Leider ist dieses Werk mehrfach umgebaut und verändert worden, so daß nur das prachtvolle Barockgehäuse mit dem originalen Zinnprospekt von der einstmals bestehenden Harmonie zwischen Architektur und Klang dieses ausgezeichneten Kunstwerkes zeugt.

Besonders bemerkenswert sind an allen Prospektpfeifen die bemalten und vergoldeten Labien. Die Labien der beiden größten Pfeifen (C und D) sind nicht, wie alle anderen, nur mit Ornamenten, sondern mit Wappen verziert. Die D-Pfeife weist die Jahreszahl 1736 auf, die C-Pfeife die Buchstaben M T.

Die Disposition, die Orgelbauer Joseph Aigner aus Schwaz in Mariathal vorfand, ist in seinem Kostenvoranschlag für eine „größere Repäratur" vom 27. September 1846 überliefert: siehe nebenstehend.

Joseph Aigner hat seine Restaurierungsvorschläge nicht verwirklicht, denn nur 15 Jahre später baute Orgelbauer Matthäus Mauracher 1860 die Orgel weitgehend um. Es wurden neue Schleifladen aus Weichholz angefertigt, ein neuer Spieltisch vor das Orgelgehäuse gestellt, die gesamte Registertraktur pneumatisiert und die Spieltraktur neu angelegt. So existierte das Instrument über hundert Jahre. Lange Zeit war das Werk unspielbar.

1975 erfolgte durch die Orgelbaufirma Reinisch-Pirchner unter Beibehaltung des historischen Gehäuses und des Prospektprinzipals ein völliger Neubau mit einem hinzugefügten Rückpositiv.

Disposition aus dem Jahre 1736:

Org. Manual	
Prinzipal im Gesicht von Zin a	8'
Gamba von Ziñ die tiefste	
Octav Holz	8'
Copl von Holz gedeckt	8'
Quintadäna von Holz gedeckt	8'
Flöte von Holz gedeckt	4'
Octav von Ziñ	4'
Quint von Ziñ	3'
Superoctav von Ziñ	2'
Mixtur von Ziñ 3fach	1'
Pikolo von Ziñ	1 1/2'
Pedal	
Subbahs von Holz gedeckt a	16'
Octavbahs von Holz offen	8'
Posaun von Holz	8'
Fagott von Ziñ	4'
Positiv Manual	
Copl von Holz gedeckt a	8'
Prinzipal von Ziñ im Gesicht	4'
Flöte von Holz gedeckt a	4'
Octav von Ziñ	2'
Quint von Ziñ	1 1/2'
Flötenecho von Ziñ 2fach	2'
Mixtur von Ziñ 2fach	1'

Dispostion aus dem Jahre 1975:

Hauptwerk	
Gedeckt	16'
Prinzipal	8'
Copel	8'
Oktav	4'
Spitzflöte	4'
Quinte	2 2/3'
Oktav	2'
Quinte	1 1/3'
Mixtur	1 1/3'
Bankkornett	2 2/3'
Rückpositiv	
Gedeckt	8'
Prinzipal	4'
Rohrflöte	4'
Waldflöte	2'
Mixtur	2'
Hörndl	2/5'
Krummhorn	8'
Pedal	
Subbaß	16'
Oktavbaß	8'
Oktav	4'
Posaune	8'
Fagott	4'

Koppeln:
RP-HW, HW-Ped, RP-Ped

77 Die Chororgel der Stiftskirche in Stams

Bis in das 19. Jahrhundert war das Zisterzienserkloster Stams ein bedeutendes künstlerisches Strahlungszentrum Nordtirols, wovon heute noch das umfangreiche Musikarchiv des Stiftes beredtes Zeugnis ablegt. Die Glanzzeit des Musiklebens erlebte das Kloster um die Mitte des 18. Jahrhunderts, als hier alle möglichen Anlässe, wie Priesterweihen, Namenstage und sogar Aderlässe, durch kunstvolle Kompositionen, die vom Graduale bis zur ausgelassenen Tafelmusik reichen, ausgiebig gefeiert wurden. In dieser musikinteressierten Epoche erhielt die ursprünglich romanische, durch den Innsbrucker Architekten Georg Anton Gumpp 1729 bis 1732 barockisierte Stiftskirche eine neue Chororgel. Das Instrument wurde 1757 unter der Ägide des Abtes Rogerius Sailer errichtet und repräsentiert nicht nur wegen seines hellen, weichen Klanges, sondern auch dank der guten Erhaltung ein selten kostbares Kleinod aus der Zeit süddeutscher Orgelbaukunst des Rokoko. Der Erbauer konnte noch nicht ermittelt werden, doch dürfte es sich wohl um einen Meister aus Bayern oder Schwaben handeln. Die Orgel ist harmonisch in das Chorgestühl eingebaut, ihre Windlade befindet sich auf dem Boden, der Spielschrank ist seitlich angeordnet. Das Gehäuse ist mit der Jahreszahl 1757 signiert und zeigt wie das von Frater Georg Zeller (gest. 1767) vermutlich unter Benutzung älterer Teile geschaffene Chorgestühl kunstvolle Einlegearbeit. Der 8'-Prinzipalprospekt der Orgel kann durch Falttüren verschlossen werden.

Mit seinen zwölf Registern besitzt das Instrument eine farbenreiche Obertönigkeit und außerordentliche Klangfülle, wie sie dem damals üblichen Typus der einmanualigen Großform einer Chororgel entspricht. Die Registerzüge als Zugstangen befinden sich links neben dem Manual in vertikaler Reihe.

Die außerordentliche Vielfalt der Klangmöglichkeiten ergibt sich aus der Dreiteilung der Disposition in Prinzipal-, Flöten- und Streicher-Chor. Das Werk eignet sich besonders gut für die Wiedergabe süddeutscher Orgelmusik des 18. Jahrhunderts; auch filigrane Kompositionen der Klassik, wie etwa die Flötenuhrstücke von Haydn und Mozart, können auf diesem Instrument ideal realisiert werden. Bei der Auswahl der Literatur muß natürlich auf die Beschränkungen Rücksicht genommen werden, die sich aus der kurzen Unteroktave und dem geringen Klaviaturenumfang ergeben.

Nach Beschädigungen im Zweiten Weltkrieg wurde die Orgel im Jahre 1953 von Orgelbaumeister Johann Pirchner restauriert.

Heutige Disposition:

Manual
C–c^3 mit kurzer Unteroktav

Principal	8'
Copl	8'
Gamba	8'
Octav	4'
Flaut	4'
Viola	4'
Quint	2$^2/_3$'
Superoctav	2'
Cornet 3fach (früher 2fach 2')	4'
Mixtur 3fach	2'
Cimbl 3fach (früher 2fach 1')	1'

Pedal
C–gis mit kurzer Unteroktav
17 Tasten

Subbaß	16'
starre Pedalkoppel	

BENE
DICTUS

78 Die Orgel der Wallfahrtskirche in Absam

Hauptwerk
C–f^3 54 Tasten

Coppel	16'
Principal	8'
Flöte	8'
Gambe	8'
Oktave	4'
Flöte	4'
Quinte	$2^2/_3$'
Superoctav	2'
Cornet 3fach	
Mixtur 4–5fach	

Rückpositiv
C–f^3 54 Tasten

Gedackt	8'
Principal piano	8'
Prästant	4'
Flöte	4'
Oktave	2'
Quinte	$1^1/_3$'
Mixtur 4fach	
Tremulant	

Pedal
C–f' 30 Tasten

Principalbaß	16'
Subbaß	16'
Octavbaß	8'
Quintbaß	$5^1/_3$'
Choralbaß	4'
Posaune	16'

Die ganze Fülle spielerischer Grazie, ein Wesenszug der Kunst des Rokoko, verkörpert das Gehäuse der Orgel in der Wallfahrtskirche in Absam. Der in seiner Grundkonzeption gotische Kirchenraum wurde im Erbauungsjahr der Orgel, 1780, stark verändert, die Pfeiler wurden gekantet, mit Kapitellen und Simsen ausgestattet, die Bogen abgeflacht, die Strenge der Grate entschärft und der gesamte Raum durch die Farbenpracht der Freskenausstattung aus derselben Zeit aufgelichtet. In diesen Rahmen fügte nun ein unbekannter Meister sein Instrument. Das Lieblingsmotiv des Rokoko, die Rocaille, schmückt das Gehäuse in vielfältigen Varianten: sei es in den Schleierbrettern, in der Umrahmung der beiden Seitentürme und des Rückpositivs, sei es nicht zuletzt in der sich goldflammend auflösenden Bekrönung des Prospekts. Die beiden Rückpositivfelder schmücken zwei Flammenvasen. Die stilistische Entsprechung der Scheindekoration der Deckenfresken mit dem Schnitzwerk der Orgel erhöht die einheitliche, schwerelose Wirkung dieses Baus aus der Hochblüte des Rokoko.
Das Instrument war im vorigen Jahrhundert mehrmals umgebaut worden. Einen nachteiligen Eingriff bedeutete die Verlegung der Pfeifen des Rückpositivs in die Basis des Hauptwerkgehäuses, der auch die glänzenden Obertonregister zum Opfer fielen. Im Zuge einer Restaurierung im Jahre 1948 wurde der ursprüngliche Zustand wiederhergestellt, der Tonumfang allerdings etwas erweitert und nebenstehende Disposition entworfen.

79 Die Orgel der Pfarrkirche Bartholomäberg

Bereits im 10. Jahrhundert wird über die älteste Siedlung des Montafon, eine Ortschaft auf dem Bartholomäberg, urkundlich berichtet. Die heutige Pfarrkirche aus dem Jahre 1732, eine große Hallenkirche mit einer seltenen Kassettendecke, birgt eines der schönsten Werke des Meisters Josef Bergöntzle. Dieser aus dem Elsaß stammende Orgelbauer kam auf der Flucht vor der Französischen Revolution nach Vorarlberg und legte hier eine Reihe von Proben seiner bedeutenden Kunst ab, bevor er wieder in seine Heimat zurückkehren konnte. Vorarlberg ist daher in der glücklichen Lage, mit diesem Orgelwerk aus Bartholomäberg ein hervorragendes Denkmal außerösterreichischer Orgelbaukunst zu besitzen. In der hohen Qualität des Materials ist auch der überdurchschnittlich gute Erhaltungszustand des Instruments begründet.

Es ist bedauerlich, daß gerade über dieses Werk keine genaueren Aufzeichnungen existieren. Die Grundlage des Werkes wurde bereits 1792 geschaffen (diese Jahreszahl ziert das Gehäuse), ob diese allerdings von Bergöntzle stammt, bezweifeln viele Autoren.

Immer wieder finden wir in der Literatur Hinweise auf dieses prächtige Orgelwerk, in denen vor allem sein silbriger Klang gerühmt wird. Bergöntzle erweist sich in seiner Bauart und Intonationsweise als Vertreter der Silbermann-Tradition; er war ja auch der Nachfolger des Orgelbauers Louis Dubois, des einst bedeutendsten Konkurrenten Johann Andreas Silbermanns.

Neueste Forschungen ergaben folgendes Bild: Das Werk am Bartholomäberg wurde 1792 von Johann Michael Graß aus Nommis (Schweiz) erbaut und besaß ursprünglich 15 Stimmen, verteilt auf ein Manual und Pedal.

1861 baute Alois Schönach aus Rankweil ein neues Pedal mit vier Stimmen an.

Ein schwerwiegender Eingriff in das Werk geschah 1929, als Franz Gattringer aus Rorschach die tiefen Halbtöne im Manual auf 27 Tasten mit pneumatischer Traktur ergänzte.

Das Werk wurde 1973 durch J. Neidhart und G. L'hôte St. Martin/ Schweiz) restauriert.

Diese Orgel stellt Vorarlbergs bedeutendstes historisches Werk dar. Die auf den Ursprung rückgeführte heutige Disposition siehe nebenstehend.

Manual C–c^3	
Gedeckt	16'
Prinzipal	8'
Prestant (von c^1 an)	8'
Bordun	8'
Labial-Dulcian	8'
Oktave	4'
Flöte	4'
Quinte	$2^2/_3$'
Oktave	2'
Terzian (von c^1 an)	$1^3/_5$'
Mixtur 4fach	
Cornett 3fach (von c^1 an)	

Pedal C–d^1	
Subbaß	16'
Oktavbaß	8'
Quinte	$5^1/_3$'
Posaune	8'

80 Die Orgel der Pfarrkirche St. Jakob in Bludesch

Die rekonstruierte Disposition des Werkes lautet:

Hauptwerk C–d³	
Rohrgedackt	16'
Prinzipal	8'
Rohrgedackt	8'
Oktav	4'
Quinte	2²/₃'
Superoktav	2'
Terz	1³/₅'
Pfeiflein	1'
Mixtur 3fach	1¹/₃'
Cornett 5fach	8'
Trompete	8'
Rückpositiv C–d³	
Rohrgedackt	8'
Prinzipal	4'
Rohrquinte	2²/₃'
Oktav	2'
Terz	1³/₅'
Mixtur 3fach	1'
Pedal 13 Tasten	
Subbaß	16'
Oktav	8'
Fagott	8'
Bombarde	16'

Die Pfarrkirche in Bludesch stammt aus dem Jahre 1650 und ist in ihrer ursprünglichen Form bis heute erhalten. Obwohl das Dorf bereits 830 das erste Mal urkundlich genannt wird, ist eine ältere Kirche auf dem Hügel oberhalb der Ortschaft erst aus dem Jahre 1503 bekannt. Die Inneneinrichtung der neuen Pfarrkirche stammt, mit Ausnahme des Hochaltars von 1651, aus dem 18. Jahrhundert.

1804 stellte hier Josef Bergöntzle, kurz nach Errichtung der Orgel in Bartholomäberg, ein großartiges Orgelwerk auf. Im Zuge der Restaurierungsarbeiten des Jahres 1947 tauchte die Vermutung auf, daß dieses Orgelwerk ursprünglich nicht für Bludesch bestimmt gewesen war. Bergöntzle soll nämlich eine im Laufe der Franzosenkriege abgetragene oder für eine andere Kirche bestimmte Orgel hier aufgestellt haben. Viele Jahre lang erkannte man die Bedeutung dieses deutlich unter dem Einfluß französischer Orgelbaukunst stehenden Werkes nicht, wohl auch deshalb, weil Modernisierungsumbauten 1880 und 1932 das Werk gänzlich entstellt hatten. So waren sämtliche Zungenstimmen und auch andere Pfeifen entnommen und in die glücklicherweise erhalten gebliebenen Windladen in eine qualitativ schlechte pneumatische Anlage eingebaut worden.

Bei der bereits erwähnten Wiederherstellung des Instruments im Jahre 1947 durch die Firma Rieger (Schwarzach) wurde die mutmaßlich originale Disposition rekonstruiert und das Beiwerk aus einer Periode des orgelbaulichen Niedergangs entfernt. Etwa 16 Register konnten original erhalten bleiben, ebenso die Laden und Teile des Spielschranks. Spiel- und Registertraktur sowie etwa fünf Register mußten neu angefertigt werden. Trotz dieser Veränderungen stellt das Orgelwerk mit seinem weichen homogenen Klang eines der wenigen erhaltenen repräsentativen Beispiele aus dem Schaffen Bergöntzles dar. 1970 wurde das Instrument neuerlich durch die Orgelbaufirma J. Neidhart und G. L'hôte aus St. Martin in der Schweiz einer Restaurierung unterzogen.

81 Das Hohenemser Positiv

Wie die berühmte Instrumentensammlung Erzherzog Ferdinands aus dessen Schloß Ambras, die sich heute im Wiener Kunsthistorischen Museum befindet, gibt auch das Hohenemser Positiv (im Vorarlberger Landesmuseum in Bregenz) Zeugnis von den Kostbarkeiten der Lebenskultur der Renaissance und des Frühbarock. Die Herkunft des Hohenemser Positivs ist nicht gesichert, doch kann man auf Grund stilistischer Vergleiche annehmen, daß es das Werk eines Südtiroler Orgelbauers aus dem 16. Jahrhundert ist, der den verfeinerten Stil italienischer Renaissance, der sich in seiner Bewegtheit schon dem Frühbarock nähert, und die teils naturalistischen, teils ins Drolerienhafte gehenden Figuralschnitzereien süddeutsch-tirolerischer Prägung in einmaliger Weise kombinierte. Das Instrument, dessen Erscheinungsform einem Renaissanceschränkchen ähnelt, hat wertvolle Gegenstücke im Escorial, in Südtirol und in der Schweiz sowie in Breslau.

Die Restaurierung des Instruments im Jahre 1956 durch die Firma Walcker (Ludwigsburg) stützte sich auf zeitgenössische Orgelbauprinzipien, wie sie Arnold Schlick (1511), Gioseffo Zarlino (1558) und Michael Prätorius (1619) bereits festgelegt hatten. Außer den Pfeifen wurden auch die beiden Blasebälge ersetzt, die durch Wasser beschädigte Windlade ausgebessert, die Lederbahnen der Schleifen und Ventile erneuert. Auf der Windlade stehen vier Register, die durch acht Schleifen zu betätigen sind. Die Trennung zwischen Baß und Diskant befindet sich zwischen d' und dis'. Die Klaviatur besitzt 41 Tasten, beginnend mit E, und mit fehlendem gis'', einer Eigentümlichkeit von Renaissanceorgeln. Die ersten acht Tasten bilden eine kurze Oktav, und zwar in dem für die Zeit selteneren Verlauf: EFGAH als Untertasten und CDB als

C D B

Obertasten (EF G A Hc . . .). Das Instrument ist auch im restaurierten Zustand mitteltönig gestimmt, wie es der Entstehungszeit und der Literatur entspricht. Von der Windlade führt eine Kondukte zu dem Dudelsackpfeifer, der auf dem höchsten Punkt des Gehäuses thront. Bei geöffneter Schleife und bei Niederdrücken einer beliebigen Taste ertönen die beiden Pfeifen des Dudelsackes wie eine ganz zarte Zimbel. Eine zweite Schleife ermöglichte diese „Zimbel" der anderen Tastenhälfte zuzukoppeln, und es ist anzunehmen, daß die hier vorhandenen Pfeifen des Dudelsackbläsers beim Spielen in C-Dur als „Brummer", als Grundton und Quinte (c und g), dann dauernd mittönten.

Disposition des Positivs:

Regal	8'
Flöte	4'
Oktav	2'
Zimbel 2fach	

82 Die Orgel im Dom zu Maria Saal

Im Dom zu Maria Saal erhebt sich auf der westlichen, sternrippenunterwölbten Orgelempore der prachtvolle, spätbarocke Prospekt der Orgel aus dem Jahre 1736. Erbauer dieses zu den schönsten Orgeln Kärntens gehörenden Instruments war der bayrische Orgelmeister Johann Martin Jäger aus Füssen am Lech. Aus dem Jahre 1735 existiert ein Vertrag Jägers mit dem Domkapitel, das durch die Großzügigkeit von Gönnern und Freunden – darunter auch des Erzbischofs von Salzburg und des Grafen Leopold von Rosenberg – finanziell in die Lage versetzt wurde, eine neue Orgel für den Dom bauen lassen zu können. Die Disposition dieser Orgel siehe nebenstehend.

Wechselvoll wie die Baugeschichte des Domes ist die des durch die Jäger-Orgel ersetzten Instruments. Bereits sechs Jahre nach der Vollendung des Mittelschiffs der Kirche fertigte 1496 der Villacher Minoritenguardian P. Gregor eine Orgel für Maria Saal an, die jedoch während der folgenden 100 Jahre drei mehr oder minder umfangreiche Instandsetzungsarbeiten durch verschiedene Orgelbauer benötigte. Im Jahre 1617 erhielt dann der Passauer Orgelbauer Andreas Bütz (Putz) den Auftrag zu einem umfangreichen Ausbau der drei „Werk" und einer gründlichen Überholung des Vorhandenen. Bereits zwanzig Jahre nach diesem Umbau mußte jedoch wieder eine Ausbesserung erfolgen, und nach mehreren derartigen Eingriffen war die Orgel 1722 schließlich so zerfallen, daß von den 16 vorhandenen Registern nur noch 6 bis 8, und auch diese nur beschränkt, zu gebrauchen waren. Ein letztes Mal versuchte man, um Geld zu sparen, mit einer billigen Sanierung der Orgel durch einen „herumgehenden" Orgelmacher namens Peter Joas das Auslangen zu finden. Wie ungenügend diese Instandsetzungsarbeiten gewesen sein müssen, kann man daraus ersehen, daß bereits 13 Jahre später Johann Martin Jäger mit dem Bau des heute nur noch teilweise erhaltenen Klangdenkmals betraut wurde.

Hauptwerk
$C–c^3$ kurz, 10 Stimmen

Prinzipal	8'
Flöte	8'
Gemshorn	8'
Salicional	8'
Oktav	4'
Rohrflöte	4'
Dulziana	4'
Quint	$2^{2}/_{3}$'
Oktav	2'
Mixtur 3fach	

Positiv
$C–c^3$ kurz, 5 Stimmen

Koppel	8'
Flöte	4'
Oktav	2'
Quint	$1^{1}/_{3}$'
Oktav	1'

Manualkoppel

Pedal
C–b kurz, 3 Stimmen

Subbaß	16'
Oktavbaß	8'
Solobaß	8'

83 Die Chororgel im Dom zu Gurk

Der majestätische Bau des romanischen Domes zu Gurk wurde um die Mitte des 12. Jahrhunderts errichtet und war bis ins 18. Jahrhundert Sitz der Bischöfe von Gurk, deren Residenz sich im nahegelegenen Straßburg befand. Der im entlegenen Tal der Gurk stehende Dom mit seiner kostbaren Ausgestaltung ist als bedeutendes Beispiel romanischer Baukunst in Österreich über Kärntens Grenzen hinaus berühmt.
Im Chorraum des mächtigen Kircheninnern steht eine Chororgel aus dem Jahre 1625. Sie ist das Werk des aus Württemberg stammenden, in Graz ansässigen Orgelbauers Hans Schlackwein. Aus der Vorgeschichte des Instruments ist zu entnehmen, daß sich bereits zu Anfang des 17. Jahrhunderts eine Chororgel im Altarraum befunden hatte, durch deren überlieferte Pfeifenanzahl und -kombinationen man auf ihre Disposition schließen kann, die zum Großteil aus Prinzipalchören und vielchörigen Mixturen bestand. Das Pedal dürfte auf Grund der Pfeifenanzahl 16 Töne umfaßt haben. Gegenüber dem Gehäuse der heute noch erhaltenen Schlackwein-Orgel, die von dem goldbraunen Schnitzwerk des um 1680 (vom Straßburger Tischler Siessenbacher und dem Gurker Maler B. Seitlinger) angefertigten Chorgestühls umrahmt wird, illustriert eine Scheinorgel mit gemaltem Prospekt die barocke Vorliebe für Symmetrie. Der Prospekt der Orgel, der gleichzeitig mit dem gewaltigen frühbarocken Hochaltar entstand, weist in seiner strengen und klaren Gliederung noch in die Renaissance. Das Instrument besitzt ein Manual mit sieben Stimmen und ein Pedal; die chromatische Vollständigkeit der Klaviatur sowie der Pedalumfang – eine Oktav – lassen auf spätere Änderungen der ursprünglichen Anlage schließen. Von der Schlackwein-Orgel selbst sind nur mehr einige wenige Pfeifen vorhanden.

Disposition der Orgel:

Manual C–c^3 chrom.	
Gedackt	8'
Flöte	8'
Prinzipal	4'
Rohrflöte	4'
Octav	2'
Quint	$1^1/_3$'
Mixtur 2–3fach	$^2/_3$'
Pedal C–d chrom.	
Subbaß	16'

16 25
IHS
MRA
LAVDATE DEVM IN CHORDIS, ET ORGANO.

84 Die Orgel in der Pfarrkirche St. Martin in Obervellach

Disposition der Orgel:

Hauptwerk C–c³	
Quintatön	16'
Principal	8'
Copel	8'
Schwebung	8'
Octave	4'
Spitzflöte	4'
Octave	2'
Octave	1'
Quinte	2²/₃'
Quinte	1¹/₃'
Mixtur 3fach	1¹/₃'
Trompete	8'
Rückpositiv C–c³	
Gedackt	8'
Rohrflöte	4'
Prinzipal	2'
Quinte	1¹/₃'
Zimbel 3fach	1'
Regal	8'
Pedal	
Subbaß	16'
Octavbaß	8'
Gedacktbaß	8'
Choralbaß	4'
Posaune	16'

In den „goldenen Jahren" der Geschichte von Obervellach wurde der spätgotische Neubau der Pfarrkirche errichtet, dessen Größe und reiche Ausstattung von dem aus dem Edelmetallbergbau resultierenden Wohlstand der Bürger zeugt. Aus derselben Zeit, dem zweiten Jahrzehnt des 16. Jahrhunderts, stammte auch die erste, bis auf einige wertvolle Pfeifen nicht mehr erhaltene Orgel der Kirche. Sie wurde im 17. Jahrhundert durch ein Werk der Passauer Orgelbauschule ersetzt, deren bedeutendste Exponenten Meister der Familien Putz, Egedacher und Freundt waren. Das der strengen Formgebung der Renaissance verpflichtete Gehäuse mit seinem barocken Zierat ist durch eine kunstvoll durchbrochene Maßwerkbrüstung in die gotische Architektur der Kirche miteinbezogen und bildet so in der Vereinigung der drei Stile – Gotik, Renaissance und Barock – ein kostbares Pendant zum eindrucksvollen Hochaltar. Die Seitenflügel des Instruments zeigen die beiden Patrone der Musik, die hl. Cäcilia an der Orgel und den harfenspielenden König David. An der Außenseite der Flügel ist die Verkündigung Mariae dargestellt.

Das Werk wurde 1958/59 restauriert, hat 23 Register und ist um die Rekonstruktion des im 19. Jahrhundert entfernten Rückpositivs bereichert. Das barocke Klangbild des 17. Jahrhunderts ist somit rungen angepaßt.

85 Die Orgel in der Pfarrkirche St. Nikolaus zu Straßburg in Kärnten

Auf dem historischen Boden der ehemaligen Residenz der Bischöfe von Gurk, in Straßburg, steht die Pfarrkirche St. Nikolaus, deren Geschichte bis ins 12. Jahrhundert – die Entstehungszeit des Gurker Domes – zurückzuverfolgen ist. Auf dem romanischen Fundament erhebt sich der bis heute erhaltene spätgotische Bau, der sich durch ein reiches und feinmaschiges Sternrippengewölbe auszeichnet, das unter der westlichen Orgelempore besonders kunstvolle Verästelungen aufweist. Auf dieser Empore steht eine der besten Barockorgeln Kärntens; sie wurde 1743 von dem Grazer Orgelbauer Cyriach Werner erbaut. Harmonisch fügt sich das mit allem ornamentalen Schmuck hochbarocker Ausstattungskunst verzierte Gehäuse in den gotischen Kirchenraum; die beiden Türme des Orgelgehäuses umrahmen in majestätischer Pracht eine Statue des alttestamentarischen Sängers König David.

Wie die anonyme Orgel der ehemaligen Stiftskirche in Pöllau aus dem Jahre 1739 ruht die Straßburger Orgel auf zwei Pfeilern, wobei die Spielnische in die Innenseite des rechten Pfeilers eingelassen ist. Ebenfalls wie in Pöllau fehlt das Rückpositiv; die Positivlade ist in die Mitte des Kastens eingebettet. Die Registertraktur des Hauptwerkes unterscheidet sich von jener des Positivs dadurch, daß erstere Zugstangen, letztere nach abwärts gerichtete Hebel besitzt. Die Disposition der 1969 restaurierten Orgel mit ihren 18 klingenden Stimmen – nunmehr mit chromatisch eingerichteten Manualen – siehe nebenstehend.

Hauptwerk (linker Turm) C–c³	
Prinzipal	8'
Gedeckt	8'
Gemshorn	8'
Oktav	4'
Flöte	4'
Quint	2²/₃'
Oktav	2'
Mixtur 3fach	1¹/₃'
Oktav	1'
Positiv (Mitte) C–c³	
Gedeckt	8'
Prinzipal	4'
Flöte	4'
Oktav	2'
Mixtur	1'
Pedal (rechter Turm) C–d¹	
Kontrabaß (hinter dem Gehäuse freistehend)	16'
Subbaß	16'
Oktavbaß	8'
Gedecktbaß	8'
Oktave	4'

Koppeln
Positiv an Hauptwerk
Positiv an Pedal
Hauptwerk an Pedal

86 Die Orgel der Stiftskirche von Viktring

Das künstlerisch bedeutendste Klosterbauwerk Kärntens war die Zisterzienserabtei von Viktring, südöstlich des Wörthersees. Von Graf Bernhard von Sponheim und seiner Gemahlin Kunigunde 1142 gegründet, entwickelte sich das Kloster bis zur Aufhebung unter Kaiser Joseph II., 1786, zu einem der erfolg- und segensreichsten Klöster Kärntens.
Die Kirche aus dem 12. Jahrhundert ist das einzige im gesamten deutschen Sprachraum erhaltene Beispiel einer tonnengewölbten burgundisch-zisterziensischen Pfeilerbasilika. Ihr schloß sich ein monumentales Stiftsgebäude an, das bis heute erhalten blieb, während das Langhaus der Kirche, das 1843 baufällig geworden war, aus Ersparnisgründen um mehr als die Hälfte abgetragen wurde.
Unter Abt Georg Rainprecht entstand 1622 der große frühbarocke Hochaltar. Zwischen den Säulen des fünfschiffigen Aufbaues kommt die Farbenpracht der drei herrlichen Glasfenster des in fünf Achteckseiten gestalteten gotischen Chorraumes voll zur Geltung.
Als Gegenstück zum Hochaltar ließ Abt Edmund im Jahre 1719 eine einmanualige Orgel mit Pedal errichten. Ihr Gehäuse wies auch eine Prospektfront an der Seite auf; das Instrument war also an einer Stelle der Kirche so aufgestellt, daß die Seitenfront sichtbar blieb. Die Größe der Orgel, deren Erbauer unbekannt blieb, dürfte ursprünglich 9 Register betragen haben. Auf einem Deckel der Windlade ist vermerkt, daß das Werk 1739 restauriert wurde, aber bereits 1837 galt es als unspielbar. Im Zusammenhang mit der Umgestaltung der Kirche zur Pfarrkirche wurde die Orgel um ein Positiv an der Chorbrüstung bereichert und auf 12 Register erweitert.
Im Zuge der Verkürzung des Langhauses um zweieinhalb Joche im Jahre 1843 wurde ein neuer Musikchor eingebaut, die Westseite erhielt eine klassizistisch barockisierende Fassade, während das romanische Südportal erhalten blieb. Auf diesem Musikchor wurde die Orgel in ihrer letzten Gestalt neuerlich aufgestellt. Das ebenso wie das Hauptwerk 45tönige Brüstungspositiv war mit dem Spieltisch aufs engste verbunden, die Registerzüge hatten die Gestalt vertikaler Eisenhebel. Zuletzt besaß das Werk 6 Register im Hauptwerk, 4 Register im Positiv und 3 im Pedal. Lange Zeit war es unspielbar; erst 1973 entschloß man sich zu einer umfassenden Restaurierung der Orgel. Der Musikchor von 1837 wurde entfernt, die Orgel auf den Registerbestand von 1719 reduziert und in der Nische des südlichen Querschiffes über dem Grabe des Abtes Malle aufgestellt. Die Restaurierungsarbeiten führte Orgelbaumeister Johann Pirchner (Steinach/Tirol) 1975 durch.

Die ursprüngliche (heutige) Disposition:

Hauptwerk (C–c^3 mit kurzer Unteroktav)

Prinzipal	8'
Flöte	8'
Oktav	4'
Quint	2$^2/_3$'
Oktav	2'
Mixtur 4fach	

Pedal (C–b^0 mit kurzer Unteroktav)

Subbaß	16'
Oktavbaß	8'
Mixtur 4fach	

87 Die Orgel in der Wallfahrtskirche Frauenberg-Maria Rehkogel

Heutige Disposition:

Hauptwerk (Obermanual)
C–c^3 kurz

Prinzipal	8'
Gedackt	8'
Portun	8'
Gamba	8'
Salizional	8'
Oktave	4'
Flöte	4'
Quint	2²/₃'
Mixtur 3fach	

Unterwerk
C–c^3 kurz

Koppel	8'
Prästant	8'
Gedackt	4'
Äoline	4'
Vox coelestis	4'
Waldflöte	2'

Pedal C–a, 12 Töne

Subbaß	16'
Oktavbaß	8'
Gambenbaß	8'
Kornettbaß	5¹/₃' + 4'

Laut Kontrakt vom 24. November 1774 wurde die Orgel der Wallfahrtskirche Frauenberg-Maria Rehkogel bei Bruck an der Mur in den Jahren 1774/75 von Anton Römer aus Brünn erbaut. Das Werk, das lange Zeit als anonym galt, gehört zu jenen steirischen Orgeln, die man als typisch für den Rokokostil ansprechen kann. Sie steht in enger Beziehung zur Orgel des Stiftes Rein, die etwa um dieselbe Zeit – ebenfalls von Römer – erbaut worden ist.

Wie die meisten Wallfahrtskirchen besitzt auch die Kirche Maria Rehkogel eine wechselvolle Baugeschichte, die sich vom 14. Jahrhundert bis zur Beendigung der Barockisierung im Jahre 1769 verfolgen läßt. 1667 besaß die Kirche bereits eine Orgel, die aber durch Blitzschlag zerstört worden war. Wenige Jahre später waren die durch dieses Naturereignis hervorgerufenen Schäden, was den Kirchenbau betrifft, bereits wieder behoben: Die 1682–1688 ausgebaute Musikempore und die Oratorien mit ihren reich geschmückten und von Akanthusranken bekrönten Brüstungen sowie die zierliche Kanzel und die im selben Stil geschaffenen Oratoriumsfenster von Jakob Peyer bilden eine nahezu vollkommene optische Einheit mit dem Orgelprospekt. In dem Gehäuse erhebt sich über dem Positiv das Hauptwerk; die Spielnische ist auf der Evangelienseite des Untergehäuses eingebaut – eine Besonderheit im steirischen Orgelbau. Trotz Umbauten und Dispositionsänderungen in den Jahren 1920 ud 1921 hat das Instrument seine Klangqualität bewahrt; als besonders schön werden die Prinzipale bezeichnet.

88 Die Orgel der ehemaligen Zisterzienser-Stiftskirche Neuberg an der Mürz

Herzog Otto der Fröhliche, der jüngste Sohn Kaiser Albrechts I., gründete 1327 das Kloster in „novo monte" und übergab es den Zisterziensern von Heiligenkreuz in Niederösterreich. Diese rodeten das Land und errichteten das erste Klostergebäude. Überschwemmungen, Pest und Brand beeinträchtigten die Entwicklung der Siedlung. Kaiser Friedrich III. mußte den Weiterbau des Klosters anordnen, und 1496 war die Stiftskirche in ihrer heutigen Gestalt fertiggestellt. Von da an betreuten die Mönche erfolgreich Wirtschaft und Kultur des Mürztales. 1786 bereitete Joseph II. dieser Arbeit ein Ende, er hob das Kloster auf und säkularisierte die Pfarre. Die einst blühende Abtei verfiel daraufhin derart, daß Kaiser Franz Joseph I. im Jahre 1870 den Auftrag geben mußte, das verwahrloste Kloster zu restaurieren. Erst in den sechziger Jahren unseres Jahrhunderts war schließlich eine umfassende Restaurierung möglich.

Die derzeitige Orgel steht auf der Westempore der ehemaligen Stiftskirche. Die Form des Orgelgehäuses ist barock. Über einem eingezogenen Orgelfuß steht der Prospekt mit neun Pfeifenfeldern. Die Besonderheit dieses Prospekts ist eine im Grundriß nahezu halbelliptische Form; dabei sind die äußersten Felder fast vollständig nach rechts und links gerichtet. Bekrönt wird das Gehäuse durch eine hölzerne, bogenförmige Kuppel, die mit volutenartigen Verzierungen geschmückt ist. Den Abschluß nach oben bildet eine geschnitzte Figur König Davids mit der Harfe. Die Fassung des Gehäuses ist braun marmoriert, die Verzierungen sind reich vergoldet.

Die tragenden Teile des Orgelgehäuses sind Reste einer alten Orgel, wahrscheinlich eines 1598 von Georg Bredthaimer errichteten Werkes. An der Nordseite der Kirche befindet sich gegenüber dem Eingang eine in der Form sowie in der Ausgestaltung mit der Orgel korrespondierende Empore. Aus einer genauen Vermessung der Orgelteile und der Reste der Malerei über dem Orgelfuß ergibt sich die Tatsache, daß sich die Orgel der Westempore früher an dieser Stelle befunden hat. Erst nach der Errichtung der Westempore im Jahre 1754 wurde die Orgel auf die neue Empore übertragen und erweitert. 1897 erfolgte ein Umbau durch Matthäus Mauracher – er umfaßte die Errichtung eines neuen Spieltisches und die Erweiterung des Pedals.

1971 wurde in das barocke Gehäuse eine neue Orgel der Brüder Krenn aus Graz eingebaut. Leider hat man es bei diesem Umbau unterlassen, das historische Gehäuse an seinen ursprünglichen Platz, die Schwalbennestempore, zurückzuversetzen. Um 27 Register unterzubringen, mußte das barocke Gehäuse neuerlich nach hinten ergänzt werden.

Heutige Disposition:

Hauptwerk	
Quintade	16’
Prinzipal	8’
Rohrflöte	8’
Oktav	4’
Spitzflöte	4’
Flachflöte	2’
Mixtur 4–6fach	2’
Cimbel 3fach	1/2’
Trompete	8’
Schwellwerk	
Gedackt	8’
Weidenpfeife	8’
Prästant	4’
Rohrflöte	4’
Oktav	2’
Quinte	1 1/3’
Hörnlein 2fach	
Scharf 4fach	1 1/3’
Schalmei	8’
Tremulant	
Pedal	
Prinzipalbaß	16’
Subbaß	16’
Oktavbaß	8’
Flöte	8’
Oktav	4’
Nachthorn	2’
Hintersatz 4fach	
Posaune	16’
Trompete	4’

89 Die Orgel in der Wallfahrtskirche St. Veit am Vogau

Zu den kostbarsten Kunstwerken der Kirche St. Veit am Vogau gehört die imposante, in Gold-Schwarz gehaltene Orgel. Das 1688/89 von Johannes Liechtenauer erbaute Werk stand ursprünglich in der Wallfahrtskirche Mariazell, wo es bereits 1737 durch ein neues Instrument von Gottfried „Summerholzer" (= Sonnholz) aus Wien ersetzt wurde. Im Jahre 1751 kaufte das Stift St. Lambrecht die nun in Mariazell überflüssig gewordene Liechtenauer-Orgel und ließ sie in der südsteirischen Marien-Wallfahrtskirche St. Veit am Vogau aufstellen. In diese Zeit fällt auch der generöse Neu- und Umbau der ehemals gotischen Wallfahrtskirche durch den Grazer Stadtbaumeister Josef Hueber. Mit der St. Veiter Kirche plante Hueber, der später zahlreiche Kirchen-, Bürger- und Adelsbauten errichtete, seine erste Großraumgestaltung, die in der breiten Behäbigkeit des barocken Innenraumes und mit ihrer reich gegliederten, weit in die Murebene sichtbaren Hauptfassade typisches steirisches Barock verkörpert. Die großzügige Anlage dieses Kirchenbaus dokumentiert die Bedeutung des ehemals riesigen Seelsorgebereichs der Pfarre St. Veit, die seit dem Mittelalter kirchliches Zentrum der Südsteiermark war und deren Reichtum nicht zuletzt auf ihr wachsendes Ansehen als Wallfahrtsort zurückzuführen ist. Bereits im 18. Jahrhundert schuf einer der berühmtesten Bildhauer der Steiermark, Veit Königer, fast die gesamte kostbare plastische Innenausstattung der Kirche, in deren hochbarocke Bewegtheit sich die der strengen Eleganz der Renaissance verpflichtete Linienführung des Orgelprospekts als kontrastierender Akzent einfügt. Im Jahre 1977 wurde das Orgelwerk überholt; nebenstehend die heutige Disposition.

Die Disposition der Orgel lautet:

Hauptwerk

Prinzipal im Prospekt	8'
Bordun	8'
Oktave	4'
Rohrflöte	4'
Quint	$2^2/_3$'
Superoktave	2'
Mixtur 5fach	$1^1/_3$'
Quarte 2fach	$^2/_3$' + $^1/_2$'

Oberwerk

Fernflöte	8'
Quintadena	8'
Gemshorn (klingend 8')	4'
Prinzipal	4'
Flöte	4'
Prinzipal	2'
Mixtur (ist 2fach)	2' + $1^1/_3$'

Pedal

Prinzipalbaß	16'
Oktavbaß	8'
Quintbaß	$2^2/_3$'
Bordun	8'
Mixtur	2'

Manualkoppel
Manualumfang C–c^3
tiefe Oktave kurz 45 Töne
Pedalumfang C–h
tiefe Oktave kurz 19 Töne

90 Die Orgel der Pfarr- und Wallfahrtskirche Mariä Geburt auf dem Pöllauberg

Über den Ursprung des Muttergottesheiligtums, der Pfarr- und Wallfahrtskirche Mariä Geburt auf dem Pöllauberg, berichtet eine Reihe von Legenden. Die Stiftung einer Gnadenstätte dürfte 1339 erfolgt sein, und der heutige Kirchenbau stammt auch aus der Mitte des 14. Jahrhunderts. Im Jahre 1506 übernahm das Chorherrenstift Pöllau die Betreuung der Wallfahrtsstätte. Von der gotischen Einrichtung des Gotteshauses ist nichts erhalten, denn 1674 zerstörte ein zündender Blitz Dach, Turm und Inneneinrichtung. Innerhalb kurzer Zeit wurde alles, was vernichtet worden war, in barocker Form erneuert. Die Aufhebung des Pöllauer Klosters brachte auch für Pöllauberg eine wirtschaftliche Notlage; das Kirchengebäude verfiel zusehends und konnte erst in den vergangenen Jahrzehnten unseres Jahrhunderts wiederhergestellt werden. Das Langhaus der beachtlich großen Kirche ist zweischiffig, Vorhalle und Priesterchor sind dreischiffig. Diese eigenartige Teilung ergibt sich aus der Anordnung der gotischen Säulen. Die Orgel stammt aus der Zeit nach dem großen Brand, Erbauer und Errichtungsdatum sind nicht bekannt, jedoch wird 1684 als Erbauungsjahr angenommen. Die heutige Musikempore wurde erst nachträglich errichtet. Die Orgel der Kirche auf dem Pöllauberg stellt das bedeutendste Frühbarockwerk der Oststeiermark dar. Die Schauseite wirkt ganz besonders prächtig durch die reiche Ausgestaltung der Prospektpfeifen: neben den Pfeifen in üblicher Form treten die facettierten Pfeifen der Haupt- und Seitenfelder sowie die „geflammten" (spiralig gedrehten) Mittelpfeifen optisch effektvoll hervor. Überdies sind fast alle Prospektpfeifen mit Punktornamenten versehen.

Das Werk besitzt kein Rückpositiv. Wie so oft in der Steiermark befindet sich das Unterwerk ohne Prospekt hinter dem Spielschrank.

In der heutigen Form dürfte das Instrument gegenüber dem ursprünglichen Zustand verhältnismäßig wenig verändert sein. Eberstaller überlieferte eine Reihe von Hinweisen, nach denen im Jahre 1817 durch Anton Simonaire aus Wien Veränderungen vorgenommen wurden. 1929 wurde eine Mixtur im Pedal hinzugefügt. 1976 restaurierte Anton Hacker aus Graz das Werk im erreichten Dispositionsstand.

Hauptwerk – Obermanual
C–c³ mit kurzer Unteroktav

Principal	8'
Gedeckt	8'
Quintatön (nach 1817)	8'
Flauto dolce (nach 1817)	8'
Octav	4'
Flauto	4'
Quint	2²/₃'
Octav	2'
Mixtur 3–5fach	¹/₃'

Unterwerk – Untermanual
C–c³ mit kurzer Unteroktav

Copel	8'
Flöte	4'
Octav	2'
Cymbel 2fach	1'

Pedal
C–b mit kurzer Unteroktav

Subbaß	16'
Octavbaß	8'
Octav	4'
Quint	2²/₃'
Mixtur 3fach	2'

91 Die Orgel in der Stiftskirche Göß bei Leoben

Um das Jahr 1000 wurde als ältestes Stift der Steiermark das hochadelige Benediktinerinnenstift Göß gegründet und vom Stift Nonnberg in Salzburg besiedelt. Bald nach der Gründung des Stiftes wurde die Kirche errichtet, ungefähr in ihrer heutigen Größe. Nach einem Brand im 14. Jahrhundert begann eine Epoche von Um- und Ausbauten, die die Gösser Stiftskirche zum bedeutendsten Werk der steirischen Spätgotik machten. Ob und wie weit in Göß auch der Einfluß der Bauhütte von St. Stephan in Wien mit Anton Pilgram wirksam war, ist noch nicht geklärt. Sicher ist, daß der Meister von Göß ein sehr eigenwilliger Künstler war, der durch ungewöhnliche architektonische Mittel irrationales Raumerlebnis hervorzubringen verstand: Durch gegenstrebige Eindrehung des vorderen Pfeilerpaares des Kirchenschiffs wirkt der Raum vom Schiff aus „zusammengeschraubt", für den Betrachter im schmal aufsteigenden Chor hingegen „öffnet" sich das Schiff.

An Schätzen der Gösser Kirche müssen erwähnt werden: das berühmte romanische Kreuz (jetzt im Grazer Diözesanmuseum), der im 13. Jahrhundert von Nonnen gestickte Gösser Ornat (jetzt im Österreichischen Museum für angewandte Kunst in Wien), und das Südtor vom Beginn des 16. Jahrhunderts mit reichem Maß- und Stabwerk.

Auf der spätgotischen Musikempore, die 1715 eine stuckierte Brüstung von Carlo Formentino erhielt und zu Ende des 18. Jahrhunderts mit einem Schutzgitter versehen wurde, steht eine Orgel des Grazer Orgelbauers Franz Mitterreiter und seines Gesellen Johannes Leyerdeisser aus dem Jahre 1718; sie repräsentiert den steirischen Orgeltypus. Bei der Restaurierung durch Leonhard Illenberger 1969 wurde das schöne, dreifeldige Gehäuse an seinen ursprünglichen Platz nach vorne gerückt und der seitliche Spielschrank wieder aktiviert. Obwohl das Instrument nur 13 Stimmen besitzt und einmanualig angelegt ist, füllt es den durchaus nicht kleinen Kirchenraum klanglich aus.

Disposition der Orgel:

Manual	
C–c³ kurz, 9 Stimmen	
Principal	8'
Bordunflöte	8'
Coppel	8'
Oktave	4'
Flöte	4'
Spitzflöte	4'
Quint	$2^2/_3$'
Oktave	2'
Mixtur 3fach	2'
Pedal	
C–gis kurz, 4 Stimmen	
Subbaß	16'
Gedecktbaß	8'
Oktavbaß	4'
Kornett 2fach	$2^2/_3$' + 2'

92 Die Orgel in der Wallfahrtskirche Graz-Maria Trost

1. Manual	
Bordun	16'
Prinzipal	8'
Viola	8'
Flöte	8'
Gedackt	8'
Dolce	8'
Oktav	4'
Traversflöte	4'
Superoktav	2'
Rohrquinte	2 2/3'
Cornett	4'
Mixtur	2 2/3'
Trompete	8'
Clairon	4'

2. Manual (im Schweller)	
Geigenprinzipal	8'
Bordun	8'
Quintatön	8'
Salicional	8'
Prinzipal	4'
Nachthorngedackt	4'
Blockflöte	2'
Nasard	2 2/3'
Terzflöte	1 3/5'
Mixtur	2'
Oktavzimbel	1'
Krummhorn	8'

3. Manual (im Schweller)	
Lieblich Gedackt	16'
Praestant	8'
Gamba	8'
Philomela	8'
Aeoline	8'
Vox coelestis	8'
Schwell-Prinzipal	4'
Rohrflöte	4'
Piccolo	2'
Cornett-Mixtur	2 2/3'
Oboe	8'

4. Manual (Fernwerk) (Schwellwerk in der Kuppel)	
Gemsprinzipal	8'
Echogamba	8'
Bordun Echo	8'
Vox angelica	8'
Konzertflöte	4'
Solo-Cornett	4'
Vox humana	
Glockenspiel	
Tremolo	

Pedal	
Prinzipal	16'
Violonbaß	16'
Subbaß	16'
Zartbaß	16'
Quintbaß	10 2/3'
Oktavbaß	8'
Cello	8'
Flötenbaß	8'
Choralbaß	4'
Baßflöte	2'
Cornett-Baß	5 1/3'
Posaune	16'
Trompetbaß	8'

Eine seltene harmonische Einheit mit der sie umgebenden hügeligen Landschaft bildet die reich gegliederte Fassade der Wallfahrtskirche Maria Trost nordöstlich von Graz. Zwanzig Jahre nach Erbauung einer Kapelle zum ,,Schneiderschlößel" wurde im Jahre 1714 auf dem Platz der ursprünglichen Kapelle mit dem Bau einer großen Kirche begonnen, die zehn Jahre später im Rohbau vollendet war. Im rhythmischen Wechsel der Außengiebel, der Türme, des hohen Fassadenmittelgiebels und der Vierungskuppel ist die Silhouette der großzügigen Anlage von Kloster und Kirche typisch für die südostdeutsche Bauweise dieser Zeit. Der Innenraum der Kirche wirkt durch den an Ort und Stelle gebrochenen schönen graublauen Marmor ungemein vornehm, der mächtige Hochaltar gehört der auch von Fischer von Erlach angewandten Form des Baldachin-Altars an, die Plastiken stammen von den beiden berühmtesten steirischen Bildhauern der Zeit, Josef Schokotnigg und Veit Königer. Die figurenreiche Kanzel und der wundervolle Johannes der Täufer werden zu den Höchstleistungen Königers gezählt. Über der reichbewegten und -dekorierten Orgelempore erhebt sich der äußerst bemerkenswerte Orgelprospekt aus dem Jahre 1761. Das originale Werk, von dem wir weder den Erbauer noch die Disposition kennen, wurde mehrmals umgebaut und war im Laufe seiner Geschichte immer wieder reparaturanfällig. So heißt es in einem Bericht aus der ersten Hälfte des 19. Jahrhunderts: ,,Sehenswerth ist auch die große Orgel, vom Hammersgewerk Schröckenfuchs angeschafft, und jetzt einer großen Reparation bedürftig."

Durch die Firma Karl Reinisch's Erben aus Steinach in Tirol wurde ein neues Instrument in das alte Orgelgehäuse eingebaut. Die Weihe dieser neuen Orgel erfolgte am 12. Februar 1928. Das Instrument besitzt heute 54 Register mit 4435 Pfeifen. Es handelt sich um eine elektropneumatische Kegelladenorgel mit einem Fernwerk, das im Schweller steht, aber auch die Werke des zweiten und dritten Manuals sind in je einem Schwellkasten eingebaut. Nebenstehend ist die heutige Disposition angegeben.

93 Die Orgel in der Wallfahrtskirche Frauenberg bei Admont

Disposition der Orgel:

Hauptwerk
C–c^3 mit kurzer Unteroktav

Principal	8'
Gedackt	8'
Octav	4'
Flauto principale	8'
Viola	8'
Principal	4'
Flauto	4'
Mixtur 2–3fach	2'

Oberwerk
C–c^3 mit kurzer Unteroktav

Principal	8'
Flauto principale	8'
Viola	8'
Principal	4'
Flauto	4'
Mixtur 2–3fach	2'

Pedal C–gis^0 kurz

Subbaß	16'
Principal	8'
Violon	8' + 4'
Bombarde	16'

Während der Bedrohung Österreichs durch die Türken im letzten Viertel des 17. Jahrhunderts war Adalbert Häufler von Rasen und Hohenbüchel Abt des Klosters Admont. Er gelobte die Erbauung einer neuen Gnadenkirche auf dem Frauenberg, auf dem Platz der bereits 300 Jahre bestehenden gotischen Wallfahrtskirche „Frawnperg". Einer der berühmtesten Barockbaumeister Österreichs, Carlo Antonio Carlone, ist als Schöpfer der italienisch beeinflußten Kirche anzusprechen, und unter dem kunstsinnigen Abt Antonius II. von Meinersberg stattete der geniale Admonter Stiftsbildhauer Thaddäus Stammel den neuen Gnadenaltar mit prächtigen barocken Holzschnitzereien aus. Wie ein prunkvoll geschnitzter Triumphbogen füllt der imposante Hochaltar in seiner mit Renaissanceelementen durchsetzten Grundkonzeption den Chorraum. Die barocke Pracht setzt sich in reicher Vergoldung über dem schwarzgebeizten Grund des Altars fort, in der Fülle verschwenderischer Stuckornamentik bis zu der auf Marmorsäulen ruhenden Orgelempore, auf der das Gehäuse des kostbaren Instruments ein würdiges Pendant zum Hochaltar bildet. Die musizierenden Engel, die auf der Empore von Stukkaturen umrahmt sind, finden ihre Entsprechung über dem Gesimse des oberen Säulenbaus des Orgelgehäuses, auf dessen höchstem Punkt sich eine Statue des Königs David befindet. Nach einem Chronogramm wurde das Werk von einem Schüler Franz Xaver Chrismanns, Peter Hötzel, im Jahre 1823 erbaut bzw. um ein zweites Manual erweitert. Die ursprüngliche Anlage des Werkes geht auf die Zeit zwischen 1680 und 1685 zurück – über seinen Erbauer ist nichts bekannt. Somit bildet das Instrument in seiner bis heute erhaltenen Anlage ein instruktives Beispiel für den Orgelbau zur Zeit des Übergangs vom Früh- zum Hochbarock.

Im Jahre 1979 wurde das Instrument von Orgelbaumeister Krenn aus Graz restauriert. Nebenstehend die heutige Disposition.

94 Die Orgel in der Stadpfarrkirche Murau

Bis ins 13. Jahrhundert reicht die urkundlich belegbare Geschichte der Siedlung „Murowe" als grundherrlicher Besitz der Herren von Liechtenstein, deren berühmtester Vertreter, der Minnesänger Ulrich von Liechtenstein, den Ruhm des Geschlechtes begründete. Die gotische Kirche, die sich als Wehrkirche am Burgberg erhebt, ist bis auf einige Zubauten aus spätgotischer Zeit und dem Frühbarock im wesentlichen original erhalten. Bedeutend sind die aus dem 14. bis 16. Jahrhundert stammenden Wandmalereien, die hohen künstlerischen Wert besitzen, und die barocke plastische Innenausstattung, die in dem schlichten gotischen Raum besonders wirkungsvoll zur Geltung kommt. Drei barocke Hauptakzente fesseln das Auge des Betrachters: der aus der Mitte des 17. Jahrhunderts stammende Hochaltar, in dessen Zentrum eine spätgotische Kreuzigungsgruppe eingefügt ist, die spätbarocke Kanzel mit ihrem schon zum Manierismus neigenden Figurenschmuck und der mit architektonischem Feingefühl in die Westempore komponierte Prospekt der Orgel. Die beiden mit Schleierbrettern reich verzierten Pedaltürme, die im Prospekt des Rückpositivs in verkleinerter Dimension ihre Entsprechung finden, umrahmen das gotische Fenster in der Art eines barocken Portals, zu beiden Seiten ist das Hauptwerk in das gotische Gewölbe der Empore eingefügt. Die Orgel gehört zu den wenigen größeren Instrumenten des Frühbarock in der Steiermark. Sie wurde, laut Signatur, 1698 von Joseph Meyenberg erbaut und erfuhr im Jahre 1786 eine Neugestaltung durch den Grazer Orgelbauer Ludwig Greß (Groß, auch Greßmann), der auch als Erbauer der Krieglacher Orgel (1799) gilt.

Das Werk nimmt im steirischen Orgelbau eine Sonderstellung ein durch die Aufgliederung des Gehäuses in Hauptwerk, Rückpositiv und Pedalwerk mit freistehendem Spieltisch. Diese wesentliche Abweichung vom üblichen steirischen Orgeltypus übernahm Meyenberg im Jahre 1698 von seinem Vorgänger Wolfgang Ruedorff, der ihn bereits im Jahre 1464 in seiner Grundkonzeption vorwegnahm.

Disposition der Orgel:

Hauptwerk
C–c³ kurz, 9 Stimmen

Prinzipal	8'
Gedackt	8'
Hohlflöte	8'
Gamba	8'
Oktav	4'
Flöte	4'
Quint	2²/₃'
Oktav	2'
Mixtur	2'

Rückpositiv
C–c³ kurz, 5 Stimmen

Gedackt	8'
Prinzipal	4'
Flöte	4'
Dulziana	4'
Oktav	2'

Pedal
C–a kurz, 4 Stimmen

Subbaß	16'
Prinzipal	8'
Oktavbaß	8'
Quint	5¹/₃'

95 Die Orgel in der Pfarrkirche St. Erhard in der Breitenau

Die Wallfahrtskirche St. Erhard in der Breitenau blickt auf eine reiche Tradition zurück. Über den Grundmauern einer romanischen Saalkirche wurde der in seiner Konzeption heute noch erhaltene gotische Bau errichtet, der in stilistischem Zusammenhang mit den Kirchenbauten von Straßengel und Neuberg an der Mürz steht. Bis in die Mitte des 18. Jahrhunderts – in dieser Zeit entstand der Südturm, dessen barocker Charakter die äußere Erscheinung der Kirche prägt – wurden immer wieder Umbauten an der Kirche vorgenommen. Neben den noch erhaltenen gotischen Glasmalereien aus der Wiener Herzogswerkstatt vom Ende des 14. Jahrhunderts ist das Schaustück der Kirche ihre hochbarocke Innenausstattung, deren wesentliche Akzente der Hochaltar und die Orgelempore mit der Orgel bilden.

Die Orgel, nach einer Inschrift auf dem Verschlußbrett der Windlade vom Grazer Orgelbauer Andreas Schwarz 1722 erbaut, gehört zu den ältesten noch erhaltenen Barockorgeln der Steiermark. Dem prächtigen äußeren Erscheinungsbild des Instruments – sein von reichem Barockzierat umgebenes Rückpositiv ist in die Brüstung der Empore eingebettet und wird von den beiden Pedaltürmen flankiert – entspricht auch seine klangliche Qualität. Ursprünglich einmanualig konzipiert, wurde das Werk vom Enkel des Erbauers, Franz Schwarz, in den achtziger Jahren des 18. Jahrhunderts auf zwei Manuale erweitert und der ursprünglich in das Hauptgehäuse eingebaute Spielschrank dem Positiv an der Chorbrüstung angeschlossen. Außer diesem Zubau waren bis zu dem im Jahre 1964 erfolgten Umbau durch die Firma Krenn aus Graz an dem Klangdenkmal von St. Erhard keine Veränderungen festzustellen. Heute sind noch sechs Register original erhalten, wobei nur die Holzpfeifen in ihrer ursprünglichen Substanz vorhanden sind.

Sechs der in der nebenstehenden Disposition angeführten Register wurden im Zuge der Restaurierung und Erweiterung völlig neu angefertigt: Weidenpfeife 8', Oktav 2', Zimbel 1', Krummhorn 8', Rauschwerk 4', Fagott 16'.

Disposition der Orgel:

1. Manual (Hauptwerk)	
Prinzipal	8'
Gedackt	8'
Weidenpfeife	8'
Oktav	4'
Flöte	4'
Quint	2²/₃'
Superoktav	2'
Mixtur 3–4fach	1¹/₃'
2. Manual (Positiv)	
Copula	8'
Prästant	4'
Coppelflöte	4'
Oktav	2'
Zimbel 3fach	1'
Krummhorn	8'
Pedal	
Subbaß	16'
Prinzipalbaß	8'
Rauschwerk	4', 2²/₃', 2'
Fagott	16'
Koppeln: II/I, I/Ped, II/Ped	

96 Die Orgel der Wallfahrtskirche von Mariazell

Die altehrwürdige Gnadenkirche von Mariazell ist das Zentrum des bedeutendsten österreichischen Wallfahrtsortes. Nach seiner Gründung im Jahre 1157 durch das Stift St. Lambrecht erfolgte um 1200 der Bau einer romanischen Kirche, die gegen 1340 um einen gotischen Chor erweitert wurde. 1396 mußte das Langhaus vergrößert werden, 1440 wurde der gotische Turm errichtet. Der Aufschwung zu einem Gnadenort besonderer Art führte 1644 zu einem Neubau durch Domenico Sciassia aus Rovereto und damit zu einem beispielhaften Bauwerk des steirischen Barock. Die besten steirischen Künstler beteiligten sich an der Ausgestaltung. Seit dieser Zeit gilt Mariazell als größtes Marienheiligtum Österreichs und der angrenzenden Länder.

Die ersten Orgelbaunachrichten stammen vom Beginn des 16. Jahrhunderts, als P. Gregor zwei Orgeln, die sich auf zwei übereinanderliegenden Musikchören befanden, reparierte. 1689 errichtete Joannes Liechtenauer eine Orgel auf einer neuen Empore, durch welche die gotischen Chöre ersetzt worden waren.

1737 erhielt der Wiener Orgelbauer Gottfried Sonnholz („Summerholzer") den Auftrag für eine große, „des Gotteshauses würdige" Orgel. Er errichtete ein gewaltiges Werk von 37 Stimmen, verteilt auf drei Manuale und Pedal. Leider ist über die Originalgestalt nur wenig, vor allem keine vollständige Disposition überliefert. Man weiß, daß das Hauptwerk 12 Register mit einer Gamba besaß, das zweite Werk 11 Register mit zwei Zungenstimmen (Fagott und Oboe) und einen Tremulanten erhielt. Das Positiv an der Chorbrüstung wies 4 Register auf. Das Pedal, aufgebaut auf einem offenen 16-Fuß, enthielt 11 Register. Der Umfang der Manuale reichte von C bis c^3 mit kurzer Unteroktav. Den heute noch sichtbaren reichen Schmuck der Empore und des Gehäuses erstellte der Wiener Bildhauer Johann Wagner, die Vergoldung führte Franz Reich durch.

Leider blieb von dieser Orgel nur das prächtige Hauptgehäuse erhalten. 1868 entfernte Friedrich Werner (Graz) das Positiv von der Chorbrüstung und drängte es in das Hauptgehäuse. 1912 finanzierte Kaiser Franz Joseph I. als Erinnerung an seine letzte Wallfahrt nach Mariazell den Umbau des Instruments durch Franz Josef Swoboda. Dieser Umbau und die Erweiterung auf 45 Stimmen bei pneumatischer Traktur kam einem Neubau gleich. Schließlich erfolgte 1929 ein weiterer Umbau: Dreher & Flamm errichteten ein elektropneumatisches Werk unter Einbeziehung der Swoboda-Orgel, der beiden Chororgeln (1758 von Josef G. Schnepfleithner erbaut) und eines neuen Fernwerks. 1957 wurde diese Orgel von Dreher & Reinisch erneuert.

Die nebenstehend angeführte, bereits im Jahre 1868 etwas veränderte Disposition, die Baurat Friedrich Drexler vor der Abtragung im Jahre 1912 aufgezeichnet hat, läßt die klangliche Schönheit der Sonnholz-Orgel annähernd erahnen.

1. Manual	
Quintatön	16'
Prinzipal	8'
Koppel	8'
Gamba	8'
Quintadena	8'
Salizional	8'
Piffero	8'
Oktav	4'
Nachthorn	4'
Dulziana	4'
Fugara	4'
Quint	2 2/3'
Oktav	2'
Mixtur	
2. Manual	
Flöte	8'
Prinzipal	8'
Flöte	4'
Quint	2 2/3'
Oktav	2'
Spitzflöte	2'
Mixtur	
Oboe	8'
3. Manual (Brüstungspositiv)	
Koppel	8'
Flöte	4'
Oktav	2'
Mixtur	1'
Pedal	
Prinzipal	16'
Infrabaß	16'
Oktav	8'
Tubal	8'
Quint	5 1/3'
Oktav	4'
Kornett	8'
Mixtur	
Basso trombono	16'
Fagott	8'

97 Die Orgel der Basilika zu Seckau

Heutige Disposition:

Hauptwerk	
Quintade	16'
Prinzipal	8'
Rohrflöte	8'
Weidenpfeife	8'
Oktav	4'
Nachthorn	4'
Oktav	2'
Blockflöte	2'
Mixtur 6–8fach	$1\,^1/_3$'
Cymbel 4fach	$^1/_2$'
Fagott	16'
Trompete	8'
Schwellwerk (als Rückpositiv)	
Copelflöte	8'
Prästant	4'
Spitzflöte	4'
Schwiegel	2'
Quinte	$1\,^1/_3$'
Mixtur 5fach	2'
Terzcymbel 3fach	$^1/_2$'
Rankett	16'
Rohrschalmey	8'
Tremulant	
Rückpositiv	
Gedackt	8'
Quintatön	8'
Prästant	4'
Rohrflöte	4'
Waldflöte	2'
Sifflöte	1'
Nasard	$2\,^2/_3$'
Terz	$1\,^3/_5$'
Scharff 5–6fach	1'
Krummhorn	8'
Tremulant	
Pedal	
Prinzipal	16'
Subbaß	16'
Oktav	8'
Rohrpommer	8'
Oktav	4'
Gemshorn	4'
Rohrpfeife	2'
Mixtur 5fach	$2\,^2/_3$'
Posaune	16'
Trompete	4'

Als einziges repräsentatives Beispiel modernen zeitgenössischen Orgelbaus sei in diesem den historischen Orgeldenkmälern Österreichs gewidmeten Buch die Orgel der Stiftsbasilika Seckau/Steiermark gezeigt. Diese rein mechanische Schleifladenorgel der Orgelbaufirma Walcker-Mayer/Murrhardt-Guntramsdorf entstand im Jahre 1959. Sie ist ein dreimanualiges Werk mit 41 Registern, das sich auf der Westempore harmonisch dem romanischen Rundbogen einfügt, wobei als Besonderheit zu vermerken ist, daß, ähnlich wie bei Barockorgeln mit zwei Rückpositiven, das Schwellwerk nicht hinter das Hauptwerk, sondern als „zweites Rückpositiv" in die Brüstung der Empore gesetzt wurde.

Von der historischen, um 1500 errichteten, im 17. und 18. Jahrhundert mehrmals umgebauten und renovierten Orgel, die im Jahre 1905 abgebrochen wurde, ist nur noch das spätgotische Gehäuse im Joanneum in Graz erhalten. Über die Disposition ist nichts bekannt. Das Instrument wurde zur Zeit seiner Fertigstellung am Beginn des 16. Jahrhunderts vom damaligen Stiftschronisten Matthias Ferdinand Gauser als die prächtigste Orgel des Landes bezeichnet. Als Orgelbauer jenes alten Werkes wird der Historiker auf Grund der Quellen dem Niederösterreicher Hans Pruner vor dem so gut wie unbekannten Michael Rosenauer den Vorzug geben.

An Stelle des historischen Instruments trat 1907 eine pneumatische Kegelladenorgel. Das moderne Werk von 1959 aber setzt den historischen Orgelbau in traditioneller Weise ideal fort.

98 Die Orgel in der Stadtpfarrkirche Hartberg

Ein uralter Höhenweg, die ,,Wein-" oder ,,Sämerstraße", führte aus der Oststeiermark nordwestlich ins Mürztal. Auf einem Hügel an dieser Straße, dem Hartberg oder Waldberg, errichtete der Traungauer Markgraf Leopold I. im ersten Drittel des 12. Jahrhunderts die älteste Pfalz auf steirischem Boden. Die Kirche am südlichen Absturz des ,,Hartbergs", ursprünglich eine dreischiffige Basilika aus der Bauepoche der Pfalz, wurde nach Umbauten in der Gotik um die Mitte des 18. Jahrhunderts weitgehend barockisiert. In dem neu eingewölbten Chor befinden sich Deckenfresken von Josef Adam von Mölk, dem im 18. Jahrhundert in der Steiermark wirkenden bedeutenden Freskanten des Spätbarock. Bis in die sechziger Jahre des 18. Jahrhunderts reichen die einheitlichen Arbeiten an der Innenausstattung der Kirche, die einen Schwerpunkt in der im Westen eingezogenen, reich gegliederten Musikempore fand. Ebenfalls in die sechziger Jahre, nämlich in das Jahr 1762, fällt das Erbauungsdatum der Orgel, eines Werkes von Ferdinand Schwarz aus der berühmten Grazer Orgelbauerfamilie Schwarz. Die Orgel zu Hartberg zeichnet sich durch eine für ihre Entstehungszeit seltene Eigenart aus: sie besitzt kein Rückpositiv. Vom ursprünglichen Instrument ist nur noch die Disposition erhalten, die 28 klingende Stimmen auf zwei Manuale und Pedal verteilte. Im Jahre 1942 wurde in das alte Gehäuse ein elektropneumatisches Werk der Berliner Orgelbaufirma Schuke eingebaut und damit der Charakter des nunmehr auf 21 Stimmen reduzierten Instruments wesentlich verändert. 1969 erweiterte Karl Schuke die Registeranzahl auf 22.

Heutige Disposition:

Hauptwerk (1. Manual)	
Quintatön	16'
Prinzipal (Prospekt)	8'
Rohrflöte	8'
Salicional	8'
Oktav	4'
Nachthorn	4'
Quinte	$2^{2}/_{3}$'
Blockflöte	2'
Mixtur 5–6fach	2'
Trompete	8'
Positiv (2. Manual)	
Copula	8'
Prinzipal	4'
Gemshorn	4'
Oktav	2'
Hörnlein	$1^{1}/_{3}$'
Scharf 4fach	1'
Krummhorn	8'
Pedal	
Subbaß	16'
Hohlflöte	8'
Nachthorn	4'
Mixtur 4fach	$2^{2}/_{3}$'
Posaune	16'

99 Die Orgel in der Dekanatskirche Birkfeld

Philipp Jakob Straub, der Bruder des berühmten Münchner Hofbildhauers und wichtigsten Vertreters des bayrischen Rokoko, Johann Baptist Straub, brachte den in der Steiermark seltenen Rokokostil in die plastische Ausstattung der Dekanatskirche in Birkfeld. Sein berühmter Rosenkranzaltar aus dem Jahre 1768 zeigt die technische Brillanz dieses Künstlers, der auch 1765 die reichen, in Form und Ausdruck besonders feinen Plastiken des Orgelgehäuses geschaffen hatte.

Die seit Ende des 13. Jahrhunderts bestehende und Anfang des 18. Jahrhunderts von Remigius Horner zu ihrer heutigen Gestalt umgebaute Dekanatskirche, deren Hochaltar aus dem Jahre 1730 mit Skulpturen von Joseph Schokotnigg, dem Schwiegervater Veit Königers, ausgestattet ist, zeichnet sich durch einen besonders lebhaft bewegten Figurenschmuck aus. Die reiche Vergoldung der Plastiken setzt sich in Franz Reichs braungoldener Fassung des von musizierenden Engeln bekrönten Orgelgehäuses fort. Wie die Hartberger besitzt auch die Birkfelder Orgel, die 1765 vom selben Meister, Ferdinand Schwarz, erbaut wurde, kein Rückpositiv. Die Spielnische ist seitlich in das Instrument eingebaut, das Positiv befindet sich unter dem Hauptwerk, eine Eigenheit steirischen Orgelbaus. Ebenfalls typisch für die Steiermark ist die Anordnung der Registerzüge für das Obermanual; über diesem befinden sich einrastbare Eisenhebel, die aus dem Orgelgehäuse herausragen. Die Registerzüge des unteren Manuals und des Pedals sind in Form von Zugstangen seitlich der Spielnische angebracht.

Die ursprüngliche Disposition des 1970 von der Firma Krenn restaurierten Instruments wurde nur geringfügig verändert.

Heutige Disposition:

Hauptwerk	
Prinzipal	8'
Coppel	8'
Spitzflöte	8'
Flöte – offen	8'
Oktav	4'
Flöte	4'
Quintadena	4'
Gemshorn	4'
Quinte	$2\frac{2}{3}$'
Oktav	2'
Oktav	1'
Mixtur 3fach	2'
Unterwerk (Positiv)	
Coppel	8'
Coppelflöte	4'
Prinzipal	4'
Oktav	2'
Quinte	$1\frac{1}{3}$'
Mixtur 2fach	
Pedal	
Prinzipal	16'
Subbaß	16'
Oktavbaß	8'
Quintbaß	$5\frac{1}{3}$'
Oktav	4'
Mixtur 3fach	

100 Die Orgel der ehemaligen Stiftskirche von Pöllau

Hauptwerk
C–c³ mit gebrochener Unteroktav

Principal	8'
Bordunal (offen)	8'
Portun-Flötten (gedeckt)	8'
Coppel	8'
Gambe	8'
Octav	4'
Flöte	4'
Nasat	2²/₃'
Quint (repetiert auf cis²)	2²/₃'
Octav (repetiert auf cis²)	2'
Mixtur 5fach	2'
Cornett 3fach (Mixtur)	4'

Unterwerk
C–c³ mit gebrochener Unteroktav

Coppel	8'
Principal	4'
Liebl. Ged.	4'
Octav	2'
Salicional I (Schwebung)	8'
Salicional II (Schwebung)	8'

Pedal
C–a⁰ mit kurzer Unteroktav

Principal	16'
Subbaß	16'
Oktav	8'
Gedeckt	8'
Oktav	4'
Mixtur 2fach	2²/₃' + 2'

In Pöllau, dessen Geschichte sich bis in das 12. Jahrhundert zurückverfolgen läßt, wurde 1504 vom letzten Sproß des Neuburger Geschlechts ein Augustiner Chorherrenstift gegründet. Vorauer Augustiner übernahmen die Betreuung des Klosters, das zunächst nur die Pfarrkirche und das Wasserschloß der Neuburger in Pöllau umfaßte. Erst Ende des 17. Jahrhunderts, als die Türkengefahr gebannt und die Pestepidemie vorüber war, konnte an einen etappenweisen Neubau des Stiftes und der Kirche gegangen werden. Die 1712 fertiggestellte Kirche, die mit qualitätvollen Fresken des einheimischen Malers Matthias von Görz geschmückt ist, wurde 1785, nach Aufhebung des Klosters, zur Pfarrkirche des Ortes.

Eine prächtige, monumentale Orgel, laut verschiedenen Literaturhinweisen aus dem Jahre 1739, ist eine Kostbarkeit des Gotteshauses. Obwohl der Erbauer namentlich nicht aufscheint, kann das Werk mit großer Wahrscheinlichkeit Cyriacus Werner zugeschrieben werden. Ein Vergleich mit der von diesem Meister in Straßburg (Kärnten) errichteten Orgel zeigt deutlich die Übereinstimmung in Prospektaufbau, Werk- und Spielschrankanordnung. Das Werk besitzt kein Brüstungspositiv; die Positivlade befindet sich im Unterkasten hinter dem seitlich am inneren Teil des Hauptgehäuses angebrachten Spielschrank. In Straßburg (vgl. 85) befindet sich der Spielschrank ebenfalls an der Innenseite des Turmes, das Positiv hingegen in der Brücke zwischen den Türmen. Im Laufe des 19. Jahrhunderts wurden an der Orgel einige Veränderungen vorgenommen, Hauptwerk und Positiv dabei klanglich verändert. Trotz dieser Umgestaltung stellt das Werk eine der bedeutendsten Schöpfungen des steirischen Orgelbaus dar.

Nebenstehend ist die heutige Disposition der Orgel angegeben.

Erklärung der Fachausdrücke

ABSTRAKTE (Spieltraktur) Mechanische Verbindung von der Taste zum Spielventil. Etwa 2 mm starke, fingerbreite, sehr biegsame Holzstäbe (Zugruten). Die Übertragung vom Registerzug zur Schleife (Schleifentraktur) erfolgt durch Zugstangen aus Holz oder Metall.
AEOLINE Leises Labial-8'-Register von sehr enger Mensur und zart streichendem Klang.
AEQUAL heißt soviel wie im 8'-Ton, Aequalprinzipal = Prinzipal 8', Aequallage = 8'-Lage.
ALBA Helle, enge 8'-Flöte aus Holz, von c^{1} an zweifach (St. Florian).
ALIQUOTE Selbständige Obertonregister der Orgel; man beschränkt den Begriff auf Stimmen mit ungeraden Teilzahlen (zuweilen die Oktaven von 2' aufwärts). Quintstimmen: $10^{2}/_{3}$', $5^{1}/_{3}$', $2^{2}/_{3}$', $1^{1}/_{3}$', $^{2}/_{3}$'; Terzstimmen: $6^{2}/_{5}$', $3^{1}/_{5}$', $1^{3}/_{5}$', $^{4}/_{5}$'; Septimstimmen: $4^{4}/_{7}$', $2^{2}/_{7}$', $1^{1}/_{7}$'; Nonstimmen: $1^{7}/_{9}$', $^{8}/_{9}$'. Die gebräuchlichste aller Aliquotstimmen ist die Quinte $2^{2}/_{3}$' = $^{8}/_{3}$', d. h. 3. Teilton zu einer 8'-Stimme.
AVENA Rohrflöte in 4'-Lage (Heiligenkreuz).
BÄRPFEIFE Zungenstimme in 8'-Lage mit eher weiter Mensur, mit bisweilen recht wunderlichen Aufsätzen; eine Regalstimme mit auffallend hohen Oktavpartialtönen.
BAUERNFLÖTE Weite Flöte höherer Lage mit kräftiger Tongebung, sehr oft mit schwach konischer Körperform und variabler Mensur innerhalb der Pfeifenreihe.
BIFARA (Piffaro, Bifra) Doppelregister mit nicht schwebenden Pfeifenreihen, also ein aus zwei Pfeifenreihen derselben Familie mit verschiedener Mensur bestehendes Register.
BLOCKFLÖTE Füllebetontes, konisches oder zylindrisches Labialregister, vorzugsweise mit schmalem Labium; gebräuchlich als 4', 2' oder 1', heute eines der gebräuchlichsten Flötenregister.
BLOCKWERK Einmanualige Orgel ohne Registerteilung mit mehrfach besetzten Pfeifenchören. Im 15. Jahrhundert tritt zu diesem blockierten HW das RP hinzu.
BOMBARDE (Bombardo, Bombardon, Posaune, Buccina, Trombone) Zungenstimme in 32'–, 16'– oder 8'-Lage mit weiten konischen Bechern.
BOMBEGI BASSI Trompetenartig klingendes Register, bis c^{1} aus einer Zungenstimme, darüber aus einer zweifachen Flöte bestehend (St. Florian).
BORDUN ist der Name für ein zylindrisches Gedackt, aus Metall oder Holz (franz. Bourdon).
BRUSTWERK Darunter versteht man ein selbständiges Werk, das unmittelbar über dem Spielschrank bzw. unter dem Hauptwerk zur Aufstellung gelangt. Der Registerbestand des Brustwerkes (BW) basiert auf dem Prinzipal 2'. Schon um 1500 wurde bei kleinen Orgeln zum Hauptwerk an Stelle des Rückpositivs ein BW hinzugefügt, das auf dem Regal 8' basierte; man nannte es daher ursprünglich auch Regalwerk. Bei der dreifachen Werkgliederng kam zum HW + RP das in die Brust der Hauptorgel eingebaute Regalwerk bzw. Brustwerk. Meist hatte es verschließbare Türen; heute wird es (oft) mit Schwelljalousien versehen und zum Schwellwerk ausgebaut. Sein Registerbestand ist, neben dem hochliegenden Prinzipal-Plenum auf 2'-Basis, das reich besetzte Solowerk mit kurzbecherigen Rohrwerken.
C- UND CIS-LADE Zweiteilige Windlade (meist Pedallade), die dadurch entsteht, daß die Pfeifen in zwei Gruppen angeordnet werden, deren eine die Töne C, D, E, Fis, Gis, Ais, die andere die Töne Cis, Dis, F, G. A. H umfaßt.
CHANGIEREND sind Pfeifenreihen, deren Klangfarbe innerhalb ihres Tonumfanges auf Grund von Mensuränderungen wechselt.
CHORALBASS Kräftige Pedalstimme von normaler bis weiter Mensur in 4'-Lage als Cantus-firmus-Stimme.
CHÖRE 1. Bei gemischten Stimmen die einzelnen Reihen; 2. Gruppen der in Bauart und Klangfarbe einander ähnlichen Stimmen, z. B. Principalchor, Flötenchor, Streicherchor oder Zungenchor.
CHORTON Zur Zeit Silbermanns unterschied man zwischen Chorton und Kammerton. Der Chorton war um $^{1}/_{2}$ bis 1 Ganzton höher als der Kammerton a^{1}. Dieser war tiefer als das heutige Normal-a^{1} (= 440 Doppelschwingungen). Die Tonhöhe alter Orgeln war auf den „Chorton" eingestellt.
CIUFFOLI DI PRIMAVERA Doppelregister in 8'-Lage bestehend aus einer Art Dulciana und einer äußerst zarten Gamba.
CIUFFOLI PROTEI Doppelregister; halb gezogen Quinte $2^{2}/_{3}$', ganz gezogen Terz $1^{3}/_{5}$'.
CLAIRON Kräftig schmetternde Metallzunge mittelweiter Mensur in 4'-Lage; hohe Trompete, auch Clarine oder Zink genannt.
COME VI PIACE 16'-Register aus Zinn, von ^{1}-c^{2} zweifach, von c^{2} an dreifach (St. Florian).
COPPEL (Copula, Copl, Koppel usw.) In Österreich das Gedackt in 8'- bzw. 4'-Lage mit engerer Mensur (Coppel maior und minor).
CORNETT Mehrchörige Aliquote (ital. Cornetto, franz. Cornet = „Hörnchen"), fünffach besetztes Labialregister 8', 4', $2^{2}/_{3}$', 2', $1^{3}/_{5}$'; in Östereich nicht immer die Terz enthaltend, oft lediglich andere Bezeichnung für Mixtur (St. Florian usw.).
CORNETINI Dreifaches Cornett in $1^{1}/_{3}$'-Lage (St. Florian).
CORNU Stellvertretende Bezeichnung für Cornett (in Heiligenkreuz 3fach $2^{2}/_{3}$', 2', $1^{2}/_{5}$).
DIAPASON Synonym für Prinzipal (Heiligenkreuz), im englischen Orgelbau auch der Name des 8'-Prinzipals; Praestant, franz. Montre, engl. open diapason.
DIVINARE Ursprünglich aus Elfenbein (franz. „flûte d'ivoire") hergestelltes Register; bezeichnet in St. Florian bei einem Doppelregister eine Zinnpfeifenreihe in 4'-Lage.
DOUBLETTE Soviel wie Oktav 2', auch Superoktav genannt.
DOUCEFLÖTE Ruhige, volle Flöte (St. Florian; Flett duss im Salzburger Dom).
DULCIAN (Dulzian) Zungenstimme mit zylindrischem Schallbecher mit konischen Unterteil; gebräuchlich ist der 16'-Dulcian.
DULCIANFLÖTE Labialer Dulcian, streichende Flötenstimme, einziger Vertreter der trichterförmigen Pfeifenreihe, in der österreichischen Orgel seit dem 18. Jahrhundert sehr gebräuchlich.
ECHO Angenehme und zarte Streicherstimme in 8'-Lage (St. Florian).

FAGOTT (ital. Fagotto, franz. Basson) Nach dem gleichnamigen Orchesterinstrument benanntes und ähnlich klingendes Zungenregister. Aufsätze aus Holz oder Metall, Zungen und Kehlen wesentlich feiner, der Becher erheblich enger als bei der Trompete.

FALSETI DOLCI Fein klingende Dulciana in 8'-Lage.

FELDFLÖTE Stark und durchdringend klingende weit mensurierte Flöte, meist in 2'-Lage.

FLAGEOLETT Enges, scharfes Zinn-Register in 2'- oder 1'-Lage, mit der Eigenschaft des „Überblasens" ab c^1, in Österreich auch (fälschlich) für Prinzipal 2' verwendet.

FLÖTE Aus der Hohlflöte ableitbares Register. Diese war als eher weit mensurierter Prinzipal die Urform aller Flötenarten. Zunächst aus Zinn mit zylindrischem Körper und breitem Labium gefertigt, wurde in der Romantik die prismatische Holzflöte bevorzugt. Unter den verschiedensten, die Differenzierung andeutenden Namen sind Flötenstimmen anzutreffen: Aperta, Offenflöte, Flauta, Flauto, Tibia, Holzflöte usw. Als überblasendes Register sind Bezeichnungen wie Traversflöte, Flauto traverso, Flûte harmonique usw. üblich.

FUGARA Aus dem böhmischen Volksinstrument Fujara = Hirtenflöte abgeleitetes Metallregister in 4'-Lage mit enger Mensur.

FUSSTONZAHL (Fußton, Fußlage, Längenmensur) Das alte Rechnungsmaß des Orgelbaues ist der Fuß, auch Schuh. Die Länge des Fußes ist in den verschiedenen Ländern nicht immer gleich: Fußmaß des praetorius = 27,8 cm; Schnitgers Fußmaß = 26,5 cm; Pariser Fuß nach Dom Bedos = 32,5 cm; der englische Fuß = 30,5 cm. Die Zahlen nach den Registernamen geben primär die Länge der tiefsten Pfeife auf der Taste C an und sekundär die Tonhöhe und Obertonlage des Registers. Eine 8 Fuß lange Prinzipalpfeife ist etwa 2,40 m und ergibt den Ton C. Innerhalb eines Registers wird die Fußbezeichnung für alle Töne beibehalten.

GAMBA gehört zur Familie der streichenden Stimmen, mit sehr enger Mensur und einem scharfen, schneidenden Ton. Arten: Geigenprinzipal, Fugara, Salicional oder Weidenpfeife, Viola da Gamba, Viola, Violine, Cello, Violonbaß.

GEDACKT (Gedeckt) Alte Bezeichnung für gedeckte Pfeifen, die sich durch Obertonarmut und betonten Grundton auszeichnen. Charakateristisch ist der hohle, sogar sehr dumpfe Klang der Pfeifen. Gedackte benötigen nur die halbe Pfeifenlänge für dieselbe Tonhöhe einer offenen Pfeife. Das zylindrische aus Metall gebaute Gedackt oder der Bordun wird durch eine Metallkapsel, auch Hut genannt, abgedeckt; bei den prismatischen Holzpfeifen werden die Pfeifen durch hölzerne Deckel, auch Spund genannt, verschlossen. Seit dem 19. Jahrhundert sind oft erklärende Namenszusätze gebräuchlich wie: Gedacktflöte, Stillgedackt, Zartgedackt, Lieblichgedackt, Spitzgedackt, auch Coppel, Pommer. Gedackt kommt in 32'-, 16'-, 8'- und 4'-Lage vor.

GEHÄUSE Künstlerisch ausgestaltete und klangfunktionell notwendige Umhüllung der Orgelwerke. An der Schauseite befindet sich der Prospekt, eine Pfeifenreihe besonders in künstlerischer und optisch wirksamer Anordnung.

GEMSHORN Ursprünglich weites flötiges Labialregister in konischer Form bzw. mit kegelförmigem Pfeifenkörper, klanglich dem Nachthorn verwandt. Vom 19. Jahrhundert an wird das Register zu einer eher engen und streichenden Charakterstimme umgeformt. Heute ist es in verschiedenartigen klanglichen Differenzierungen als enges, weites und mittelweites Gemshorn in Fußlagen von 16' bis 1' anzutreffen.

HARPA Enges Harfenregal mit zylindrischen Bechern; in der Salzburger Domorgel ursprünglich mit 16'-Messingbechern ausgestattet, später auf 8' verkürzt.

HAUPTWERK Darunter versteht man das eigentliche „Große Werk" mit geschlossenem Prinzipalchor, Mixturen und zumeist vollbecherigen Rohrwerken sowie einigen Weitchorregistern. Das Prinzipal-Plenum ist meist auf der 8'- oder 16'-Basis aufgebaut. Als im 15. Jahrhundert zur einmanualigen Orgel ein zweites Werk als Positiv hinzukam, wurde das ursprüngliche, einzige Werk zum Hauptwerk (HW). In der Besetzung unterschied sich anfangs das HW von den übrigen Werken weniger durch die Anzahl als durch die Art der dort stehenden Stimmen. Später wurden dem HW nicht nur die größten, sondern auch die meisten Stimmen zugewiesen. Schließlich wird der HW-Charakter noch durch die Manual-Koppeln hervorgehoben.

HEERPAUKEN Paukenimitation mit Hilfe von meist 16' langen Labialpfeifen (Salzburger Dom).

HOHLFLÖTE stammt vom weit mensurierten Prinzipal ab, zylindrisch gebaut mit breitem Labium. Abarten: Offenflöte, Flauto, Tibia, Baßflöte.

HINTERSATZ Tiefliegende, gravitätische Mixtur; heute auch als Name für eine Pedalmixtur anzutreffen.

HÖRNLEIN wird oftmals eine repetierende Kombination einer Quint und einer Terz (höher als Sesquialtera liegend, wie $1^1/_3$' + $^4/_5$') bezeichnet. Allerdings gibt es diese Bezeichnung auch für eine füllige weite 8'-Zungenstimme.

ITALIENISCHES PRINZIPAL Im Gegensatz zum engmensurierten „deutschen" Prinzipal steht das weitmensurierte, mit schmalem Labium versehene „italienische" Prinzipal, auch Weitprinzipal genannt.

ITALIENISCHE REGISTERBEZEICHNUNG bei Prinzipal-Basis 8':

Ottava	=VIII	= Oktave	4'
Duodezima	=XII	=Quinte	$2^2/_3$'
Dezima quinta	=XV	= Superoktav	2'
Dezima nona	=XIX	= Quinte d. Superokt.	$1^1/_3$'
Vigesima seconda	=XXII	= 3. Oktave	1'
Vigesima sesta	=XXVI	= Quinte der 3. Okt.	$^2/_3$'
Vigesima nona	=XXIX	= 4. Oktave	$^1/_2$'
Trigesima terza	=XXXIII	= Quinte der 4. Okt.	$^1/_3$'
Trigesima sesta	=XXXVI	= 5. Oktave	$^1/_4$'
Trigesima nona	=XXXIX	= Quinte der 5. Okt.	$^1/_6$'

JUBALFLÖTE Weite, vollklingende Flöte aus Holz oder Metall in 16'- bis 2'-Lage.

KALKANT Die früher übliche Bezeichnung für den Balgtreter. Über ein besonderes Register, den „Kalkantenruf", erhielt der Balgtreter akustische Signale zum Treten der Bälge.

KLARINETTE Zungenstimme mit weit mensuriertem Becher und ebensolchem Aufsatz, vorwiegend in 8'-Lage, besonders in der Romantik gebräuchlich; Sprößlinge der Klarinette sind das Bassethorn, der Serpent, die Ophikleide.

KONTRABASS Eng mensurierte, streichende Pedalstimme in 16'-Lage, auch als Kontraviolon bekannt.

KOPPEL Technischer Bestandteil der Orgel; eine Vorrichtung, die das „Zusammenkoppeln" der Manuale untereinander oder mit dem Pedal ermöglicht (Manualkoppel, Pedalkoppel).

KOPPELFLÖTE Bezeichnung für eine weite, füllige, offen

zylindrische mit konischem Aufsatz versehene, halbgedackte Metallstimme in 8'- bis 2'-Lage.

KRONWERK (KW) oder Kronpositiv ist eine verkleinerte Abart des Oberwerkes. Sein Registerbestand ist wesentlich leichter und graziöser und besteht hauptsächlich aus Flötenstimmen auf 4'-Basis. Zungenstimmen fehlen wegen der Schwierigkeit des Stimmens vollständig.

KRUMMHORN Häufig gebaute Zungenstimme mit zylindrischem Becher und geringer Erweiterung bzw. Trichter an der Bechermündung; franz. Cromorne, ital. Cremona.

KUCKUCK (Kuckucksruf) Galanterieregister aus zwei Pfeifen im Abstand einer kleinen Terz.

LABIALSTIMMEN Bezeichnung für Lippenpfeifen. Die Tonerzeugung erfolgt durch die in Schwingung versetzte eingeschlossene Luftsäule im Pfeifenkörper. Der Bauart nach gibt es: Principale (normal-obertönige Stimmen), Flöten (grundtönig-obertonarme Stimmen, Weitchor), Streicher (betont-obertönige Solostimmen, Engchor), gedeckte Stimmen, Aliquote und zusammengesetzte Stimmen.

LABIUM ist der Name der beiden Stellen des Labialpfeifenkörpers bzw. -fußes, die den Aufschnitt oben und unten begrenzen. Das Oberlabium läuft in einer scharfen Kante aus, das Unterlabium bildet mit dem Kern die Kernspalte (bei Holzpfeifen auch ,,Vorschlag" genannt).

LARIGOT Hochliegende, weit mensurierte Quinte $1^1/_3$', auch Kleinquinte, Superquinte oder Sifflöte genannt.

LINGUALSTIMMEN siehe Zungenstimmen.

MASCHIOTTI Sehr kräftige Schalmei in 8'-Lage (St. Florian).

MENSUR Darunter versteht man die Maße für die Länge, Weite, Labienbreite und Aufschnitthöhe der offenen und gedeckten Pfeifen; bei Halbgedackten zusätzlich die Maße für die Länge und Weite des Röhrchens; bei Zungenpfeifen die Maße für die Länge, Breite und Stärke der Zunge, außerdem für die Länge und Weite des Schallbechers. Die Mensur, das Verhältnis der Maße, ist entscheidend für die Eigenart der einzelnen Stimmen.

MIXTUR Mehrfach besetztes Register mit vorwiegend prinzipalischer Mensur. Diese gemischten und repetierenden Stimmen, in der Regel aus offenen zylindrischen Pfeifen bestehend, stellen die Klangkrone der Orgel dar. Ihre Zusammensetzung besteht im Normalfall aus Oktaven und Quinten. Gebräuchlich sind je nach Zusammensetzung die verschiedensten Bezeichnungen: für tiefer liegende gemischte Stimmen ,,Großmixtur", für höhere klingende Arten ,,Scharf" und ,,Cymbel". Lat. mixtura, ital. Ripieno, franz. Fourniture auch Plein jeu, engl. Mixture.

MUSETTE Zarte, krummhornartig klingende Zungenstimme mit schwach kegelförmigen Bechern; gehört der Konstruktionsart nach dem Schalmei-Oboetypus an. Von den Franzosen sehr stark in Aufschwung gebracht.

NACHTHORN Flötenstimme von zylindrischer Form mit besonders weiter Mensur, jedoch etwas schmälerem Labium, besonders als 4', seltener als 2' oder 1' anzutreffen. In Heiligenkreuz ,,Cor notturno".

NACHTIGALL Vogelstimmenimitation durch wassergefüllte Pfeifen (Vogelsang).

NASAT Nasard, franz. Nazard, weite Quintflöte $2^2/_3$'.

OBERWERK Seit Beginn des 16. Jahrhunderts trat an Stelle des Rückpositvs oder Brustwerks das Oberwerk (OW), das bald eine dominierende Stellung einnahm und mit einem vollständigen Weitchor und einigen Rohrwerken ausgestattet war. Im Prospekt der klassischen Barockorgel des 17. Jahrhunderts, der vor allem durch den berühmten Orgelmacher Arp Schnitger verwirklicht wurde, gesellte sich zu den drei Manualwerken das Oberwerk: HW in der Mitte der Orgel, darunter das BW, an der Emporenbürstung das RP und über dem Hauptwerk liegend das OW. Neben dem Flötenchor, der auf 8'-Basis aufgebaut war, enthielt das OW auch ein mittleres Plenum mit Prinzipalmixturen und einem Zungenchor. Im französischen Orgelbau tritt an Stelle des Oberwerkes das ,,Récit", das im Schwellkasten steht und neben dem Weitchor zahlreiche Soloregister enthält.

OBOE franz. Hautbois, Zungenstimme mit engem Schaft und weitem, ganz offenem Konus, gibt einen charakteristisch näselnden, silbrig hellen Ton.

OFFENBASS Offenes, weites Pedalflötenregister mit breitem Labium; stammt vom weit mensurierten Prinzipal ab.

OKTAV (Ottava, Oktavbaß) bezeichnet die jeweils höhere Prinzipallage.

ORGANO PLENO (lat. mit vollem Werk; ital. ripieno; franz. plein jeu; engl. full organ) Aus der Prinzipalfamilie und der mehrchörigen Klangkrone, der sogenannten Prinzipalpyramide, baute sich in der Orgelmusik des Barock im Gegensatz zum Tutti des 19. Jahrhunderts das Plenum auf; so setzt sich das ,,Organum plenum" eines Hauptwerkes folgendermaßen zusammen: Prinzipal 8', Oktav 4', Quinte $2^2/_3$', Oktav 2', Mixtur, Zimbel. Es können aber auch Weitchorstimmen plenumbildende Funktion haben und miteinbezogen werden. Jedes Manual und Pedal sollte ein eigenes Plenum aufweisen (Plenumwerk), dies ist nur möglich, wenn jedes Werk in sich geschlossen und nach dem Werkprinzip aufgebaut ist (HW, BW, OW, RP, PW).

PEDAL Eine für die Füße bestimmte Klaviatur; sie hat heute einen Umfang von 30 Tasten (C–f^1) oder 27 Tasten (C–d^1).

PEDALWERK Erst im 14. Jahrhundert kam zur einmanualigen Orgel, dem Positiv, das Pedal hinzu. Angeblich von Louis van Valbeke erfunden, besaß es nur 8 Töne und war zuerst an die Tasten der Manuale und dann an die Ventile des Manualwerkes angehängt. Später hatten HW und Pedal eine gemeinsame Windlade, das Pedal entnahm also seine Stimmen aus dem HW und fungierte als Baßklaviatur. Erst allmählich entwickelt sich das Pedal zu einem selbständigen Werk. Das Pedalwerk bevorzugt als Fundament die 16'-, bei größeren Werken die 32'-Basis. Die reiche Verwendung von Zungenstimmen, von 32' bis 2', bildet ein Gegengewicht zum Labialchor der Manualwerke.

PHILOMELA Vorwiegend von der Firma Mauracher gebautes 8'-Flötenregister.

PILEATA (maxima, maior, minor) Bezeichnung für Coppel (32', 8', 4') in Heiligenkreuz.

POMMER Zungenstimme mit engem, trichterförmigem Becher, ähnlich dem Fagott. Die Gedacktpommer ist dagegen eine zylindrische, weite Labialstimme.

PORTATIV (Von portare = tragen) Eine tragbare Orgel und seit dem Mittelalter als Zimmerorgel und später als Prozessionsorgel in Gebrauch. Es war mit Lippenpfeifen versehen; hatte es aber Zungenpfeifen, so nannte man das Instrument Regal. Der Spieler bediente mit der Linken die Bälge und spielte mit der Rechten die Tasten.

PORTUN Diese Stimme, ein offenes, prismatisch gebautes Holzregister in der 8'-, selten in der 16'-Lage (als Prinzipal Portun-Pahs), kommt in Österreich bereits seit 1450 vor und wird von österreichischen Meistern bis in die zweite Hälfte des 19. Jahrhunderts gebaut.

PORTUNALFLÖTE Mittelweite, weiche Flöte in 8'- bis 2'-Lage.

POSAUNE franz. Bombarde, ital. Buccina oder Trombone. Besitzt weitere Aufsätze als die Trompete; kommt in der 16'-Lage im Pedal vor, auch als Kontraposaune 32'.

POSITIV (von ponere = stellen) nennt man zunächst ein pedalloses, kleines, einmanualiges, selbständiges Orgelwerk. Man bezeichnet aber auch als Positiv ein vom übrigen Instrument räumlich getrennt aufgestelltes aber vom gemeinsamen Spieltisch oder Spielschrank aus steuerbares Werk. Je nach Aufstellung unterscheidet man die Bezeichnung Brustwerk, Rückpositiv, Oberwerk, Kronpositiv.

PRAESTANT (lat. praestare = voranstehen) Bezeichnung für das im Prospekt stehende Prinzipalregister.

PRINCIPAL (Prinzipal) Unter dieser Bezeichnung versteht man die Hauptstimme einer Orgel, das führende Register des gesamten Labialwerkes in zylindrischer offener Bauart von mittelweiter Mensur. Prinzipale haben vor allem plenumbildende Funktion. Diese Pfeifenfamilie kommt in den verschiedensten Fußlagen vor: Prinzipal 16', 8', Oktav 4', Superokatv 2', im Pedal als Prinzipalbaß 32', 16', Oktavbaß 8', Choralbaß 4'; auch die wichtigsten Quintenreihen und Mixturen gehören dieser Klangfamilie an.

PRINCIPALINI Sanft tönendes Prinzipalregister in 8'-Lage (St. Florian).

PRINCIPALFLÖTE „con onda di voce umana" Angenehm klingende Stimme in 8'-Lage mit flötiger Prinzipalmensur (St. Florian).

PROGRESSIO (Progessivharmonica) Eine Mixtur, deren Besetzung steigt; sie beginnt beispielsweise einfach und endet fünffach, die einmal begonnenen Reihen werden weitergeführt.

QUINTE Aliquotregister in Prinzipalmensur, kommt als $10^2/_3$', $5^1/_3$', $2^2/_3$' und $1^1/_3$' vor. Quinte $2^2/_3$', noch im Barock mit 3' bezeichnet.

QUINTADENA (Quintatön, Quintade, Quinta-Töna) Flötenregister mit besonderer Hervorhebung des dritten Partialtones, der Duodezima; gedeckt und eng mensuriert; gebräuchlich ist die 8'-Lage und das durchsichtig, klar und präzis ansprechende Quintatön 16'.

RANKETT Stillsurrendes Regal mit engem, kurzem und zylindrischem Schallbecher, der in einen übergestülpten, weiten, an der Unterseite durchlöcherten Zylinder mündet. Rankett in 8'-Lage, der Sordun in 16'-Lage.

RAUSCHPFEIFE auch Rauschquinte genannt, besteht aus einer $2^2/_3$'- und 2'-Reihe verschiedenster Mensuren, eine nicht repetierende – von der tiefsten bis zur obersten Taste durchlaufende – gemischte Stimme. Repetierend wird nur die hochliegende Rauschpfeife $1^1/_3$' + 1' ausgeführt.

REGAL Bezeichnung für Rohrwerke mit verkürzten Bechern zylindrischer oder konischer Bauart. Hatte ein Portativ oder ein Positiv nur Zungenpfeifen, so nannte man auch dieses Instrument „Regal".

REGISTER bedeutet soviel wie Stimme; darunter versteht man eine Pfeifenreihe von bestimmter Klangfarbe und Mensur.

REGULA PRIMARIA Synonym für Prinzipal.

REPETITION Darunter versteht man erstens die größtmögliche Schnelligkeit der An- und Absprache eines Tones, zweitens das Zurückspringen einer Stimme auf eine tiefere Tonlage und drittens, bei gemischten Stimmen den allmählichen Ersatz höherer Chöre durch tiefere bzw. die übergangslose Folge kleinerer Pfeifengrößen auf wesentlich größere innerhalb einer Pfeifenreihe.

ROHRFLÖTE Zylindrische halbgedackte mit schmalem Labium und kurzem Rohraufsatz versehene Orgelstimme. Abarten: das engere Rohrgedackt, die Rohrquinte $5^1/_3$' oder $2^2/_3$', seltener die Rohrquintadena und Rohrpfeife.

ROHRWERK Synonym für Zungenstimme.

RÜCKPOSITIV Schon zur Zeit der Spätgotik gesellte sich zum eigentlichen „Großen Werk" ein zweites selbständiges kleineres Werk, das in der Brüstung des Musikchores aufgestellt wurde, das Brüstungspositiv. Erfolgte die Anlage des Positivwerkes im Rücken des vor der Orgel sitzenden Organisten, so nannte man es Rückpositiv (RP). Es stand auf Prinzipal-Basis 4', seltener auf 2'-Basis, und stellte einen Tonbereich, Register der verschiedensten Funktionsgruppen, auf höherer Ebene dar. Außerdem zeichnete es sich durch große Mannigfaltigkeit und besondere Beweglichkeit in der Registerzusammenstellung aus. Das Gehäuse mit den Prospektfeldern wurde meist als verkleinerte Abbildung des Hauptwerkes gestaltet. Während man in anderen Ländern im 18. Jahrhundert von der Planung eines RP mehr und mehr Abstand nahm, blieb diese Werkaufstellung stets ein besonderes Merkmal der österreichischen Orgellandschaft.

SALICIONAL (Salizional, Salicet) Streichendes, eng mensuriertes Orgelregister in 8'- und 4'-Lage, das je nach Zeitgeschmack unterschiedlich – von flötig bis herb streichend – intoniert ist.

SCHARF auch Acuta genannt. Höher klingende und geringer besetzte Mixtur (3 bis 4fach).

SCARPA Zungen-Soloregister in 4'-Lage (Salzburger Dom).

SCHALMEI franz. Chalumeau, Rohrwerk mit konischem Becher und trichterförmigem Aufsatz, besonders in 4'- und 2'-Lage als Cantus-firmus-Stimme üblich.

SCHLEIERBRETT Künstlerisch ausgestaltete Holzblende zur Verdeckung von Hohlräumen zwischen Prospektpfeifenenden und Gehäuse.

SCHWEGEL (Schwiegel, Swegl) Dem Prinzipal verwandtes, mittelweit bis weit mensuriertes Register, vorwiegend in 2'-Lage mit etwas verhaltener Tongebung.

SCHWELLER Die zu einem Schwellwerk gehörenden Register befinden sich in einem Kasten (Schwellkasten), der durch eine Jalousie verschlossen und geöffnet werden kann; dadurch kann ein Piano oder Forte ohne Veränderung der Klangfarbe erzielt werden. Meist wird ein ganzes Werk in einen Schwellkasten eingebaut („Schwellwerk", das französische „Récit", Echowerk, Farbwerk).

SESQUIALTERA Zweifache solistische Stimme, bestehend aus $2^2/_3$' und $3^3/_5$' (Sextengänge); in höherer Besetzung $1^1/_3$' und $^4/_5$' als Horn oder Hörnlein gebräuchlich.

SIFFLÖTE Darunter versteht man eine hochliegende in 2'- und 1'-Lage gebaute Hohlflöte, auch Sufflöte, Subflöte, Sifflet genannt. In engerer Bauform Schwiegelpfeife.

SIRENE Doppelchöriges sanftes 8'-Register aus Zinn (St. Florian).

SORDUNEN Doppelchöriges Zungenregister in 8'-Lage (St. Florian).

SPANISCHE TROMPETE Waagrecht aus dem Orgelprospekt herausragende Zungenstimme mit konischen Bechern; die im Prospekt stehenden, mit ihren Schallbechern waagrecht weit in den Kirchenraum („en chamade") hinausragen-

den Trompeten sind für den spanischen Orgelbau charakteristisch.
SPILLFLÖTE Konisch gebaute Pfeife, auch Spindelflöte genannt; zur Zeit der Spätrenaissance flötenartige, später mehr streichende Tongebung mit Weitprinzipalmensur.
SPITZGAMBA Labialregister, konisch gebaute Gamba, ein ausgesprochenes Streichregister in 8'-Lage.
STREICHER Bezeichnung für die eng mensurierten Registerfamilien, auch Gambenchor genannt. Arten: Geigenprinzipal, Fugara, Salicional-Weidenpfeife, Gambe, Viola da Gamba, Viola, Violonbaß, Violine, Aeoline, Vox coelestis.
SUBBASS Im Pedal ist seit alters her der Subbaß 16' in Verwendung; die Weitenmensur ist variabel, naturgemäß kommt nur Holz in Frage. Die 32'-Lage nennt man Untersatz, franz. Grand Bourdon.
SUPEROKTAV Über der Oktave liegend, bezeichnet den Prinzipal 2'.
TEMPERATUR Unter Temperatur versteht man die Regelung der unvermeidlichen Abweichungen von der akustischen Reinheit der Intervalle. Es gibt eine gleichschwebende und eine ungleichschwebende (oder mitteltönige) Temperatur. Bei der seit 150 Jahren eingeführten gleichschwebenden Temperatur wird die Oktave in zwölf gleiche Halbtonstufen geteilt (nur die Oktaven sind rein), während bei der ungleichschwebenden Temperatur acht große Terzen schwebungsfrei gestimmt werden. Arp Schnitger (gest. 1720) und Gottfried Silbermann (gest. 1753) hielten an dieser Stimmung fest, wurden aber wegen der unerträglichen Quinte as-es dem sogenannten „Orgelwolf" sehr bekämpft. Johann Sebastian Bach dagegen trat für die gleichschwebende Temperatur durch sein „Wohltemperiertes Clavier 1722" ein. Eine absolut reine Temperierung eines Tasteninstrumentes gibt es nicht.
TERZ Einzelaliquotstimme mit Prinzipalcharakter, kommt als $3^{1}/_{5}$', $1^{3}/_{5}$' und als $^{4}/_{5}$' vor.
TERZIAN (Tertian) Gemischte, meist doppelchörige Stimme (Terzengänge), bestehend aus $1^{3}/_{5}$' und $1^{1}/_{3}$' ohne Repetition; in höherer Lage $^{4}/_{5}$' und $^{2}/_{3}$' repetierend als „Hörnle" bekannt.
TIBIA SILVESTRIS Bezeichnung für Waldflöte (Heiligenkreuz).
TRAKTUR Die mechanische Verbindung zwischen Taste und Ventil, wörtlich Zugwerk. Es gibt eine Spieltraktur und eine Register- oder Schleifentraktur, bei ersterer wird das Spielventil zur Tonkanzelle geöffnet, bei letzterer wird die Schleife gezogen.
TREMULANT (Tremolo, eine technische Spielhilfe), Unterbrechung in der Windzuführung, wodurch der Pfeifenklang in leicht bebende Bewegung versetzt wird.
TRINUNA Angenehm klingende Flöte in 4'-Lage (St. Florian).
TROMPETE Zungenregister mit konischem Schallbecher, kommt in den verschiedensten Lagen und Differenzierungen vor: 8' bis 16' Manuallage, 8' auch für die Pedallage; Clarine 4' = hohe Trompete, auch Zink genannt.
TUBAL Holzprinzipal in 8'-Lage, im Pedal der Wiener Michaelerkirche.
UNDA MARIS Bezeichnung für eine flötenartige Schwebung, eine Nachbildung einer tremulierenden menschlichen Stimme. Besetzung zweier Pfeifenreihen im Äqualklang.
UNTERSATZ Gedecktes Holzregister in 32'-Lage von mittelweiter Mensur. Die Bezeichnung Untersatz hat ihren Ursprung in der räumlichen Anordnung von Pfeifen, die wegen ihrer Länge nicht auf der Windlade stehen konnten, und deshalb „nach unten", auf eine eigene Lade versetzt wurden.
VIOLA DA GAMBA kurz Viola genannt, zylindrisch wie auch konisch gebaute Gamba. Tonschwächere Abarten: Viola d'amore, Echogambe, Bratsche, Violine, Violoncello.
VIOLINE (Violon, Violoncello, Violone principal) Differenzierende Bezeichnung von engen Streicherstimmen verschiedener Fußlagen.
VOX COELESTIS Eng mensurierte streichende Schwebung; für schwebende Stimmen hat man im Laufe der Zeiten verschiedene Bezeichnungen gefunden: Voix céleste oder Vox Coelestis bei ganz engmensurierten, ausgesprochen streichenden Pfeifenreihen; Vox angelica für eine engmensurierte, sonor streichende Stimme; Unda maris für ein flötenartig streichendes Orgelregister.
VOX HUMANA (Voce umana) Sowohl Bezeichnung für eine Flötenschwebung als auch für eine Abart des Regals mit besonders langen Bechern, eine Charakter-Solostimme, die noch sehr viel disponiert wird.
WALDFLÖTE Offene Flötenstimme eher weiter Mensur, in der österreichischen Orgel zylindrisch und konisch mit variabler Mensur, meist in 2'-Lage. Auch als Offenflöte, Feldpfeife, Flautino bekannt.
WERKCHARAKTER Darunter versteht man den Registeraufbau jedes einzelnen Werkes (HW, BW, RP, PW usw.), bei dem jedes Teilwerk ein für sich abgeschlossenes Ganzes darstellt, sich klanglich unterscheidet und von einer eigenen Klaviatur aus bespielt wird. Dabei sind drei Funktionsgruppen ausschlaggebend: die plenumbildende, färbende und solistische Funktion.
ZIMBEL (Cymbel, Zymbel, Cimpal, Cimpel usw.) Sehr hoch liegende Mixtur in mannigfaltiger Zusammenstellung von Oktaven und Quinten. Eine Abart bildet die Terzcymbel. Die mit sehr kleinen Pfeifen beginnenden Oktaven-, Quinten- und Terzchöre repetieren sehr oft. Die Oktavcymbel besteht nur aus hochliegenden Oktaven.
ZIMBELSTERN (Cymbelstern, auch Glockenzimbel, Glockenrad) Ein durch einen Registerzug einschaltbares mechanisches Spielwerk. Ein Rad mit hellen Glöckchen, verbunden mit einem Stern, der an der Außenseite des Orgelgehäuses befestigt ist. Er wird durch einen Motor in Drehung versetzt.
ZUNGENSTIMMEN Neben den Labialstimmen (auch Lippenpfeifen genannt) gibt es auch Lingualstimmen (auch Zungenregister, Rohr- oder Schnarrwerke genannt). Bei der Zungenstimme wird ein elastisches Metallblättchen in Schwingung versetzt; der aufgesetzte Schallbecher hat auf die Klangfarbe und Klangverstärkung Einfluß. Nach der Bauart gibt es verschiedenartige Rohrwerke. Kurzbecherige Zungenstimmen nennt man Regale.

Literaturverzeichnis

Abelmann, Charlotte: Jubiläum der Musikvereinsorgel. In: Konzertblatt der Gesellschaft der Musikfreunde, Jg. 2, Folge 3. Wien 1947

Abtei Engelszell an der Donau. Passau 1932

Adelung, Wolfgang: Einführung in den Orgelbau. Leipzig 1955

Ders.: Orgeln der Gegenwart. Kassel, Basel usw. 1972

Adlung, Jacob: Musica mechanica organoedi. Berlin 1768 (Neudr. Kassel 1931)

Biba, Otto: Zur Lebensgeschichte des Wiener Orgelbauers Johann Hencke. In: Geseker Heimatblätter, Jg. 26, Nr. 140. Geseke 1968

Ders.: Die Buckow-Orgel in der Wiener Piaristenkirche. In: Das Musikinstrument, Jg. 18, Heft 4. Frankfurt/M. 1969

Ders.: Die Pflege der Kirchenmusik in der Piaristenkirche. In: 250 Jahre Piaristenpfarre Maria Treu. Wien 1969

Ders.: Ein Dokument zur österreichischen Orgelromantik. In: Singende Kirche, Jg. 16, Heft 3. Wien 1969

Ders.: Die Orgelakten des Stiftes Herzogenburg. In: Unsere Heimat, Jg. 41, Heft 1. Wien 1970

Ders.: Das Donautal – ein österreichisches Orgelbauzentrum des Barocks. In: Singende Kirche, Jg. 18, Heft 3. Wien 1970/71

Ders.: Der Orgelbau. In: Katalog „1000 Jahre Kunst in Krems". Krems 1971

Ders.: Der historische Orgelbau in den österreichischen Landschaften. In: Ars organi, Jg. 20, Heft 40. Berlin 1972

Boumann, A.: Vom Wesen der Orgel. In: Walcker-Hausmitteilung, Nr. 22, Ludwigsburg Juni 1959

Brucknerorgel im Stifte St. Florian (herausg. v. Leopold Hager). St. Florian 1951

Brunner, Sebastian: Ein Benediktinerbuch. Würzburg 1880

Ders.: Ein Zisterzienserbuch. Würzburg 1881

Burger, Honorius: Geschichtliche Darstellung der Gründung und Schicksale des Benediktinerstiftes St. Lambert zu Altenburg in Niederösterreich. Wien 1882

Burmeister, Karl Heinz: Beiträge zur mittelalterlichen Musikgeschichte Vorarlbergs. In: Österreichische Musikzeitschrift, Jg. 25, Heft 8. Wien 1970

Cernik, Berthold: Die große Orgel der Stiftskirche zu Klosterneuburg. In: Musica divina, Jg. 1, Heft 4/5. Wien 1913

Dawidowicz, Anton: Orgelbaumeister und Orgeln in Osttirol. Phil. Diss. Wien 1949

Ders.: Von den Salzburger Orgeln. In: Singende Kirche, Jg. 10, Heft 3. Wien 1963

Dehio-Handbuch. Die Kunstdenkmäler Österreichs. Wien 1943 ff.

Die Orgel der Stiftskirche zu Waldhausen, OÖ. In: Singende Kirche, Jg. 4, Heft 1. Wien 1956

Die Orgel in Geschichte und Gegenwart. 21. Veröffentlichung der Gesellschaft der Orgelfreunde. Kassel 1961

Drexler, Karl: Das Stift Klosterneuburg. Wien 1894

Eberstaller, Oscar: Wiens älteste Kirchenorgel. In: Musica divina, Jg. 25. Wien 1937

Ders.: Orgeln und Orgelbauer in Österreich. Graz/Köln 1955

Egg, Erich: Die Pfarrkirche Unserer Lieben Frau in Schwaz. Schwaz 1956

Elis, Carl: Orgelwörterbuch. Mainz 1949

Ellerhorst, Winfried: Handb. d. Orgelkunde. Einsiedeln 1935

Federhofer, Hellmut: Beiträge zur Geschichte des Orgelbaues in der Steiermark. In: Aus Archiv und Chronik (Blätter f. Seckauer Diözesangeschichte), Jg. 4. Graz 1951

Ders.: Grundzüge einer Geschichte der Kirchenmusik in Steiermark. In: Singende Kirche, Jg. 11, Heft 3. Wien 1964

Ders.: Musik am Grazer Habsburgerhof der Erzherzöge Karl II. und Ferdinand (1564–1619). In: Österreichische Musikzeitschrift, Jg. 25, Heft 10. Wien 1970

Forer, Alois: Die neue Stadtsaalorgel in Innsbruck und ihre Bedeutung im Orgelbau unserer Zeit (Festschrift Stadtsaalorgel). Innsbruck 1956

Ders.: Orgelrestaurierung, ein kulturhistorischer Auftrag. In: Singende Kirche, Jg. 15, Heft 3. Wien 1968

Frieberger, Rupert Gottfried: Die Brucknerorgel in der Ignatiuskirche in Linz – ein historisches Instrument. In: Singende Kirche, Jg. 18, Heft 4. Wien 1970/71

Frotscher, Gotthold: Geschichte des Orgelspiels und der Orgelkomposition. Berlin 1959

Grabner, Hermann: Die Kunst des Orgelbaues. Berlin 1958

Günthert, Ernst: Quellen der steirischen Orgelbaukunst. In: Singende Kirche, Jg. 11, Heft 3. Wien 1964

Grundmann, Günther: Die Orgel, ein wichtiges Anliegen der Denkmalpflege. In: Wilheimer Regulativ. Berlin 1957

Harich, Janos: Anfänge der Musikpflege in der Residenz des Palatins Nikolaus Esterházy. In: Östereichische Musikzeitschrift, Jg. 25, Heft 4, Wien 1971

Haselböck, Hans: Barocker Orgelschatz in Niederösterreich. Wien – München 1972

Heiling, Hans: Wiener Barockorgeln. In: Singende Kirche, Jg. 6, Heft 2. Wien 1958/59

Ders.: Johann Ignaz Egedacher und seine Orgeln in der Stiftskirche zu Zwettl in Niederösterreich. Mainz 1959

Ders.: Frühbarocker Orgelschatz in Kärnten. In: Singende Kirche, Jg. 7, Heft 3. Wien 1960

Ders.: Orgeln um Joseph Haydn. In: Singende Kirche, Jg. 8, Heft 2. Wien 1960/61

Ders.: Barocke Orgelbaukunst in der Steiermark. In: Singende Kirche, Jg. 9, Heft 4. Wien 1962

Ders.: Gedanken zur Orgelkultur des Barock in Oberösterreich. In: Singende Kirche, Jg. 10, Heft 2. Wien 1962/63

Ders.: Tragpositive und Prozessionsorgeln. In: Singende Kirche, Jg. 12, Heft 2. Wien 1964/65

Ders.: Das Spieltischpositiv – eine Eigenheit im österreichischen Orgelbau des Spätbarock. In: Singende Kirche, Jg. 15, Heft 2. Wien 1967

Ders.: Historische Orgeln in Tirol. In: Ars organi, Heft 35. Berlin 1969

„Hilf mit", Publikation zur Restaurierung der Egedacher-Orgel in Steyr. St. Michael o. J.

Hora, Laurentius: Kirchenmusik in Seckau. In: Singende Kirche, Jg. 11, Heft 3. Wien 1964

Howorka, Franz: Alte Orgeln in Vorarlberg. Phil. Diss. Innsbruck 1948

Ders.: Die Orgelbauer J. Gabler und J. Bergöntzle in Vorarlberg. In: Österreichische Musikzeitschrift, Jg. 25, Heft 8. Wien 1970

Jakob, Friedrich: Die Orgel. Bern 1969
Johandl, R.: Die Orgel in der Stiftskirche zu Göttweig. In: Zeitschrift für Instrumentenbau, Jg. 33. Leipzig 1912/13
Kaufmann, Walter: Der Orgelprospekt. Mainz 1949
Kellner, Altmann: Musikgeschichte des Stiftes Kremsmünster. Kassel – Basel 1956
Klotz, Hans: Über die Orgelkunst der Gotik, der Renaissance und des Barock. Kassel 1934
Ders.: Das Buch von der Orgel. Kassel 1940
Kobalt, Maximilian: Die Pfarrkirche St. Martin zu Obervellach. Obervellach 1963
Kraus, Eberhard: Orgeln und Orgelmusik. Regensburg 1972
Kraus, Egon: Die Orgeln Innsbrucks. Musikverlag Helbling, Innsbruck
Kraus-Kassegg, Elisabeth: Pfarrgeschichte der Stadtpfarrgemeinde zur hl. Maria Magdalena in Scheibbs. St. Pölten 1960
Kurz, Josef: Gedenkbuch der Stadtpfarre zu den neun Chören der Engel. Wien 1891
Lebmacher, C.: Zur Geschichte der großen Barock-Orgel in Maria Saal (Kärnten). In: Zeitschrift für Instrumentenbau, Jg. 56. Breslau 1935
Luger, Walter: Die Benediktiner-Abtei Lambach. 1966
Mahrenholz, Christhard: Die Orgelregister, ihre Geschichte und ihr Bau. Kassel 1930
Matthaei, Karl: Vom Orgelspiel. Leipzig 1936
Moser, Hans Joachim: Paul Hofhaimer. Stuttgart – Berlin 1929
Müller, Stefan: Die Orgel in der Mariahilfer Kirche als Kultur- und Klangdenkmal. In: Mariahilfer Pfarrbote, Jg. 33, Nr. 4. Wien 1965
Müllner, Helmut: Die Orgeln Oberösterreichs. In: Singende Kirche, Jg. 15, Heft 4, Wien 1968
Münger, Fritz: Schweizer Orgeln von der Gotik bis zur Gegenwart. Bern 1961
Neckheim, Günther Hermann: Die Stadthauptpfarrkirche zum hl. Jakob d. Ä. in Villach. Klagenfurt 1957
Niemetz, Paulus: Die Restaurierung der Kober-Orgel in der Heiligenkreuzer Stiftskirche. In: Sancta crux, 15. Jahr, Nr. 1. 1952
Österr. Kunsttopographie (Bd. I–XXXVI). Wien 1907ff.
Pass, Walter: Grundzüge einer Musikgeschichte Vorarlbergs. In: Österr. Musikzeitschrift, Jg. 25, Heft 8. Wien 1970
Pauker, Wolfgang: Die Kirche und das Kollegiatsstift Dürnstein. In: Jahrbuch des Stiftes Klosterneuburg. Wien – Leipzig 1910
Pizzinini, Meinrad: Die Orgel von St. Andrä-Lienz. Lienz o. J.
Plesser, Alois: Beiträge zur Geschichte der Pfarre Waidhofen a. d. Thaya. In: Geschichtl. Beilagen zum St. Pöltner Diözesanblatt, Bd. 10. St. Pölten 1928
Posch, Waldemar: Christl. Kunststätten Österreichs Nr. 53
Praetorius, Michael: Syntagma musicum, II, „De organographia". Wolfenbüttel 1619
Quoika, Rudolf: Die große Orgel des Abbate Franz Xaver Chrismann in St. Florian. In: Orgel-Monographien 20. Mainz 1948
Ders.: Die altösterreichische Orgel der späten Gotik, der Renaissance und des Barock. Kassel – Basel 1953
Ders.: Von der Orgel-Landschaft. In: Altbayern als Orgel-Landschaft. 6. Veröffentlichung der GDO. Berlin – Darmstadt 1954
Ders.: Altösterreichische Hornwerke. Berlin 1959
Ders.: Vom Blockwerk zur Registerorgel. Kassel, Basel usw. 1966
Reclams Kunstführer/Österreichische Baudenkmäler. Bd. 1 und 2. Stuttgart 1961
Reuter, Rudolf: Orgeln in Westfalen. Kassel, Basel usw. 1965
Ders.: Die Orgel in der Denkmalpflege Westfalens. Kassel, Basel usw. 1971
Richtlnien zum Schutze alter wertvoller Orgeln (Weilheimer Regulativ, herausgegeben von Walter Supper). Berlin 1958
Riedel, Friedrich Wilhelm: Die Kirchenmusik im Benediktinerstift Göttweig. In: Singende Kirche, Jg. 13, Heft 4. Wien 1966
Sauseng, Gottfried: Das königliche Instrument. In: Breitenauer Pfarrblatt, Jg. 6, Nr. 6. St. Erhard in Breitenau 1964
Schiessl, Hermann: Der Wallfahrtsort Maria-Brunn. Phil. Diss. Wien 1945
Schlick, Arnold: Spiegel der Orgelmacher und Organisten. Heidelberg 1511 (Neudr.: Berlin 1869)
Schneider, Erich: Musikgeschichte. In: Landes- und Volkskunde, Geschichte, Wirtschaft und Kunst Vorarlbergs, Bd. 3. Innsbruck 1967
Ders.: Die historische Entwicklung des kirchenmusikalischen Lebens in Vorarlberg. In: Singende Kirche, Jg. 9, Heft 2. Wien 1961/62
Scholz, Rudolf: Die restaurierte Pfliegler-Orgel zu Maria Dreieichen (NÖ.). In: Österreichische Musikzeitschrift, Jg. 22, Heft 12. Wien 1967
Schütz, Karl: Der Wiener Orgelbau in der zweiten Hälfte des 18. Jahrhunderts. Wien 1969
Senn, Walter: Das Musikleben in Tirol. In: Tirol, Land, Natur, Volk und Geschichte. München 1932
Ders.: Musik und Theater am Hof zu Innsbruck. Innsbruck 1954
Ders.: Innsbrucker Hofmusik. In: Österreichische Musikzeitschrift, Jg. 25, Heft 11. Wien 1970
Smets, Paul: Neuzeitlicher Orgelbau. Mainz 1933
Spies, Hermann: Abbé Vogler und die von ihm simplifizierte Orgel von St. Peter in Salzburg. Mainz 1947
Ders.: Die Salzburger großen Domorgeln. Augsburg 1929
Supper, Walter: Architekt und Orgelbau. Kassel 1940
Tittel, Ernst: Ein Dokument zur österreichischen Orgelgeschichte. In: Singende Kirche, Jg. 8, Nr. 4. Wien 1960/61
Walcker-Mayer, Werner: Das „Hohenemser Positiv" im Vorarlberger Landesmuseum. In: Jahrbuch 1966 des Vorarlberger Landesmuseumsvereines
Ders.: Die römische Orgel von Aquincum. Stuttgart 1970
Werckmeister, Andreas: Erweiterte und verbesserte Orgel-Probe. Quedlingburg 1698
Wessely, Othmar: Linz und die Musik. In: Jahrbuch der Stadt Linz 1950 (Linz 1951)
Ders.: Das Linzer Musikleben in der ersten Hälfte des 19. Jahrhunderts. In: Jahrbuch der Stadt Linz 1953 (Linz 1954)
Williams, Peter: The European Organ 1450–1850. London 1966
Winterberger, Hans: Die Hauptorgel der Ignatiuskirche („Alter Dom") in Linz. In: Historisches Jahrbuch der Stadt Linz 1971
Zaggl, Raimund: Geschichte des Orgelbaues in Vorarlberg. In: Singende Kirche, Jg. 9, Heft 2. Wien 1961/62

ÖSTERREICH

WIEN (1–12)
NIEDERÖSTERREICH (13–40)
BURGENLAND (41–44)
OBERÖSTERREICH (45–64)
SALZBURG (65–70)
TIROL (71–78)
VORARLBERG (79–81)
KÄRNTEN (82–86)
STEIERMARK (87–100)